住宅営業 成功への羅針盤

官谷《かんたに》浩志《ひろし》の
チェックメイト・ボイス

官谷浩志
盛山浩平

はじめに

本書を手に取っていただきありがとうございます。

ビジネス書の棚にそぐわない奇抜な表紙に興味を持っていただいたのでしょう。ならば、ここまでは狙い通り。まえがきだけでも読んでみてください。

本書は、2019~2020年にAudiobook.jpにて音声配信した住宅営業向けのハウツー「チェックメイト・ボイス」を改めて書籍化したものとなります。

わたくし官谷浩志は、14年間の住宅営業および管理職の経験をもとに株式会社インプライを設立し、2010年1月より計60社、603名の全国の住宅営業パーソンを指導して12年目の今日に至ります（2021年9月現在）。


読み進めていただく前に、まずは私のプロフィールと、本書でお伝えする住宅営業力の必要性について簡単にお話ししておきたいと思います。

中卒で元不良で元大工で元ニートで元ホストという経歴の私は、住宅営業の職に就く27歳までの人生で、小5以降、唯一まともだったのは元大工の数年間のみ。

その唯一まともだった職人時代も、まだ半人前の大工だからとにかくお金が無くて、根性も無くて、一人前の職人になる夢も意欲も数年で萎んでしまい、大工を辞めた後は一年以上のニート生活。この時点で既に妻子がいたのですが、自分の力では当然家族を養うことができず、同居する両親に食べさせてもらいながらも一向に働かない私。パチンコ屋通いで消費者金融の借金は限界点に達し、なんでもいいから働いてくれと言われ続け、ようやく働き出した先は田舎のホストクラブ。

その内容は仕事と呼べるようなものではありませんでしたが、泡銭《あぶくぜに》で羽振りが良くなったことと、それまでの貧乏の反動と思考力の欠如から金銭感覚を喪失し、数年後の1995年2月に水商売の世界から足を洗った26歳の私は、借金だけがパワーアップし自己破産の一歩手前。

今度こそ完全に人生が行き詰った私は、求人雑誌に学歴不問と書かれた怪しい工務店の面接に、ロン毛の茶髪で臨み、即採用。翌々日から会社所有のワンルームアパートに一人で住み込み、27歳の誕生日直前の1995年10月末、住宅営業として働き出すことになったのです。

妻子の衣食住は引き続き私の実家で両親に面倒をみてもらい、単身赴任という名目の現実逃避で、毎月の支払いのために仕事に没頭しているうちに、あっという間に家を売りまくる営業になりました。毎日深夜まで働き年間休日は片手で数えるほどだったとはいえ、入社2年目の終わりには年収が1000万円を超え、人生で初めて「将来」を少しリアルに考えられる状態まで身を持ち直したのです。

そこからさまざまな紆余曲折があり、入社5年半後の33歳で高給と役職の未練を捨てて転職の道を選んだのですが、住宅営業の仕事であれば他の場所でも生きて行ける自信を得たことで、以前のような将来に対する不安は無くなっていました。

収入を振り出しに戻したにもかかわらず、転職先の会社選びは失敗。改善が困難な会社だとわかり、早々に見切りをつけることになりました。この会社はその数年後、予想通り倒産してしまいましたので、前職での経験と嗅覚が役に立ちました。

3社目の住宅会社に「月収40万円で6か月の試用期間付き」で転職。これまでのキャリアからすると微妙な条件でしたが、能力は実績で証明するしかありません。

獅子奮迅の県大会があれば代表間違いなしの働きぶりで家を売りまくり、入社半年後の試用期間終了時点で営業部長になり、その後会社を大きく立て直し入社2年半後に36歳で副社長に昇進。年収も2000万円を超え、このあたりでようやく27歳の頃から抱えていた多額の借金を完済することができました。

が、しかし、それから5年後の2009年10月、役員の5年任期の更新のタイミングで副社長を解任となり、功労金も退職金もないまま、突然無職0円の41歳へと真っ逆さまに凋落したわけです。栄枯盛衰と諸行無常の全国大会があったならば、どちらも余裕で入賞していたことでしょう。

かなり控えめに謙遜して言ってもスーパーミラクル超絶大功労者だった当時の私

ですが、任期満了による正当な解任となると、株式を持たない役員ではどうすることもできないほどに無力。ちなみにこの会社での8年間、ほぼ毎日深夜まで働きづめで、休日は年間に10日ほどだったので、決して高収入に胡坐《あぐら》をかいて楽をしていたわけでもなく、女や金といったトラブルでクビになったわけではないことだけは、スーパーミラクルだった当時の私の名誉のために付け加えておきます。

「稼ぐに追いつく貧乏なし」を実践していた私に貯金などほとんどなく、間の悪いことに解任される1年前には、その数年前に離婚した前妻に気前よく家を建てたばかりで住宅ローンはあるし、美大の1年生になった長女の学費も払っていけるのかという過去最大級の人生の危機が、まさに本厄の年に降りかかってきたのです。

取締役に失業保険は適用されないので、いますぐに稼がないと数か月で詰む。でも再びどこかの主君の下で働いたところで、またいつか突然クビになるかもしれないというトラウマも強く、かといって41歳でゼロから住宅会社を興すバイタリティも軍資金も無く、であれば自分が最も得意とする住宅営業のノウハウを教える仕事で生きて行こう、と決断し今年で12年目となるわけです。

ややこしいことに、この時点ですでに2度目の妻と3歳の娘がいまして、前妻と自分の二所帯分を稼ぐため、独立から3年間ほどは本当に大変な時期でした。

さらに話をややこしくすると、現在は独身なので三世帯分の稼ぎが必要です。

こうして振り返るといろいろな経験をした26年ですが、人生の暗黒時代から脱出するきっかけをくれ、自分の腕で生きていける自信と人の役に立つやりがいを与えてくれた住宅営業という職業が私はとても好きです。

26年の間に何度も訪れた人生の岐路と危機。その度に私を救ってくれ、今も食べさせてくれているのは、住宅営業という仕事で培ったノウハウが全てなのです。

私が我武者羅《がむしゃら》に働いていた時代と今とでは世の中の状況が随分と変化しました。いろいろなものが便利で楽になり、良くなった部分も多少はありますが、将来に希望が持ちにくい世の中です。懐古主義で昔を懐かしむつもりはありませんが、マンパワーという言葉もほぼ死語になり、個人が頑張ることも、企業が頑張らせることもなかなか難しい時代です。


住宅営業という仕事は売れている営業には楽しく、やりがいを感じながら自分を磨ける素晴らしい仕事なのですが、売れない営業にとっては、責任ばかりが大きく圧し掛かるだけで、ひとつも面白くない仕事です。

26年の業界経験から、営業力について立証した法則があります。

昔も今も、もともと優秀な人は営業力がなくてもそこそこ売れます。

一般的な人は営業力が無いとあまり売れません。

ですが一般的な人でも営業力を身に付ければ、そこそこ売れるようになります。

なので優秀な人が営業力を身に付けると、トップセールスと呼ばれる人になります。

さすがにトップセールスとあまり売れない営業との差には大きいものがありますが、そこそこ売れる営業とあまり売れない営業には、実はそんなに大きなポテンシャルの差は無いのです。

ほんの少しの差、とまでは言いませんが、成果になるロジックがしっかりと理解できて、ある一定のレベルでそれを実践することができれば、見違える成果を出すことが誰でも可能です。

つまり、営業力の基本を身に付けようとしないのは、会社も個人も大損だということです。ちなみにここでいう「そこそこ売れる」とは、価格帯や地域にもよりますが、年間6〜9棟程度をさします。

その「ほんの少しの差」のようなものを伝えたいのですが、営業力向上という仕事の中では、ほんの少しの差を丁寧に時間をかけて指導する機会は無いのが現実。

私に仕事を依頼される工務店のニーズは受注という成果なので、漢方薬のようにいつかジワジワ効いてきますよ、というような指導では対価が合わないのです。

だから普段の私は、目前の受注を獲得するための直接的な指導と、そこに至る少し手前あたりの改善指導にフォーカスした研修に注力し実施しています。

ですが、本当に重要なことで伝えたいことは他にもたくさんあるのです。

そんな「本当はとても重要なんだけど、なかなか伝える機会がない事柄」を自分の言葉で話してみようと思いたったのが、本書のベースとなる音声配信「チェックメイト・ボイス」を始めたきっかけでした。

聞き手役は可愛らしく声の素敵な女性が理想ではあったのですが、よそ行きの格好つけた話になってしまうであろうことは明白。そこで普段着以下の気軽さで住宅営業について話せる格好の相手として、以前に住宅雑誌の連載でお世話になった新建新聞社の盛山さん（当時）に白羽の矢を立てたわけです。


収録期間は２０１９年2月~12月と新型コロナウイルス流行の前年。

最終回の配信を終えた翌月の２０２０年４月に国内初の緊急事態宣言が発出されてから約1年半が経過していますが、未だ先行きを見通すことはできません。

世の中はＡＩによる無人化・自動化が進み、日本国内はさらに少子高齢化が進み、気候変動で毎年のように全国のどこかが大変な被害に見舞われています。

そして住宅業界にはウッドショックという追い打ちも重なり、踏んだり蹴ったり、弱り目に祟り目、泣きっ面に蜂。

本当にこの先の未来はどうなってしまうのか…。

おそらく住宅営業という職業に明るい未来は待っていないのかもしれません。

自動運転や無人店舗といった近未来において、家を売るための「営業」というポストを必要としない仕組みの住宅会社が増えていくことは間違いないでしょう。

人がお客さまの担当をして家づくりをお手伝いするスタイル、今と変わらない販売手法で家を売る住宅会社の営業担当者は、この先、厳選された人しか残れなくなるでしょう。

そんな住宅営業という仕事の楽しさや難しさ、「ほんの少しの差」のようなものを習得するヒントを、あまり真面目になり過ぎずに楽しく伝えたいと思いながら音声収録をしたつもりでしたが、今回の書籍化にあたり言葉を活字にしてみたら、音声とはまた違った味わいのある、楽しい一冊にでき上がったと思います。

昭和感満載の会話を世代の異なる人にも理解してもらえるよう、脚注をふんだんに加筆していますので、昭和カルチャー本としての価値も同時に感じてもらえるかもしれません。

読んでから聴く、聴いてから読む、聴かないし読まない、楽しみ方は多様ですが、こんな時代だからこそ、私のような人生最悪の状態からでも四半世紀をしぶとく生きてこれた、営業力という武器が大切なのだとあらためて思うのです。

官谷　浩志

contents

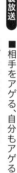

※本書で取り上げた内容、業界情報は2019年当時のものです。

カバーイラスト　阿萬智博

Vol.1

初回接客①

ノンバーバル

住宅の魅力以前に
「あなたの魅力」が試されている！
初回接客を成功させるための大きな要因、
「ノンバーバル」の重要性と改善方法とは？

■住宅以前に「あなたの魅力」が試されている

盛山　さて今回は、初回にもかかわらず、住宅営業にとって「最も」と言っていいくらい大事なんじゃないかな？　と思われるカテゴリーの1つ、「初回接客」についてお伺いしたいと思っていまして、そのスタートとして「ノンバーバル」というテーマについて、今回はお伺いしたいなと思います。

官谷　初回から飛ばしますよ（笑）。

盛山　ノンバーバルというと、一般的にはノンバーバルコミュニケーション※1だとか、言葉以外の手段によるコミュニケーションという意味で使われることが多いと思います。住宅営業にとって官谷さんの考えるノンバーバルの意味というのは、どういったものを指すのでしょうか。

官谷　建物やCMを見て「ステキだな」と思って来てくれたのに、出てきた営業の人の第一印象が良くなくて次の商談につながらない。もっと言えば、次の商談につながらないどころか着座につながらない、みたいなね。人は8割9割、第一印象で決まってしまうなんて言われますが、建物の良さを説明する前に終わってしまうことがあるってことです。まず最初に

※1
ノンバーバルコミュニケーション
言葉以外の手段によるコミュニケーションのこと。特にビジネスにおいては、顧客とのコミュニケーションにおける「表情」「声」「動作」などの重要性という文脈で語られる場合が多い。

ここを改善していかないと始まらない。

盛山　もったいないですよね。それ。

官谷　たまにコントみたいな工務店さんがあって。すごくブランドに力をかけてて、集客にお金をかけてて、モデルハウスも素晴らしくて、設《しつら》えもコーディネーターを入れて……みたいに環境は全て整っているんだけど、そんな中で1人だけ、そこで説明をしている営業の方が全然そぐわないということがあったりする。まあ、率直に残念だなと思うわけです。

盛山　なるほど。

官谷　営業効率の改善という仕事の依頼を受けて、4、5回商談が進んでいる案件を僕がレビュー※2して紐解《ひもと》いていくと、初回接客までたどり着いちゃって。

盛山　「そもそも」ですね。

官谷　初回でこれだけしか話せてないとか、初回で大事な情報が聞けてないとか。その中でも、自社商品の説明とか、お客さんの情報掌握とか、いろいろな要素があるわけですが、そもそもの第一印象、つまりノンバーバルがまずいってことが結構ある。

盛山　初回の初回ですよね。盲点かもしれません。

官谷　そう。建物や自社の強みを説明する以前の問題で、第一印象が悪ければ、もう本当にコントみたいで話にならない。基本中の基本なんですけど、なかなか自分のことは、自分では気が付かないものです。

※2
レビュー
商談内容の進捗確認とアドバイスのこと。官谷の住宅営業コンサルティングにおける成果の多くは、このレビューの改善と定着によるところが多い。

■違和感をもたられたら失敗

盛山　会社のイメージやブランドと合ってない、みたいなことも問題になりますか？

官谷　「自然素材だって言ってんのに、営業がアメ車※3で乗りつけてどうすんだ」みたいな話になってくるわけでしょ？　まあアメ車が全部悪いわけではないけれども、商品に共鳴してお客さんも来るんだから、そこで営業に異質な感じが出ちゃってるのはまずい。例えば髪型でも、「それ、何十年前の髪型ですか？」みたいな。時代に合ってないっていうか。ダブルのスーツでペイズリーのネクタイで、靴の先がとんがっててネクタイ細いみたいな。「乗ってる車は多分レパードですよね？『あぶない刑事』※4の」みたいな。たまに、それを売りにしてる人もいるけどもね（笑）。

盛山　身に付けるものを自分の趣味や好みだけで選んじゃ、全然ダメだっていうことですよね？　営業をやる以上は。

官谷　そう。あとは若いのに分不相応なものを身に付けてるのもおかしいし、ある程度の役職なのにチープすぎるのも問題なんですが、一番大切なのは「ちゃんと手入れがされていること」。靴であれば、1足何万円もするような靴じゃなくても、ちゃんと磨いてあるとか、かかとがつぶれてないとかね。自動車にしても、お客さんを乗せたときに不快感がないように清掃しておくとか。そういった気配りが感じられることが大事で、逆にその辺に違和感を感じられちゃったときが怖いんだよね。

盛山　違和感ですか？

※3
アメ車
アメリカ車の略。もっとも、ここで官谷がたとえに出しているのは80年代～90年代のキャデラックやシボレーなどの大味なアメ車のことで、現在のテスラのようなスマートな車とは異なる。

※4
あぶない刑事
タカこと鷹山敏樹（舘ひろし）とユージこと大下勇次（柴田恭兵）の破天荒な活躍を描いた刑事ドラマ。1986年10月から日本テレビ系列で放送された。F31型レパードをはじめとする日産車が捜査車両として使用されたが、舘ひろしが当時スズキのCMに出ていたこともあり、鷹山が車を運転するシーンはない。

官谷　「靴が汚れてることにもボタンが取れかかってることにも気が付かない人だから、家を建てるとなったら細やかな配慮は大丈夫なのかな？」って、特に女の人は思っちゃうんだよね。爪の間に泥が詰まってるとか、ささくれ立ってるとか。「がさつだな」「気が利かないな」ってところから、「家造りの担当になっても気が利かないんだろうな」「私たちのわがまま、ちゃんと聞いてもらえなさそう」って連想されちゃう。

盛山　必ずしもオシャレである必要はない？

官谷　基本的に自分が好きなものを買えばいいとは思う。センスが良ければね。ファッション頑張ってるのに、「それ、オシャレですね」とか「ステキですね！」とか、「どこで買ったんですか？」って誰からも何も言われないっていうなら、ひょっとしたらセンスに問題があるのかもしれない。周りの方が、「ちょっと、それは派手過ぎない？」とか言ってあげられるような文化が必要なんじゃないのかと思いますけどね。

■「ノンバーバル的にどう？」を合言葉に

盛山　上司としては今、「見た目をこうしろ、ああしろ」とか、なかなか、言いづらくなってきている風潮があると思うんですけど。

官谷　そうね。ちょっと行き過ぎるとパワハラ、モラハラみたいになっちゃいますし。余計なお世話みたいなことになりますよね。今は。

盛山　それは「言ってもいい」っていうことなんですかね？　今の話を聞くと、言うことも大切な指導の1つのような気がしますが。

官谷　うん。だから「それはノンバーバル的にどうですかね？」って言い方をすることで、「そっか、ノンバーバルって視点で見たときのことね」ってなるから、ちょっとは指摘しやすくなるんじゃないかと思いますね。

盛山　ハハハ、たしかに自分自身の趣味や好みに結びついたものだったりすると、余計に否定しにくいですもんね。まあ「営業パーソンは自分自身が商品の一部」なんて言われますけど、身なりとか自分たちの行動も含めて、会社や自身の魅力を伝えるツールになっているということですよね。

官谷　その通りだと思います。まあ、それを総称して「ノンバーバル力」なんて言っているんです。「それ、似合わないね」とか「派手だね」とか言っちゃうと、会話に角が立ったりするじゃないですか。だから半分冗談っぽく、「それはちょっと、ノンバーバル的にどうですかね？」という感じで伝えることで、ちょっとだけこう、うすーく膜が張るみたいなね。

盛山　ハハハハハ。……さて、この放送、実は「表」と「裏」とでわかれておりまして。裏放送では、より具体的でちょっとディープな部分も配信していただけるんですよね？

官谷　そうですね。ピーが入るような感じにならないように気を付けたいと思いますけども。ちょっとブラックなところも含めて、このテーマをもう少し深掘りしていきたいと思っております。

盛山　はい。では、この後は裏放送のほうでお楽しみください。

■人は「見た目通り」の場合が多い

盛山 それでは、ここからは裏放送ということで、よりディープなお話をお伺いしていきたいと思います。

官谷 やっぱり、売れてる人って見た目がシュッとしてるよね。「あ、オシャレだな」と思う人は、会話のセンスも、ちょっとした気配りも長けてるっていう場合が多いし、数字を聞いてみれば、やはりそれなりに売れてるという。多分、それがお客さんに評価されてる。

盛山 うん、うん。

官谷 あと、お金の使い方もすごくバランスがいいっていうか。使うところにちゃんとお金を使っている。

盛山 そうやってモチベーションが上がることも多いわけですよね？

官谷 例えば、彼女と一緒に行くレストランでもそうだと思うし。「今日は誕生日だから、いつものファミレス※5じゃなくて、ちょっと贅沢なディナーにしよう」とかね。

盛山 はいはい。

官谷 ノルマ達成を口実なんかにして、「ちょっとご褒美で、いい店に行ってみようかな」

※5
いつものファミレス
こう聞いて一番先に思い浮かべるレストランは人によって異なるだろう。ちなみにS43年生まれで19歳まで千葉県習志野市に暮らした官谷の場合は「ジョナサン」だとか。

「カッコつけてみようかな」みたいな感覚が、営業にはあったほうがいいと思うんだよ。普段いかない高級店に行ってみたら、そこでやっぱり気付きがあるでしょう。

盛山 うん。

官谷 まあ一番はね、最後に伝票を見たときにビックリするんですけども。

盛山 ハハハ。

官谷 でも、多分いろんな気付きがあると思うんで。自分のお金使ってるし。

盛山 そうですね。

■ノンバーバルは日常生活で学ぶ

官谷 「音楽がステキだな」とか「テーブルクロスの生地が高価だな」とか「食器がすごく高そうだな」とか「給仕※6に来る人のサービスの質が違うな」とかね。いろんなことに対する満足感があったりとか。まあ中には、「こんなに高いのに、こんな味なの？」ってこともあるけど。

盛山 はいはい。

官谷 「味はいいけども、サービスがちょっとひどいよね」っていうパターンも含めて、いろいろなバランスが大事でしょ？

盛山 なるほど。そういう意味では日々の生活すべてが勉強の場なんですね。

官谷 だと思うんだよね。だから､例えば「自社の住宅がすごくカッコいい」「オシャレ」「パ

※6 **給仕**
レストランや宴会などでテーブルの近くに控えて飲食の世話を担当するスタッフのこと。音声配信で官谷は「きゅうし」と言っているが、正しくは「きゅうじ」である。

ンフレットもすごく素敵にできてる」……だけど、そのレストランを思い出せば、味も雰囲気もお皿も全部いいのに「給仕の人の接客が悪い」のと同じことだよね。

盛山　ああ。そうなってたら台無しですね。

官谷　残念だよねっていうことに、お客さん側の視点で気付けるでしょ。いろいろな経験をすれば。だから、そういうことも含めて自分にある程度投資をしないと。

盛山　うん、うん。

官谷　ある程度お金を使ってみて、サービスの対価として「これは高かったね、安かったね」って強弱をいろいろ経験する※7っていうのは、自分の奥行きを作る意味でも大事なことなんじゃないかなと思いますけどね。若いうちに自己投資できないと、年取ってからできないからね。

■実録！「ノンバーバル力0」な営業

盛山　今までのご経験で、「これはやばいな」「ノンバーバル的にまずいな」っていうような方って、どんな方がいらっしゃいました？

官谷　あのー、同業者でいうと、例えば、その……「歯がない」とかね（笑）。

盛山　歯⁉

官谷　採用された中途社員が僕の店に配属されて、面談したときのことなんだけど、一瞬、「あれ？ 俺の目がおかしいのかな？」と思った。

※7 **ある程度お金を使って……** 営業自身が一流の商品やサービスを体験することは極めて重要、というのが官谷の持論。詳しくは、VOL．15「営業パーソンの自己成長」を参照されたし。

盛山　ハハハハハ。

官谷　本人も歯がないのはわかってんだよね。だから、あんなり長く笑わないんだ。こう、「瞬間的に笑う」みたいな。なんかこう、「こっちのまばたきの瞬間にあわせて笑う」みたいな高度なテクニックを持ってて。

盛山　逆に身に付けちゃってる。

官谷　そう。しばらく気が付かなくて、あれ？　と思ってよく見たら……「歯がない」みたいなね。前歯が。

盛山　それ、でも、気付いちゃったら話、入ってこないですよね（笑）。

官谷　入ってこないよ。だからもうずっと、「歯が、なんで歯がないんだろう」に、全部持ってかれちゃう。

盛山　「あるかな？　ないかな？　やっぱりないなぁ」みたいな。

官谷　うん。「目の錯覚かなと思ったけど、やっぱないわ」って。もうずーっと歯がないことで頭が一杯。で、聞いてみたら結構長くやってんのよ、住宅営業を。

盛山　つまり、前職の周りの社員たちは、なかなか言えなかったってことですよね。

官谷　そう。でも、歯がなくても家は売れるじゃない。結婚するわけじゃないし。「自分の家の営業担当が、歯がないから嫌だ」っていう人はいないだろうけど、やっぱりお客さんは「歯がないな」って、ずっと気になってたと思うんだよね。我慢しているというか、お客さんの妥協だよね。それでも前の職場では普通に売ってる人だったんだけどね。

盛山　あったらもっと売れてたかもしれませんね。

官谷　そう。で、その人、嫁もいるんだよ。

盛山　奥さん、「あなた、歯を入れたほうがいいわよ？」って言ってくれなかったんですね。

官谷　嫁も歯がないことに馴れちゃってるんだろうね多分。だから俺はもう最初が肝心だと思ってハッキリ言ったもんね。「歯、どうしたの？」って。

盛山　ハハハ。

官谷　家を買いに来てる人だから、担当者に少し違和感があっても家が売れたりするけど、お客さんが当社の家を気に入ってなかったら、まだ家を買いたいという気持ちが高くなかったら、第一印象で躓《つまず》いているようでは、絶対に売れないよっていう話。

盛山　違和感を感じさせたら、営業活動に支障が出るって言ってましたもんね。

官谷　そう。でも、営業で「歯がない」って、なかなかの強者だよね。本当に。車に例えるなら、「ハンドルがない」みたいなものでしょ？　前歯がないって。もう、どうやって運転するんの？　みたいな感じじゃない。

盛山　ハハハ。

■某外車ディーラーの話

官谷　……車で思い出したけどさ、以前に乗ってた車が外車でね。ディーラーに行って。

盛山　どちらに行かれたんですか？

官谷　○○○○。ダメだったらピー※8入れてもらって。

盛山　ハハハ。

官谷　外車のディーラーだから、高級外車がズラッと並んでてね。当然、受付の女の人もしっかりしてるのよ。2人くらいデパートの受付みたいな感じで座ってて。天井も高くて。

盛山　はいはい。

官谷　まあ、とにかくすべてカタログから何から、もう高級車に引けを取らないような。

盛山　イメージ通りなんですね。

官谷　そう。そんな空間が用意されてて。「今、詳しい者を連れてきますので、こちらにお掛けになってお待ちください」って、待ってたらさ、向こうから颯爽と来たのはね、なんかこう、まあ、いわゆる一言でいえば百貫デブだよね。

盛山　ハハハハハハ。口が悪くてスイマセン。

官谷　しかもさ、パッて見たら両肩にもう……フケがすごいのよ。

盛山　アハハ。輪をかけてっていう。

官谷　まあフケも体質だから仕方ないけど、100歩譲ってフケ症にしたってさ、出てくる前に鏡をちょっと見ればわかるだろうと。「自分がどんだけ吹雪《ふぶ》いてるか」ぐらいは。

盛山　そんなに、ですか？

官谷　すごいんだもん。だってもう、『八甲田山』※9みたいになってたもん。両肩が。

盛山　ハハハ。もうあれですね。車の説明、全く入ってこないですね。

※8
ダメだったらピー
1kHz正弦波の自主規制音。主に放送禁止用語や個人名などを伏せるために使用されるが、バラエティ番組などではあえて視聴者の関心を煽るために用いられる場合がある。ちなみにチェックメイト・ボイスの音声配信では、この外車ディーラー名はピーで伏せてあるが、注意深く聞くと一か所だけ隠していない部分があるとか……。

※9
八甲田山
この文脈の場合、1902年（明治35年）に青森の連隊が雪中行軍の演習中に遭難し、210名中199名が死亡した八甲田雪中行軍遭難事件および、それを題材にした映画『八甲田山』

（1977年。高倉健、北大路欣也主演）を指していると思われる。この映画での北大路のセリフ「天は我々を見放した」は当時の流行語になった。

官谷　うん、全く入ってこない。本当、こっちの頭まで真っ白になっちゃって。

盛山　ハハハハハ。

官谷　結果的には買ったんだよ、その車。でも、その担当はね、やっぱり変えてもらった。

盛山　ああー。

官谷　「車は本気で欲しいんですけど、担当の人、変えてもらっていいですか？」って店長さんに言って。別にその人が太り過ぎているとかフケが吹雪いてたとかの見た目だけじゃないよ？　体質なのかもしれないんだから。

盛山　そうですよね。

官谷　でも、やっぱり見た目の印象と一緒で、「それなり」だったんだよね、そういう人の説明って。いい加減というか、説明に配慮が感じられない。

盛山　そういったことに気が向けられないことは、っていうことですかね？

官谷　「ちょっと背伸びして明日のモチベーションに」みたいな、そんな思いもあって買いにきた高価な買い物でしょ？　まあ、家ほどじゃないにしても。

盛山　はい。

官谷　これからオプションを選んだり、「何色にしようかな」みたいなことをやってく上で、この人が担当なのはちょっと嫌だなってのがあって。

盛山　うん、うん。それはそうですよね。

官谷　ほとんどの人は言わないでしょ？　その時の僕のように「担当を変えてくれ」って。

盛山　そうですね。車ぐらいモノに魅力が集中していれば妥協できる範囲かもしれませんね。

官谷　そうだよね。初回接客で担当を変えてほしいなんて本音を言える人は10人に1人もいないと思う。普通は黙って我慢して買うか、もしくは黙って他の会社に行っちゃうかだよね。

盛山　そうですよね。

官谷　もしくはそれがきっかけになって、その商品が好きじゃなくなっちゃうかもしれないし、他のブランドを好きになるきっかけになってしまうかもしれない。

盛山　なるほど。

官谷　あれだけ車が格好いいから、別に誰が売っても販売数に影響はないよ、という会社側の考えなのかもしれないけど、商品の良さに人が見合っているほうがさらにいいよね。

盛山　それはそうですよね。美容院ぐらいの頻度や金額ならば妥協できるかもしれませんけど、例えばレーシック手術の相談に行ったら、分厚い眼鏡を掛けたドクターが出てきたら、お断りするかもしれませんね。

官谷　それは不安になる（笑）。

■表情と言葉をセットで発信する

盛山　あと、ちょっと聞いてみたいことがあって。新建ハウジングでの連載でも書いていただいたんですけど、「表情の表現力が豊かな人のほうが売れる営業パーソンだ」みたいな話があったんですが、やはり気を付けて表情に出すようにしたほうが伝わるんですかね？　こう、気持ちとか。

官谷　間違って伝わらないように気を配ってる人って、表情と言葉をちゃんと合わせて、セットで発信するでしょ？　気配りが足りない人の場合、ちょっと表情が乏しかったりとか。電話するとわかるよね。もちろん電車の中とかだとヒソヒソ声になっちゃうけれども、普通に出られるときだったら、「はい、もしもし官谷です！」って、こうトーンを上げて出るわけよ。

盛山　わかります。僕も一度、ものすごく怒られたことがあります。

官谷　ああ、あるんだ。

盛山　はいまさに。「その声のトーンで※10お客さんの電話に出ちゃダメだよ」って。そこから改善しました。

官谷　そう。電話の相手には声しか情報がないから。今どこにいるのかもわからないし、相手の声のトーンで察するしかないでしょ。なんか、「お通夜の席にかけちゃったかな？」みたいなとき、あるじゃない？「(小声で) もしもし……」みたいなね。「え？　どうしたの？　今、まさに誰かを殺した直後？」みたいな。

盛山　ハハハ。

官谷　で、「あ、今、大丈夫？　なんかまずかったですか？　お取り込み中でした？」って言ったら、「いや、別に。なんですか？」みたいな。

盛山　ハハハ。

官谷　大丈夫なんだったら、「大丈夫だよ！」っていう感じで出てくれよって思うのね。だ

※10
その声のトーンで
盛山は声が低いこともあり、特に気を付けるべしという意図もあっての指導だと思われる。声のニュアンスはチェックメイト・ボイスのオーディオブックでご確認されたし。

から出られるときはトーンを上げる。それは相手への気配りであって、「大丈夫ですよ」っていうメッセージの発信なんだよね。

盛山　まして対面であれば、表情とか身ぶりへの気配りも必要なわけですね。

官谷　そう。「ちゃんと聞いてるよ」っていう気持ちがあれば、「なるほどね」って、うなずいて聞くとかいうリアクションが自然に出るよね。

盛山　うん、うん。

官谷　そういった気配りができると、相手に伝わるだけじゃなくて、相手の何か迷いをつかみ取れるっていうか。「あ、今、奥さん、ちょっと顔がにこやかじゃないな」とか。「今、ご主人が言ったことに対して、ちょっと納得いってないのかな?」「さっきまでは『そうよね』って言ってたのに、旦那さんの、この一言に対してはリアクションが薄い」とかね。

盛山　なるほど。

官谷　自分がそういう気配りを普段しているからこそ、微細な変化に気づける。微妙なお金の話なんかも「高いですよねー、でも素敵ですよねー」みたいに、表情をセットにしてお客さんの気持ちを一緒に理解した表現をすることも、思いやりだよね。

盛山　思いやり。でも、本当にそうですよね。お客さんの気持ちをポジティブに変えたりすることもできるし。住宅営業の面白さなのかもしれませんね。

■「中身の一番外側」が外見と思え

官谷　住宅営業に限らず、どんな仕事であれ人間関係を円滑に進めていく上では、相手を不快にさせないとか、好感を持たれることが大事じゃない？

盛山　そうですね。その中でも特に住宅営業は大切ですよ、という話なだけで。

官谷　ほら、今に始まったことじゃないんだけども、「ＦＰ○級を持ってます」とか、「宅建を持ってます」とか、「○級建築士を持ってます」みたいな。まあ、それもすごく大切なことなんですけども……中身ばっかり磨いててもね。

盛山　気持ちはわかります。

官谷　住宅営業は一番最初にお客さまと接する窓口になるわけだから、外側も大事だよねっていう話なんだけど、「いや、僕は外見よりも中身だと思います」「まずは中身を磨きたいと思います」みたいな屁理屈というか、反論をする人もいるよね。

盛山　うん、うん。

官谷　でも、それを言うのなら、「中身の一番外側が外見」ってことでしょ？　ちょっと一休さんみたいな言い方をすればね（笑）。

盛山　アハハ。中身の一番外側が。たしかに。

官谷　「胃袋は内臓か？」みたいな。「いや、めくったら外だぞ」みたいな……何の話をしてるのか、ちょっと四万十川※11のように蛇行しましたけれども。

盛山　ハハハハハ。まあ、でもそういう理屈を言う人に限って伴ってないパターンが多いような気がしますね。結局、言い訳になってるっていうか。

※11
四万十川
高知県の西部を流れる河川。一般的な河川と違い、ゆったりと蛇行しながら流れているのが特徴。大規模なダムなどがなく、豊富な自然が残されていることから「日本最後の清流」とも呼ばれている。

官谷　もったいないと思うんだよね。田舎のホストみたいに「見た目だけで中身空っぽ」みたいなのもよくないけども、「中身があるんだったら、ちゃんとそれが外に見えるようにしようぜ」っていうのも、すごく大切なことなんじゃないかなと思いますよ。

盛山　うん、うん。

官谷　「あの人って、すごく取っ付きにくかったんだけども、3回、4回会ってみたら、すごくいい人だったのね」とかって、そんなものは学校でやってくれっていう話でね。

盛山　その間にこの業界じゃあ、「もう他の会社で家を建ててるよ」っていう。

官谷　初回で失敗してるようではね。だから、ノンバーバルで外しているようでは、商談の土俵にも上がれない。

盛山　しかも、見た目の第一印象の改善ならば、すぐに直せるポイントですもんね。

官谷　初対面においての見た目の印象が与える「視覚情報」の影響は55%もあるんですって。そして声のトーンや大きさという「聴覚情報」の影響力は38%。話している内容自体が相手に与える「言語情報」の影響はわずか7%でしかないそうです。

盛山　じゃあ見た目で失敗したら7%を取ったところで……。

官谷　そういうことですよね。

盛山　住宅営業にとってノンバーバルというのは言葉以上に重要だということがよくわかりました。では初回の裏放送はここまでです。官谷さん、ありがとうございました。

官谷　ありがとうございました。

Vol.2

初回接客②
「伝《でん》」と「聞《ぶん》」

初回接客でアピールすべき情報と
把握すべき情報には、どんなものがあるのだろう？
初回接客を「初回商談」ととらえ、
「伝（伝える力）」と「聞（聞く力）」の
重要性、相互作用について掘り下げます。

■初回接客ではなく「初回商談」と認識する

盛山　さて、早速本題からいきたいのですが、「初回接客はなぜ重要なのか」ということを、ズバリ聞いていきます。

官谷　そもそも、「初回接客」という言葉自体にちょっと問題ありっていうかね。捉え方というか。

盛山　どういうことですか？

官谷　本当は「初回商談」って言うべきなんだよね。商談がもう始まってるんですよって捉えないと。なのに業界的な暗黙の了解で、初回接客の次が1回目の商談、次に2回目の商談って、初回と以降の商談が分離しちゃってる。まあ、初回接客っていう単語はあってもいいんだけど、それはあくまで商談の中に組み込まれてなきゃいけない。初回接客で失敗すると商談につながらないわけだから。

盛山　そうですよね。

官谷　だって、1回目コケてるわけでしょ？ 100メートル走の1歩目みたいなものだよね。「初回接客は失敗しても、商談のレースは頑張ります」みたいな。いやいや、もう始まってるしっていうね。1歩目でこけちゃってたら、当然ゴールは切れないでしょ。

盛山　最初から本気で取りに行かなきゃいけないっていう考え方が必要なんですね。「モデルハウスを初めて見にくるお客さんは、常駐のパートさんにお任せしちゃってます」、みたいに考えてらっしゃる会社さんもあるぐらいですけど……。

官谷　将棋の「最初の1手をどう打つのか」※1みたいに、お客さんとの戦いは始まってるわけ。営業自身が初回の商談だと思ってお客さんを接客するだけでもだいぶ変わるとは思うんだけど、みんな勘違いしてるんだよね。だから、「こんなことも聞けてないの？　え、これ聞けてないの？」「いや、まあ、初回接客なんで」みたいなことになる。このギャップを埋めてくのは結構重要じゃないかなと思うよね。

※1
最初の1手をどう打つのか
官谷は商談の組み立てや駆け引きについて、将棋を引き合いに説明することが多い。「3手の読み」などの将棋用語も研修の中でよく使われている。

■重要な情報を聞けていない営業が多すぎる

盛山　官谷さんは全国の工務店、住宅会社をコンサルティングされてるわけですけど、それができてない会社が多いという認識ですか？

官谷　多いね。好感を持たれるっていうことが初回接客の重要なポイントの1つではあるけど、その意識が強すぎて、お客さんの情報が全然聞けてない。

盛山　例えばどんな情報ですか？

官谷　勤務先が聞けてないとかね。ご来場アンケートのフォーマットにそもそも勤務先を書く欄がない会社もあったりして、ちょっとびっくりしたんだけど。個人情報の感覚で遠慮してるのかな。盛山さんの世代は、勤務先を聞くのはやっぱりちょっと遠慮する？

盛山　そうですね。うーん、なかなか聞きにくいかなとは思います。その、最初に会ったときに「何関係ですか？」ぐらいは聞けるかもしれないですけど……。

官谷　「何系」のほうが、なんかね、「家系？※2」みたいで答えにくいよね（笑）。でももし家系って言われても絶対そこで引き下がらないで「ラーメンのほうですか？住宅のほうですか？」って、ちゃんと聞くよね。勤務先がわかれば「今日はお休みなんですか？」という話につながってくるしね。

※2
家系
横浜家系ラーメンのことを指している。豚骨醤油ベースのスープと太麺、ホウレンソウや海苔のトッピングが特徴的。１９７４年に神奈川県横浜市で開店した吉村家（よしむらや）が発祥。

■初回商談が「伝」だけになってないか？

官谷　いつも言うことなんだけど、商談は「伝（でん）」と聞（ぶん）」でね。伝えるだけじゃ駄目だし、聞くだけでもよろしくない。

盛山　なるほど。

官谷　初回商談ではまず自社の強み、特徴をしっかり知ってもらうこと、好きになってもらうこと、「うちの商品はこんなにいいんですよ」と自慢させてもらって、「ここが売りなんですよ」っていうのを伝えることが大切。そして当然営業として自分自身を売り込むというか。「僕はこういう人間です！」というふうに。ここまでは、結構どの会社でもできている。

盛山　まさに「伝」ですね。

官谷　あとは「お客さま、家づくりっていうのは、こんなところに気を付けるべきですよ」っていう、いわゆるフレーミング※3。自社の強みに家づくりの大切なポイントを持ってくる。例えば耐震性を売りにしてれば、「地震に強くなければ家族は守れませんよ」っていうことを強く印象づける。

盛山　なるほど。

官谷　自社の良さ、自分自身の良さを伝えて好意を持ってもらう。そして「家づくりはこうあるべきですよ」っていうフレーミングをかけるっていうね。これは比較的できているというか、そのためのツールがあったりするじゃない？　カタログだったり。

盛山　まあ、練習もしてますよね、その強みを話す……。

官谷　ロールプレイング※4ね。

盛山　うん、うん。

官谷　あと、自己紹介カードみたいなツールもあったりするし、伝えるっていうのは比較的やりやすい。でも、伝えてるばかりなんだよね。問題はやっぱり、お客さんの情報を聞き出すということで。「聞」ができていない。

盛山　うーん。

官谷　「お客さんのお勤め先は？」「お休みはいつ？」「家づくりのポイントは？」「その中でも重要視するところは？」「今気に入ってる会社は？」「何社ぐらい見てますか？」「ご予算的には？」「今のお住まいは賃貸ですか？」「何年入居してるんですか？」「お家賃いくらですか？」などなど。

※3
フレーミング
行動経済学用語。広義では、「ものの見方を特定の方向へ誘導すること」を指す。「90％の方が満足しています」と言うよりも、「10％もの方が満足できないのはなぜでしょう？」と言ったほうが印象に残る、などのトーク技術として用いられる場合も多い。

※4
ロールプレイング
実際の場面を想定し、様々な役割を演じさせて問題の解決法を会得させる学習法のこと。いわゆるロープレ。営業研修というと、このロープレをイメージしてウンザリしてしまう営業パーソンも多い。

盛山　聞くべき情報というのは、そこまでたくさんあるんですね？

官谷　そう。「アパートの更新は次回いつなんですか？」って、家づくりのタイミングにつながる重要な情報なんだよ。でも聞けてない人が多い。

盛山　それはなぜでしょうか？

官谷　聞く順序に問題がある。例えば、住んでる場所がわからなかったら、当然聞けないでしょう。住んでる場所がわかっても、「何年ぐらい住んでるんですか？」をすっ飛ばして、「アパートの更新はいつですか？」って聞かれたら、質問も飛んでるから答えにくい。ちょっとずつ、じわじわと狭めていく感覚を営業なら持ってほしいよね。

盛山　なるほど。

官谷　お勤め先を聞くからお休みが聞けるようになるわけでしょ？　いきなり、「休みいつですか？」って聞いたってね……なんかアントニオ猪木※5みたいだったよね。「休みいつですかーッ!?」「お、おう、元気あるな？」みたいになっちゃう。だから、自然な流れで聞くならば、「今日はお休みなんですね？」「今日はどっか行かれてきたんですか？」「そうなんですか、お休みっていつなんですか？」っていう聞き方になる。

盛山　うーん、うまい。

官谷　なだらかに情報が収集できるわけであってね。そういう意味では勤務先を聞くなんていうのが抜けちゃうと、お休みも聞きにくいよね。

盛山　そうですね。

※5
アントニオ猪木
「燃える闘魂」で有名な元プロレスラー（本名：猪木寛至）。新日本プロレス設立の立役者であり、全日本プロレスのジャイアント馬場とともにプロレスブームをけん引した。得意技は卍固め、延髄切りなど。政治家や実業家（タバスコの輸入等）としても活躍した。このトークでのくだりは、「元気ですかーッ!?」で始まり、「1・2・3・ダーッ!」で終わる定番の決まり文句を意識したものだと思われる。

官谷　質問として、ちょっと、いびつな感じになるというか。なんか、お見合いの席みたいなね、どっちも緊張しちゃって、質問がもう、あっちこっちいってるみたいになっちゃうと思うんだよね。

■「伝」と「聞」のバランスが必要

盛山　「伝（でん）」伝えるということと、「聞（ぶん）」聞くということ。その伝聞というスキル、二つをバランスよく……。

官谷　やらないと初回商談にならない。「今来てた新規のお客さんって何者なの？」って状況が起こるのはバランスが取れてないから。

盛山　でも、なんていうんですかね、相手が何者だかわからない状況で初回接客を進めていくというのは、個人的にはそんなに違和感がないというか……。

官谷　遠慮があるのかな？「初対面でそこまで聞くのはちょっと失礼」みたいに。それが間違ってるとまでは言わないけど……いや、まあ間違ってるかな。変な気遣いだと思うね。

盛山　聞かなきゃいけないことも聞けなくなっちゃってるっていうことですよね。

官谷　そうね、うん。「まあ、2回目、3回目で聞いていければいいや」っていうことなんじゃないかな。だから必然的に商談は伸びちゃうよね。だって、僕だったら1回目で聞くことを3回も4回もかけて聞いてるわけだから。

盛山　そうやってアポイントが続く人ならまだいいですけど。

官谷　うん。ただ、「そもそも追いかけなくてよかったお客さんだった」っていうことが、3回、4回先に判明しても困っちゃうでしょう。

盛山　はいはいはい。でしたら、もうほんとに初回でちゃんと聞くべきことを聞いて判断できるようにしたほうが、お互いのためでもあるわけですね。

■「伝」「聞」の具体的なイメージ

盛山　まとめますと、住宅営業の初回接客は自社の魅力、商品の魅力、そして営業パーソン本人の魅力を伝えながら、しっかりとお客さんの情報を聞いて把握していく必要があるということですね。それではここからは、伝聞に関する具体的な手法について、少し掘り下げて伺っていきたいんですけども。

官谷　皆さんせっかくモデルハウスを持ってるのに、うまく使えてない。「こんな素敵な家が建てられますよ、こんな間取りどうですか、使いやすいんですよ」みたいに、「伝」だけになっちゃってて。お客さんの反応も「まあ素敵！」とか、「この壁って標準なんですか？」とか、「天井高はどのくらいなんですか？」みたいな、そんなところばっかりで。

盛山　それだけじゃ成功とはいえない。

官谷　もったいないね。半分捨ててるみたいな。

盛山　半分もですか？

官谷　半分以上かもしれないな。6割7割、捨てちゃってるんじゃないの？

盛山　ほとんどなくなってるじゃないですか!!

官谷　ないない。ほんとにもったいないと思って。欧米人の魚の食べ方※6みたい。

盛山　ハハハ。欧米の方すいません。

官谷　よく例に出すんですが、モデルハウスで、「いらっしゃいませ！」って、通常は玄関から接客するでしょう？　勝手口からご案内するパターンはないからさ。

盛山　そうですね。

官谷　大体、靴を脱いで、スリッパ履いて、リビングへっていう導線になるわけだけど、多くの営業は玄関入って吹き抜けがあれば、「吹き抜けなんですよ」って、見りゃわかるよ！　みたいな話をしてリビングに案内する。ほぼ玄関は素通り。

盛山　うんうん。

官谷　そんなのもったいないから、玄関では靴を脱ぐ前とかに、「こちらの玄関ドアが標準で、親子ドアになってます。大きな荷物を入れるときはパカッと開くんですよ」みたいな話をしつつ、お子さんがいるのかどうか、何人いるのか、何歳なのか、二世帯で同居される予定でいるのかとか、大概の情報が聞けちゃったりするんだよね。

盛山　もう少し具体的に言うと？

官谷　例えば……ご夫婦が平日に来店されました。「あれ、おかしいな。土日休みじゃない、平日お休みの方なのかな」

盛山　まず、そこに気が付く。

※6
欧米人の魚の食べ方
過去のアメリカ人の食文化を指しているのだと思われる（ヨーロッパには魚を積極的に食べる地域も多い）。アメリカにはもともと魚食文化が根付いていなかったため、食べるときも切り身がほとんどだった（頭や骨、内臓などはグロテスクに感じてしまうのだそう）。もっとも最近は健康志向の高まりなどで魚の食べ方も進化している。

官谷　で、「これ、標準の下駄箱※7です。60足入ります。大人は平均10足、子どもは7足なんて言われますので、4人家族でしたら全然余裕をもって入ります。今日はお2人でご来店ですけども、お子さんはいらっしゃるんですか？」っていう聞き方をしてもいいよね。何人でお住まいですかとか。

盛山　下駄箱に入る靴の数をきっかけにして。

官谷　そう。もし「今のよりも全然、倍以上入るわ！」みたいな話になったら、「そうなんですね、今はアパートかマンションなんですか？」って会話につながっていくし。

盛山　なるほど。

官谷　「そうなんです、今社宅なんですけど」って言われるかもしれない。そしたら、「そうなんですか。どちらにお勤めなんですか？」って聞けるよね。「今は何人でお住まいなんですか？」「今日はちょっと子どもを保育園に預けてきたんです」「何時頃お迎えに行かなきゃいけないんですか？」みたいな。

盛山　そこで世間話をすると同時に、もう聞くべき情報を把握して……。

官谷　まず、「下駄箱は60足入るのが標準ですよ」っていう「伝」だよね、その一方、伝えたことで、「今のお住まいと比べてどうですか？」って「聞」のきっかけになるよね。

盛山　とてもわかりやすいです。

官谷　それと比べて開口一番、「おまえん家の下駄箱、どのくらいの大きさなの？」って聞いたって、「怖っ！」ってなるでしょ。だから、まずこちらが伝える。別にどこのカタログ

※7
下駄箱
シューズクロークやシューズインクローゼットのことを指している。とっさに「下駄箱」と出てしまうところが昭和世代の味わいである。

にも書いてあるようなことだけど、一般の人はそんなに知ってる情報じゃないから。

盛山　たしかに。

官谷　そういう豆知識を挟みつつ、「4人家族でしたら、もう充分余裕ですね」みたいな話をしながら、「あ、ちなみに何人でお住まいなんですか?」って聞けば、「今日は来てないんですけど、私の母が今一人暮らししてるんで、5人で住む予定です」とか。あとでその情報の引き出しをもう一度開けて、「先ほど、ご一緒に住むって言ってたお母さんはちなみにどちらに住まれてるんですか?」っていう次の情報を掴むきっかけになるでしょ? すべては下駄箱から始まってると言っても、過言じゃない。

盛山　官谷さんだったら、玄関っていう入り口だけでそこまでの情報を……。

官谷　大概の家は下駄箱あるしね。だから玄関はコスモ(小宇宙)※8ですよ。

盛山　ハハハ。

官谷　大宇宙ですよ。玄関だけで、どれだけ情報収集して、どれだけ説明でききんだと。車田正美だったら玄関を描くよね。宇宙の奥に下駄箱がある……みたいな。

盛山　コスモだらけなわけですね、官谷さんみたいな人がモデルハウスを使うと(笑)。

■「ついで聞き」ができると情報が掴める

官谷　「ついで聞き」※9というんだけど、僕、玄関だけで4、50分しゃべろうと思ったらしゃべれると思うよ。お客さんが嫌がるからやらないだけの話であって。

※8
玄関はコスモ(小宇宙)
車田正美作の漫画『聖闘士星矢』を意識した発言。『リングにかけろ』『風魔の小次郎』『男坂』など多くの作品に共通して、「必殺技の背景にコスモ(小宇宙)が描かれる」という独自の表現方法が用いられている。下駄箱トークは住宅営業にとっての必殺技にもなり得る、ということで引用したのだろう。

※9
ついで聞き
官谷の研修で学べるリスニングテクニックのひとつ。ある質問の答えをきっかけに、ついでにもう1つ聞いてしまう質問方法。効率よく情報が収集できるメリットがある。

盛山　まあ、世間話もできないような営業だったら論外なのかもしれないですけど、さらにそこで「聞くべき情報」※10というのが頭に入ってるってことですか？

官谷　そうだね。想像するよね。「今日はお2人で来てるけど、お子さんはいらっしゃらないのかな」とか、「お子さん2人連れて来てるけど、これで全員なのかな」とか、「4人で来てるけども、親と同居はないのかな」とか、やっぱりそれってすごく大事でしょ？　家の大きさにも予算にも、いろいろなものに関わってくるから。

盛山　そうですね。

官谷　「これ、棚を外すとゴルフバックが入っちゃいます。ご主人、ゴルフとかやられるんですか？」って聞く。「いや、僕はゴルフはやらないです」「何か趣味やられるんですか？」「フットサルをやります」「どんな仲間とやるんですか？」「会社の同僚とやります」とかって話につながるよね。

盛山　なるほど、ご主人の趣味を聞いたりすることもできちゃうんですね。

官谷　そう。「玄関収納の1面を鏡にすることで、全身を姿見としてチェックしてから出掛けられますよ」とかね。「奥さま、お仕事されてるんですか？」とか、いろいろな情報が、下駄箱1つでも聞ける。

盛山　うんうん。

官谷　お子さんの性別も聞けるよね。例えば女の子だと、「ブーツを履くようになったら、1段棚を外して」とか。で、「玄関でいつまでも立ち話もあれですから、じゃあ、リビング

※10
聞くべき情報
初回接客で得られた情報が少ないと、的確なレビュー（進捗確認）ができず次回以降の商談の道筋を立てにくい。そのため、初回接客で把握すべき情報を明確に定義しているのが官谷の営業研修の特徴である。

どうぞ」って、リビングの話をしながらダイニングを指して、「あちらのダイニングに6人でお食事できるようなテーブルを置いても、このくらいの余裕があります」とか。

盛山　「だったら、うちは6人分は必要ないわ」とか返ってきたりしてっていうことですね。

官谷　「うちはおじいちゃんとおばあちゃんも一緒に住んで、6人掛けならちょうどいいわ」とか、「4人掛けならちょっと足らないわ」ってなる。

盛山　「そのおじいちゃんが土地を持ってらっしゃるんですか？」みたいな。

官谷　っていう話に、あとでつながるじゃない？「さっき、おじいちゃん、おばあちゃんって仰ってましたが、ご主人のご両親さまですか？奥さまのご両親ですか？」ってさらに聞くきっかけにつながってきたりするわけですよ。

盛山　うーん、そういうことか。

官谷　だから、下駄箱を「これは靴を入れるスペースになります」程度では、「知ってるよ！」で終わり。それじゃもったいない。キッチンも、「食器洗い乾燥機です！」で終わっちゃえばもったいないからね。「洗って乾燥します」って、いやそうなんだろうねって感じで、「伝」でもないし（笑）。「何人分が洗えます、何人でご入居される予定ですか？」っていうふうに伝と聞ができると全然変わってくる。

■聞きにくい。でも聞かなくては話にならない

盛山　年収を聞くっていうのが、一番重要でハードルが高い気がします。

官谷　でも聞かないわけにはいかない。いつか絶対聞かなきゃいけないよね。つまり初回接客が始まって、その先、着座してもらってご年収を聞くタイミングが来ることは、もうわかってるわけよ。玄関にいる時点から。

盛山　たしかにそうですよね。

官谷　だから、年収を聞く壮大な前振りをあっちこっちに散りばめるわけ。こっちもちょっと聞きにくい、相手も答えにくい質問に答えてもらわなきゃいけないわけだから、ちょっとこう、なんていうの？　アゲるよね？

盛山　アゲる？

官谷　なんでもいいんだけど、「お子さん、それにしてもかわいいですね」とかね。「ご主人、車ピカピカですね」「ホイール結構大きいの履いてますよね※11」、「20インチですか？　ちょっと見せてもらっていいですか」みたいな。

盛山　ハハハ。

※11 **ホイール大きいの履いてますね**
車のホイールを標準より大きなものに交換することをインチアップと呼び、運動性能やグリップ性能が向上するとともに、何よりも見た目がカッコよくなる。よって、「ホイール大きいですね」の一言は、車好きのプライドをくすぐるキラーワードである。

官谷　本人が得意に思ってることとか、自慢に思ってることとか……なんだろう、ゴマすり※12と勘違いされると困っちゃうんだけどね。なるべく気持ちよく滞在してもらいつつも情報は欲しいから、「ご主人、アパレル系の方ですか？」「え、なんで？」「いやなんか、オシャレなので、そっち系にお勤めの方かと思って」みたいな。「いやいや、全然普通のサラリーマンですよ」「え、本当ですか？」って。

盛山　うんうん。

官谷　「いや〜平日にお越しになられてますしオシャレなんで、セレクトショップとかアパレル系にお勤めの方なのかなと思いまして」「いやいや、今日はたまたま有休で」みたいに話してると、ちょっとアガるじゃない？　なるべく相手のこだわっているところ、良いところを探すっていうか。

盛山　なるほど、そこからついで聞きで、「どういう会社なんですか？」っていうふうに。

官谷　そうそう。「えっ、普通のサラリーマンってちなみに、どんなお仕事だか聞いちゃっても大丈夫ですか？」みたいな形で言われればさ、「なんかオシャレですね」って散々言われた直後に、「いやそれは言えねえな」ってバサっと切り返せる人、なかなか、お目にかかったことないよね。

盛山　たしかに。わかります、その感覚。

官谷　だって、アガってるし。気を遣っているものを褒められたり、気付かれると嬉しいじゃない？「わかっていただいて嬉しいです」みたいなね。そうやってアゲといてから聞くと、「そ

※12
ゴマすり
他人におもねりへつらって自分の利益を得ること。炒ったゴマをすり鉢でずると、あちこちに汚くくっつくことが語源だとされている。なお、ゴマはすらないと消化しにくいため、「ゴマをする」という行為そのものは食べる相手への配慮である。

れは言えねえな！」ってならない。なかなかね（笑）。

盛山　ハハハ。なんでしょう、そう切り返されるイメージがほんとに沸かないですね。

官谷　うん、それはもう、すごい剣豪だよね。それでも切り返されたら、もう唐竹割り※13だよね。「これでも無理なんだ」みたいなね。

■アンケートに書かない＝警戒のサイン

盛山　アンケートについてはどうですか？

官谷　お名前とか住所は書いてあるんだけど、勤務先を書いてないっていう時点で、まだ公表したくないってことでしょ？

盛山　まあ、「まだ書かなくてもいいですか？」って言われることも。

官谷　それはやっぱり、まだ警戒をしてるわけで。その状態で、「お勤め先、空欄ですけども、どちらですか？」って聞いたところでさ、身もふたもないじゃない。

盛山　そうですね。

官谷　それをどう解きほぐしていくかってのが営業の腕の見せどころでさ。だから「初回商談」なわけよ。「いらっしゃいませ」から始まって、アンケートにお客さんが書いてくれてる情報と抜けてる情報から「あ、まだ秘密主義なんだな」と推測する。だって俺、開口一番で言われたこと、たくさんあるしね。「ここの会社、アンケート書かないと見せてもらえないの？」って。「うわ、ケンカ腰だわ」みたいな、そういう「ナメられたらイカン」

※13
唐竹割り
竹を縦に切り裂くように真っ二つに相手を切り割る剣術。相手の思わぬ切り返しで一刀両断されて崩れおちていく営業の心情をイメージした発言だろうか。ちなみに往年の名プロレスラー、ジャイアント馬場の必殺技「脳天唐竹割り」とは関係がない。この文脈においては。

的な警戒心が強いお客さんもいるわけ。

盛山　他社で嫌な思いをしてるっていうパターンが一番多いですよね。

官谷　アンケート1枚書いたがゆえに、しょっちゅう電話が掛かってきたり、訪問されたりとか、まあ、嫌な思いをされたんでしょうけども、「でも、やったのは俺じゃねえし」っていうところもあるじゃないですか、僕には関係ないから。

盛山　まあ、そうですね。

官谷　「いや〜」って微笑みながらも、「ウチには関係ねえし」って思ってるよ、心の中では。でも、それを言ったところでケンカになっちゃうだけだからさ。「そうですか、わかりました、お疲れですよね、どうぞどうぞ、中にご案内しますので」ってやるほうが効率的だよね。

盛山　そこからが営業の腕の見せどころですもんね。

官谷　で、「5社目っていうことですけども、一生懸命、前の営業の方からは聞いてないようなこと、なるほどって思ってもらえるようなことを、なるべくお伝えさせてもらいますので……もし、いい話聞いたなって思うことが1つでもあったら、そのときはぜひ帰りにアンケートを書いていただけませんか？」「じゃ、お名刺だけ渡させてもらって、お名前だけ伺っていいですか？」「〇〇さまですね？　それではよろしくお願いいたします、官谷です」という感じで接客していく。当然、一生懸命接客するわけだから、熱意は伝わるでしょ？

盛山　そうですね。

官谷　で、例えば2階を案内して降りてきた頃に「あ、立ち話もなんですから、あちらでいかがですか」って着座を誘導して、座ってもらったらドリンクメニューを出して、飲み物が出てくる間に、「じゃあすみません、これ、アンケート書いてもらっていいですか?」って言ったら、もうこのときは絶対に嫌だって言わないでしょ。「まだ書けねえな!」って切り替えしてくる、そんな剣豪に出会ったことないもんね。

Vol.3

初回接客③
顧客の見極め

今すぐ追うのか、中長期でフォローするのか、
そもそも追う必要がないのか……？
商談初期における顧客属性の
見極め方法と注意点とは？

■見極めのために把握すべき情報とは？

盛山　今回は、初回接客で必ず意識すべき「顧客の見極め」をテーマにお話を伺っていきます。第1回の「ノンバーバル」、第2回の「伝と聞」に続く重要なテーマです。そもそも住宅営業における見極めというのは、どういったことを指すのでしょうか？

官谷　シンプルに言ってしまえば、今すぐ建てる方なのか、しばらく先の方なのか、はたまた建てない方なのか。それをいかに見極めるかということだよね。

盛山　それを前回お聞きした「伝と聞」というスキルなどを駆使しながら、お客さんの情報を掌握しつつ探っていくような作業のことでしょうか？

官谷　そうですね。その精度を上げていくっていう。

盛山　初期段階で見極めということができていなければ、営業にとっても、下手したらお客さんにとっても、すごく無駄な時間を使ってしまう可能性がありますもんね。

官谷　その通り。長い時間商談を繰り返して結果的に建てない人だったら……無駄って言うと一方的でお客さんには失礼かもしれないけど、それをいかに少なくできるかが「見極め」の極意になってくると思います。

盛山　前提として、この住宅業界で一般的に、お客さんを見極める、これ以上は追わないというふうに判断をする文化っていうのはあるんですか？

官谷　うーん、あまり言いたくないけど、アポイントがつながっていれば見込みがあるっていうふうに考えがちな住宅営業の方が、やっぱり今でも多いように思います。あとは会社や上司も、内容があって商談が続いてるのか、ただダラダラ続いてるのか判断できないので、部下に「そのお客さんは追ってもしょうがないよ」と指示できていないのもありますね。

盛山　「こうなったら打ち止め」っていう業界基準があればいいんですが。問題の本質はなんでしょうか？

官谷　とにかく情報掌握の精度が低いこと。お客さんの情報をきちっと集めていけば、「間違いなく家を建てる人だな」「この人は建てない人だな」って判定できるはずなのに、浅いところで情報が止まったまま、間違った見切りをしちゃうっていうことが起きてるね。

盛山　それでは「見極め」のために優先して把握すべき情報っていうのはどういうものになるんでしょうか？

官谷　例えば一番重要なところだと「建築動機」。

盛山　結婚とか、お子さんが生まれるとか、そういうことでしょうか？

官谷　そう。子どもが小学校に上がるとかね。もちろん動機は1つよりも2つ、2つよりも3つというふうに、多くあるほど強くなる。

盛山　比較的、営業が把握している情報のような気がするんですが……。

官谷　うん。ただ、「家賃がもったいないから」というような1つの動機しか入手してないというケースが多い。

盛山　1つじゃなくて複合的な動機の場合が多いということですか？

官谷　そう。それに加えて「建築（入居）希望時期」も、すごく重要な情報になる。例えば、お子さんが生まれたから小学校に上がるまでには建てたい。で、今お子さんが1歳っていうと、「あと4、5年先だな」ってことになるわけで、これは今すぐ追いかける必要がないお客さんにもなってくるわけだよね。だから、まずは動機と時期が合致しているかをチェックする。

盛山　うんうん。一見強そうに見える動機であっても、よくよく別の情報もちゃんと聞いてみたら、「微妙だな」ってこともあるんですね。こういうケースは多いですか？

官谷　やっぱり動機の数が少ない、整合性が取れていないっていうのが、一番多いかな。例えば「家賃がもったいないので、土地を買って家を建てようかな」とか。たしかに月10万円も払ってる、住宅ローンに置き換えてももったいないなと。

盛山　今は金利も安いし、みたいな。

官谷　うん。でもそれで「この人は建てる人だ」っていうのは、ちょっと短絡的だよね。

盛山　そうなんですか？

官谷　家賃がもったいないなと思ったんだけども、親に相談したら「あんた、一戸建てなんか持っちゃったりすると、何かあったとき大変よ」と。「賃貸だったら、景気が悪くなったら安いところに引っ越せばいいし」みたいに。

盛山　そういうふうに反対意見が出てきたときに、弱いと……。

官谷　そう、「家賃がもったいない」っていう単体の建築動機だけでは、揺らいじゃう可能性があるよね。

■動機につながる情報を組み合わせる

盛山　代表的なもので言うと、他にどういう情報を把握しなければいけないんですか。

官谷　すごく長くなってしまうんで、かいつまんで言うと、今さっき言った「入居時期」っていうのもすごく大事ですよね。

盛山　入居時期ですね。

官谷　いつまでに住みたいのか。あとは家族構成の情報もすごく大事。何人で住むのか、今は何人家族なのかとか。ま、独身の人が家を建てないわけではないですけど※1、動機としてはちょっと弱いよね。家族の成長ってのがないわけでしょ？　子どもが小学校に上がるとか、中学校に上がるっていうのがないわけで、動機としては弱くなる。

盛山　切羽詰まったような動機ではないですよね。

官谷　「やっぱやーめた！」っていうケースは、確率論で言えば多いですよね。で、「いつまでに住みたい」っていう入居希望時期と、「なんで建てたいのか」っていう建築の動機が、1つじゃなくて2つ、2つじゃなくて3つと、多いほうがいい。

※1
独身の人は家を建てない
適齢期の独身男性で住まいを購入しているのは約2割、女性の場合は約1割前後。戸建とマンションの購入比率は若干マンションが高い（アルヒ株式会社調べ）。この結果を見ると、たしかに独身の人が戸建てを建てる確率は低いようだ。

盛山　うんうん。

官谷　例えば、今の家が手狭で部屋数が少ない。で、家族構成を聞いてみたら、お子さんが2人いる。で、上のお子さんはすでに小学校4年生。あと2年で中学生になるし、上はお兄ちゃんで下が妹となれば、「そろそろ自分の部屋が欲しい」みたいな話になってくる。

盛山　なるほど。

官谷　さらに「奥さまのご実家の敷地内に建てられる場所がある」もしくは「近所に目星を付けた分譲地があって、そこを買おうかなと思ってる」とか。「家を建ててる人が結構周りにいる」「年齢的にもそろそろかな?」「親も『早くやっちゃえば?』って言ってる」とかね。こういう情報をいくつつなぎ合わせられるかというのは、すごく大事になってきますよね。

■そもそも「建てられる人」なのか?

官谷　見極めとして忘れてはいけないのが、建てる人か建てない人かと並行して、「建てられる人なのか」も見極めないといけない。

盛山　あー、建てられる人。

官谷　例えばご年収的にローンが組めるんだろうかとか。勤続年数とか、借り入れに対しての信用がある人なんだろうかとか。

盛山　根本的な情報ですね。

官谷　他のローンがあったりすると、同じご年収でもそれほど多く借り入れができない可能性もありますよね。あとは総額。希望している土地のエリアが地価が高いところだったりとか、建物の値段が上がってしまうようなご要望が多いとなってくれば、総額が上がっちゃう。まあそうなると、借り入れの上限＋自己資金が必要になってくる。じゃあ貯金はどのくらいあるんだろうかとか、購入する総額が捻出できる方かどうかってのも重要になってくるし。

盛山 うーん。「建てる人」かどうかに加えて、「建てられる人」かどうかも見極めていく必要があるという。なるほど。

官谷 ある程度推測ができますよね。ご年齢を伺う、で、勤務先を伺う。そうすると、「あ、大体このくらいのご年収なんじゃないかな？」みたいな推測ができる。もちろん最終的にはご年収を聞かなきゃいけないわけですけども。だからまあ、建てる人なのか建てられる人なのかというのは、こう、交互に会話の中で情報収集しながら確認していく形になりますね。

盛山 なるほど！

■「障害」の存在を把握しよう

盛山 「建てる方」「建てられる方」の二つの条件を把握すれば見極めは充分なのでしょうか？

官谷 実はここからが本題です。今の二つをおさえるだけで、「いける！」って思っちゃう営業が多いんですすね。

盛山 思うと思います。違うんですか？

官谷 もちろん、この二つをクリアすれば可能性は高いんだけど、「当社で」建てていただけるかどうかはまだわからないですよね。

盛山 あー、そうか、そうですね。

官谷 全然違う工務店さんで建てましたっていうオチもあるわけで。「建てる方」「建てられる方」に加えて、まだまだ乗り越えるべきものがあります。

盛山 それはなんですか？

官谷 僕はそれらを「障害」と呼んでるんですけど。大概の商談が途中で中断したり、競合他社で決まる「他決」※2になってしまう。これは、これから話す「障害」でほぼ起きますね。

※2
他決
主に営業の間で用いられる業界用語で、客が自社以外の業者と成約したことによる失注（受注失敗）を意味する。

■最大の障害は競合他社！

官谷 よくある「障害」は、まずはなによりライバル、競合ですよね。途中から登場してくるとか、もしくは存在そのものを最初から把握してないとかね。

盛山 んー、なるほど。「お客さんはずっと自分たちの会社だけを見てくれてるわけじゃないよ」っていうことですね。

官谷 しっかりと、「○○ホームでも検討してます」って言ってくださる方もいますけど、「○○ホームさんとバッティングしてることがバレると、勝つための提案に変えられてしまうのが嫌だから、ナイショにしておこう」というお客さんもいるわけですよ。

盛山 うん、うん。

官谷 「御社のベストを見せてください」っていう意味でね。要望に対する純粋な答えが欲しいっていうか。どういう家造りを提案してくれるのかを楽しみにしてるわけであって。だから、あえて何も教えないっていうお客さんもいます。

盛山　なるほど。

官谷　ま、そこまで戦略的な考えを持った方じゃないにしても、他社の名前を出すのは、あんまりしたくないっていうね。

盛山　うーん。

官谷　ですから「1社見てますけど社名は言えません」とかね。「プランの提案は受けてますけど、どんなプランかは双方ともにお見せしません」みたいに言う方も普通にいます。

■競合以外の障害とは？

盛山　競合他社の他に、障害としてはどんなものがありますか？

官谷　競合と同じぐらいというか、ひょっとしたらそれ以上に重要かもしれないですけども、近隣周辺の身内に建築関係者はいないかとか。

盛山　あー、結構多そうですよね。

官谷　もしくは家を建てた人はいないかとかね。「ご実家が数年前に近所の工務店で家を建てました」っていう情報がわかれば、住んで満足してるかどうかという情報も含めて重要だし、ご兄弟が他のハウスメーカーですでに家を建てているなら、「紹介しようか？」という可能性も出てくる。

盛山　はいはいはい。そういうことも起きますもんね。

官谷　仲のいい友達が家を建てたとか、もしくは、ご兄弟が住宅会社に勤めているかもしれない。そうなると、「そもそも最初から追いかけても無駄だったんじゃないの？」ってことになる可能性がある。

盛山　最後の最後にそういうことがわかったとなると、もうかなり危機的状況ですよね？

官谷　中には、お客さんに悪気がなくて、「親兄弟に家を建てた人がいるんだけども、自分たちは気に入ったところで建てようと思ってたので、お金も自分たちで出すし、関係ないと思ってたので、あえて何も言いませんでした」なんてケースもある。

盛山　あー。

官谷　そして家造りの計画が進んでいって、そろそろっていう段階で親や兄弟に話してみたら、「家を建てるんだったら、付き合いもあるんだから親戚の工務店に」とか、「ちょっとプラン見せてみろ。自分が建てたところに聞いてみたら、意外にもっと安く建てられるかもしれないぞ？」みたいな話になる。お客さまが頼んだわけでもないのに競合が出現する。

盛山　そういう意味でいうと、中には、「建てるところが親族関係とか友人関係とかで決まってるんだけど、参考までにプランまで出してもらおう」みたいな方も、まあ、いらっしゃる可能性もありますね。

官谷　うん。悲しいことに、たまにそういうお客さんもいるね。ま、小さい工務店なんかだと設計もいないしプランを描いたりする時間もないし、「じゃあどこかで1回プランと見積りを出してもらってきてよ。その金額よりちょっと安くやるから」みたいなね。

盛山 うーん。悪質ですね。そういうことを防ぐためにも情報を掌握して見極めしなきゃいけないっていうことですね。

官谷 そうね。ま、今のような悪質なケースはまれだとしてもね、お客さん自身がわかってない。親とか周辺の人が口を出してくるとか、お客さん自身はそれを障害とは思わないから、こちらから聞きにいかないと。

盛山 まあ住宅営業にとっての障害ですもんね。

官谷 そう、お客さんにとっては何の障害でもないわけだからね。

■「親切心」だからこそ注意する

盛山　ここから裏放送ですが、障害の話、もっと詳しく聞かせてください。

官谷　まあ、わかりやすいのから言えば、「親の土地を一部使います」とか、「親から援助金が出ます」というケースにおいて、親御さんの情報がちゃんと掌握できてないってのは、後々致命的な「障害」になる可能性が高いよね。

盛山　親御さんのどんな情報を掴んでおくべきですか？

官谷　「親御さんはどのくらい援助金を出していただける予定なんですか？」「ご年齢は？」「まだお仕事されているんですか？」「お仕事は何やってるんですか？」「建築関係者に知り合いはいないんでしょうか？」「ご実家は何年前に、どこの会社で建てたんでしょうか？」といったものがちゃんとわかってないと。たまに親御さんが建築関係者そのものだったりすることもあるからね。

盛山　あー、はいはい。工務店の社員だったりとかっていうことですか。

官谷　工務店じゃないにしても、建築に関わるお仕事をしててね。例えば電気工事屋さんだとか、基礎屋さんだとか。

盛山　そうすると付き合いがありますもんね。

官谷　そう。「日頃仕事をもらってる工務店さんの顔もあるから。よそで建てられたら立場なくなっちゃうんだよ」みたいな。

盛山　そうですよね。この前も知り合いのガス屋さんが、「付き合いがある工務店がたくさんあって、自分の家を建てるときにどこで建てようか、すごく悩んだ」みたいな話をしてましたけど。

官谷　よく聞く話だよね。例えば、親類に建築関係者がいるとか、親戚が工務店やってるなんて場合は、その事実にいつ気が付くのかっていうのがすごく重要で、まあ、初回来場された時点で親戚の工務店にすでに声を掛けちゃってるんであれば、また対策は考えなきゃいけないんだけど。

盛山　そういうケースもあるわけですね。

官谷　「いいなずけ※3」じゃないけど、すでに相手が決まってるんであれば、まあ、追いかけても無駄というかね。

盛山　見極められるわけですね。

官谷　うん。ただ、「親戚は工務店やってるんだけど、まだ声も掛けてないし、親も他で建ててもいいとは言ってくれてるので」もしくは、「どうしようか、ちょっと考え中です」ぐらいだったら、まだ止められる。

盛山　そういうときが、なんか営業のスキルというか、テクニックの見せどころみたいな感

※3
いいなずけ（許婚）
婚約相手を指す言葉だが、当事者の意思に関わらず、親同士が結婚の約束をした前時代の風習のニュアンスがある。

じがしますね。

官谷　うん。そこからの勝負というかね。だから、「もし声を掛けちゃったら、断りにくくなっちゃいますよ？　相手の立場になって、ちょっと考えればわかりますよね？　赤の他人の工務店だったら、金額を聞いて断ることもできますけど」という具合に。

盛山　先行して、そういうアドバイスができると。

官谷　そう。そういう事例って、実際にあるじゃない？　親戚の工務店に声を掛けたんだけども、断っちゃって親戚付き合いがちょっと険悪になっちゃったとか。

盛山　「声を掛けずに他で建てておけば何も言われなかったのに」っていう。

官谷　うん。これは先ほどの競合にしてもそうなんだけども、「○○ホームさんを見ようと思ってます」なんて言うときにね、例えばお客さんのご年収がわかってて、ご予算を早い段階で把握していれば、「こんなことを申し上げるとあれですけども、おそらく予算的にはこれが一杯になりますので、先ほどお名前を挙げてた2社は、どうやっても予算オーバーしてしまいますから、ちょっとまあ、言い方はあれですけども……見てもしょうがないんじゃないですか？」というような形でうまく持っていくとか（笑）。

盛山　うんうんうん、なるほど。

官谷　これも情報が早い段階で聞けてないとできないアドバイスだし。あとでわかったところで、予防接種※4と同じで、「もう声掛けちゃいました」となってから競合から排除してもらおうっていうと、なかなか大変になっちゃう。

※4
予防接種
収録をしていた2019年3月当時、この「予防接種」というたとえがこれほど深刻なものになるとは、スタッフ一同、誰も思わなかったという。

盛山　なるほど、そうやって障害というものが先にわかっていることで、いろんな戦略を立てられますよね。

官谷　だってね、親だって子どもの家づくりの邪魔をしようとは、絶対思ってないでしょ？何か役に立ちたいな、例えば周辺で土地を買うとなれば、「ハザードマップ的に大丈夫なのか」とか、「もっといい土地があるんじゃないか」とか、いろんなことを心配するでしょ？

盛山　そうですね。

官谷　邪魔をしようとしてるんじゃなくて。で、「もうちょっと安い住宅会社もほかにあるんじゃないか」とかね、「1社だけで決めるんじゃなくて、2、3社見たほうがいいんじゃないか」って親心で言うよね。

盛山　はい。

官谷　で、お客さんの年齢が、例えば30代前半とか20代後半で、まだ若い部類に入る。さらに親御さんが近隣に住んでるとなれば、「親の影響力が普通よりは強いだろうな」と。

盛山　なるほど、推測できますもんね。

官谷　まあ、「共稼ぎで、特に親の援助もないし、じゃあ親は関係ないのかな」って進めちゃうのが大半のパターンなんだけども。親は心配だから「少しでも失敗をしないように」ってアドバイスをしてくれてるだけなんだけどね。

盛山　その「障害」として、ご両親とか、親族っていうことが頭に入っていれば、そこまで気を回すことができますね。

官谷　すごく遠くに住んでるご両親で、援助金もない。もう独立もしてて同居する予定もないなら障害になる可能性は低いと思うんだけど、近所に住んでいるとなれば、「お金は出さなくても口を出す」っていうか、何かアドバイスをする可能性はあるよね。親御さんが「大手ハウスメーカーでご自宅を建てた」とか、「自宅を小さい工務店で建てて失敗した」という過去があれば、「大手で建てたほうがいいんじゃないか」っていうアドバイスをするかもしれないし、それは我々にとって障害になるわけだよね。

盛山　うんうん。その場合はご両親を招いての打ち合わせにするとか。

官谷　そう。例えば、早めにご両親にも見学会に参加してもらえるように、お誘いしてみようとか、そうやって障害の芽を、芽の段階で摘んでしまう。

盛山　そうかー。

官谷　やっぱもう、開花しちゃったら無理だよね。もう、どうにもなんない。まあ、味方にならないにしても、絶対敵に回したくないじゃない？

■見極めをどう理解するか

盛山　そもそも、見極めの概念がないような会社さんだと、その大切さを認識するのに、まだ距離があるかなと思うんですけど……。

官谷　住宅営業で考えた場合、さっき言った「建てる人なのか」「建てられる人なのか」「障害はどこにあるのか」っていう視点になると思うんですけども、まあ、わかりやすく言っちゃうと、例えばステキな異性と今日巡り合ったとしたら、まず口説く前に確認することがいろいろあるよね？　例えば恋人はいないのか、とか。

盛山　そうですね。

官谷　じゃあ、恋人がいなかったとしても、GOでいいわけじゃないでしょ？

盛山　例えば？

官谷　恋人はいないけども、旦那いるかもしれないじゃん。ひっかけ問題みたいになってくるけどさ。

盛山　ウフフ。

官谷　なんか、プロの女※5かもしれないよね、そこまでいくと。彼氏も恋人もいないですけど「亭主はいます」っていう可能性もゼロじゃない。それは冗談としても、そもそも独身だったとしても恋人が欲しくないかもしれないし。

盛山　ああ……。

官谷　家を建てる人に置き換えれば、建築意欲。

盛山　「建てる人」じゃない。

官谷　そう。自己資金がたくさんあって年収が高くたって、建てる気なかったら、家買わないでしょ？　だから、独身で彼氏がいなくて、自分の好みだったとしても、そもそも恋人が欲しくなかったら恋は実らないわけで。条件がちゃんと整ってないとね。

盛山　なるほど。そういうふうに、見極めを恋愛でたとえていただけると、とてもわかりや

※5
プロの女
この文脈での「プロの女」とは、接待を伴う飲食店の女性か、あるいは結婚詐欺師か。「プロ彼女（非の打ちどころがない彼女）」の意味ではない。

すいですね。自分のお金と時間を使ってという話ですもんね。

官谷　自分のお財布からお金が出ていくのであれば真剣に見極めをしようとするけど、どうしても会社からお給料が出てるからね。

盛山　そうですね、「商談をしている」イコール「仕事をしている」というふうに……もちろん仕事はしてるんですけど。何て言うんですかね、こう、ゴールに向かってるかどうかが曖昧というか、実感しにくい部分があるのかもしれないです。

■営業のシビアさが見えにくい現状

官谷　なんだろう、今、「営業」っていう言葉をあんまり使わない時代になってきてるじゃない？「住宅営業募集」とかって、あまり活字では見ないよね。なんか、「ハウジングアドバイザー」とか、「ホームアドバイザー」とか、横文字で。

盛山　「ソムリエ」とかもありますよね。住宅全般の悩みにお答えしていきますよ、という立ち位置の表現だと思うんですけど。

官谷　やっぱり、「営業」っていう言葉に、あまりいい印象がないというかさ、ポジティブに捉えられてないような気がするんだよね。

盛山　ああ、そうですね、ノルマ※6とかっていうイメージになりがち。

官谷　営業っていうとね、「うわ、営業さん？　なんか大変ね」っていう時代の空気はあるよね。「営業かけられる」とか言うじゃん？　もう営業という職種が、技名になっちゃってるも

※6
ノルマ
十字架を背負わされるような悲壮感ある響きを避け、昨今は「目標」などのマイルドな言葉に置き換えて表現する会社も多い。

んね。「四の字固めをかけられる」みたいな感じでしょ？「営業かけられる」っていうのは。ある意味「ラリアット※7さん」みたいなことでしょ？なんか、やっぱ嫌だよね。

盛山　ハハハハハ。

官谷　まあ、ラリアットはまだいいね、横文字だから。「四方固めさん」みたいなのは、なんかやっぱりちょっと嫌だね。

盛山　より技が重い感じがしますね（笑）。でも、さっきの恋愛の話と一緒で、付き合えるか、付き合えないのか確認をしないまま、ふんわりと進んでいくみたいなパターンっていうのは、何となく、まあ、あるような気はしますね、自分のケースにあてはめてみてもですけど。

官谷　やっぱりその、アドバイザーだとかさ、家づくりを進める上でも、お客さまのお困り事、お悩み事を一緒になって解決するみたいなイメージしかないよね。

盛山　住宅業界に限らず、全般的に、なんかこう、草食的な営業になってますよね。

官谷　契約をしてもらうのが営業の仕事ではなくて、お客さまのお悩み事を一緒に解決していって、「解決し終われば契約っていうゴールが待ってるはずだ」みたいなね。

盛山　「向こうからプレゼントしてくれる」みたいな。

官谷　「こちらから仕留めにいく」といった感覚を表に出さないっていうか、採用の段階から、教育としても。なんていうのかな、「ノルマ」っていう言葉もさ、最近は嫌がられることもあるんだよね。

盛山　そうですよね。

※7
ラリアット
プロレス技の一種。顎打ち。家畜を捉える投げ縄の意味で、スタン・ハンセンが初披露したといわれる。破壊力とビジュアルの派手さから、古くは長州力、佐々木健介、小橋建太など、最近では後藤洋央紀、真壁刀義、オカダ・カズチカなどにも愛用されている。

官谷　研修に行ったときに「みなさん、年間のノルマは何棟なんですか？」なんて言うと、ちょっとざわついたりしてね。「え？ ノルマって言ってる！ この人」みたいな、変な空気になったりして。

盛山　それくらいの。

官谷　なんか放送禁止用語、言っちゃいました？ って。

盛山　異物が放り込まれたみたいな。

官谷　なんだろう、その、カルマ※8と間違えてんじゃないのかな？

盛山　業みたいなものですよね。

官谷　たしかに、背負わされてる感じっていうのはあるのかもしれないけども。だから、ノルマがない会社さんっていうのも、今は普通にあるし。

盛山　はい。

官谷　まあ、目標はあるんだけど、その目標も結構ふわっとしててね、なんだろう、「全体で何棟やろう」みたいな。だから、やはり個の責任感っていうのがどうしても薄くなってしまう。プレッシャーが必要以上にかからないように、あえてそうしてるんだろうけど。

盛山　はいはいはい。

官谷　「楽しんで仕事をやりましょう」「お客さまのお悩みを、一緒になって解決する立場でいましょう」「最終的に契約という形で応えてくれると思いますよ」みたいな。ただ、それはあくまでも、「そういう気持ちでお客さまに向き合いましょうね」ということであって、

※8
カルマ
「業」のこと。いかに表現をマイルドにしようとも、受注を考えるうえでノルマによる管理は必須であり、目をそらすことはできない。これを官谷界隈では「ノルマ＝カルマ問題」と呼ぶ。

それがすべてではないはずなんだけどね。

盛山　そうですよね。「住宅に対するお悩み事を解決してあげた結果、お客さまは別の住宅会社で家を建てることになりました。最終的なところは残念でしたけど、お悩みは解決できたのでよかったです」っていうことには、絶対ならないですもんね。

アフタートーク①

そのたとえ話、活字にできません！

盛山 さて、アフタートークと称して、編集後記じゃないですが、官谷さんのいないところでディレクターの小久保さんと、あれやこれやと思うことを語っていこうと思います。

小久保 はい、よろしくお願いします。盛山さんとは今更よろしくでもないですが（笑）。

盛山 今回の書籍化にあたっては、元の音声配信である「チェックメイト・ボイス」をある程度整理整頓しているんですが、削っちゃった内容も多いですよね。

小久保 そうですね。編集、結構大変でした。

盛山 文字数の都合で泣く泣く削ったエピソードもありましたけど、コンプライアンス的にバッサリって部分もありましたよね（笑）。特に「裏放送」の方では。

小久保 その辺のフィルターが最も緩くなっちゃうのが音声の方の裏放送なんですよね。平たく言えば「書籍とあわせて音声版も楽しんでくださいね」という宣伝になっちゃいますが。

盛山 ハハハ、皆さんよろしくお願いいたします。

小久保 まあ、裏放送は官谷さんの活き活きとしたトークを引き出すアイデアなんですけどね。

盛山 それにしても、「これ、絶対活字にできないだろ」っていうのが多かった。

小久保 ちなみに、どんなのが印象に残ってます？

盛山　やっぱり、見極めの回で出てくるたとえですね。

小久保　ああ、確か、喉仏とかオネエとかの話でしたよね？（笑）。

盛山　そうそう。「なぜ見極めが大事か？」の話の中で、恋愛のたとえ話として出てくるんですけど……あの話は官谷さんの研修が元ネタになってるんですよね。パワポで、まず最初にドーンと綺麗な女性が5人並んだ画像が出てきて……。

小久保　そうそう。あの研修のマイルド版ですね。裏放送で収録したのは。

盛山　「5人の女性をやみくもに追ってもダメ。まず初期段階で確認すべきことがありますよ！」という話で。なぜなら、その中には結婚している女性がいるかもしれない。はたまた、見た目は女性でも、実は男性というパターンもあるかもしれない。ここからがひどくて、「さらに情報を集めていったら、実は性病だった」っていう（笑）。

小久保　最低ですよね。

盛山　「だから、しっかり見極めないと目的を果たせませんよね？」って話で。見極めのたとえ話としてはすごくわかりやすいんですけど、「性病が治ったら付き合えるかもしれないけど、今はまだ治療中だから」とか、言う必要ないじゃないですか！

小久保　うん、言う必要ない（笑）。

盛山　最初に官谷さんのセミナーに参加させてもらった時にそれを聞いたので、僕の中で一発で「官谷さんはヤバい人」と認定されました。だって、セミナーの参加者には女性の営業の方も結構いたんですよ？　まあ、そのおかげで「見極めの重要性」が一度でバッチリ脳裏に刻まれたんですが。

小久保　僕はその現場を何度も目撃してますけど、あのエピソードを話す時の官谷さん、すごく活き活きしてて。露骨に嫌な表情をしてる女性の方もたまにいて、ヒヤヒヤするけど……。

盛山　ですよね。周りのスタッフは気苦労が絶えないだろうな、とも思います（笑）。

小久保　官谷さんは空気の読めないおじさんではないから、別のたとえに変えようとしたこともあったらしい。

盛山　そうなんですか？

小久保　動物でたとえたりとか。でも、結局熱がこもらないというか、女性のたとえ以上には「芯を喰わなかった」んだって。

盛山　ハハハハハハ。

小久保　だから、「あえてコンプライアンスを無視して、そういうたとえをしている」と言ってるけれど。

盛山　「いかに見極めが大事か」を印象付けるためであって、官谷さんの趣味ではないということですね。

小久保　うーん……でも、本当は「思いついちゃった素晴らしいたとえを披露したい」という衝動を抑えきれないだけかもしれない（笑）。

Vol.4

有効商談①
長挨拶《ちょうあいさつ》

スマートな受注にたどり着くには
毎回の商談を「有効」にする意識が重要だ。
有効商談の考え方、
そしてキーとなるアクション「長挨拶」とは？

■「有効商談」の定義とは？

盛山　今回からは、商談を有利に進めるための「有効商談」というテーマでお聞きしたいと思います。有効商談とは聞き馴染みがない言葉ですが、この定義から教えてください。

官谷　営業パーソン本人の意識の問題なんだろうけど、お客さまに会えたという事実のみで「有効」、つまりなんらかの効果があったと捉えている人がいる。僕から見れば、「どんだけポジティブなんだ？」っていうね。でも実際はそうじゃない。簡単に言えば、一つひとつの商談を「有効商談にしないと意味ないよ」ってことです。そのためのテクニックを意識的に身に着けていきましょうと。

盛山　なるほど。「漫然と商談を進めちゃいけないよ」ということはよく伺いますが、「有効商談」の意識が受注への最短ルートにもなるということでしょうか？

官谷　お客さまの商談満足度にも関わってくるよね。毎回の商談を有効にしようとする意識がないと、「今日、これだけで私たち呼ばれたの？　わざわざ半日も使って来たのに、実りがなかった」みたいなことが起きる。そういった肩透かしをくらう経験って、たまにない？

盛山　買い物とかでもありますけど、会社の会議とかにもありますよね。

官谷　そうそう。こっちは一応、何か決定事項があるつもりでテンション高く臨んだんだけど、準備物なくてバタバタしてるとかね。

盛山　そうですね。なんか上司の、こう長々とした、なんて言うんでしょう……「今回の会議の目的とはー」みたいな話があって。

官谷　あ、出た。盛山さんの上司批判（笑）。

盛山　上司批判をするわけじゃないんですけど（苦笑）。「結局、誰が何を決めたかったんだろう？」みたいなことは、たまにあります。

官谷　それってやっぱり拍子抜けするじゃない？　期待値が高ければ高いほど。商談で呼ばれるってことは、一応よそ行きの格好もするわけで。

盛山　その商談を、営業とお客さんが「和《なご》む」ための時間や機会と捉えるのは？

官谷　和むっていうのは、つまり信頼関係を高めるということで。まあ間違ってないんだけど、時間や回数だけの話ではないからね。

盛山　うーん。

官谷　あくまで同じ目的に向かって進むことで信頼は築かれるわけだから。そして忘れがちだけど、その間に「他社との信頼」も育まれてるかもしれないのだから、一回一回を有効商談にして他社にも差をつけないと。

盛山　なるほど。有効商談の意識なく商談を行っていると、受注の確率は他社の追随を受けて、下がってしまうということですね。

■自分だけで最善ルートを選ぶのは難しい

官谷　よく商談を登山にたとえたりするんだけど、常に「最善ルート」を取るべきだよね。最も滑落のリスクが低いとか、最も登頂できる確率が高いとか、その最善ルートを選ぶために「有効商談」の意識が必要不可欠なわけよ。

盛山　商談の中で確実にこれを行っていけば、まあ、おそらく受注になる……というようなお話が「有効商談」のテーマということで合ってますかね？　結婚と同じように、相手方の親を交えた食事会みたいに、やるべきことを確実にやるとか？

官谷　独身の盛山さんが言ったところで、全然グッとくるものがないんだけどね。

盛山　アハハハ。そうですね。そのプロセスまで全く到達していないので、アレなんですけども。

官谷　まあ、2回失敗している僕が言うのもまた、これはこれでね。「おまえ2回滑落してるじゃないか」みたいなことになるんで（笑）。

盛山　アハハハハ。

官谷　僕たちが結婚にたとえてしゃべるのは、そもそも信ぴょう性がないんだね※1。登山家でもないし。

盛山　だいぶ経験に差のある2人でお届けしています（笑）。

官谷　ただ、どれが最善ルートなんだっていうのは、特に経験の少ない営業は自分だけじゃわからないんだよね。主観が入っちゃうし。

※1
信ぴょう性がない
2021年9月現在、盛山は5年間彼女ナシ、官谷は離婚歴2回。2人が何かを結婚にたとえて話す姿はシュールである。

盛山　客観的な視点も必要ですもんね。

官谷　今これを聞いてる方は、おそらく半分はプレーヤー経験のみで、もう半分はプレイングマネージャーしかりマネージャーで、ある程度の営業経験はあるって感じだと思うんだけど、前者の場合は自分が考えたルートが本当に最善かどうかっていうのは怪しいものじゃない？

盛山　自分の商談を振り返ったりとか、周りに客観的に評価してもらえるような余裕が、今、あまりないことも影響している気がします。

官谷　そう。「自分としてはこれがベストだと思いました」で、やってみるんだけど、結果はそうじゃなかったっていうね。それを未然に防いであげるっていうか、そのために上司がいるわけで。

盛山　うんうん。なるほど。

官谷　だから、有効商談のテクニックとして、まず取り入れてほしいのが上司の活用だよね。

■「長挨拶」とは？

盛山　上司の活用という話が出てきたんですけども、具体的にはどんな内容でしょうか？

官谷　いろいろあるけど、まず取り入れてほしいのは「長挨拶（ちょうあいさつ）」。

盛山　聞いたことない言葉です。挨拶のすごいやつですか？

官谷　「超」挨拶じゃないよ。スーパーの超じゃなくて（笑）。長っていうのは、上長、つまり上司ね。

盛山　なるほど。その「長挨拶」とは、一体どういうことでしょうか？

官谷　僕が住宅会社でプレイングマネージャーだったとき、自分自身のノルマの一方で、部下は部下でそれぞれ見込み客を持ってて、隣の部屋で商談をしてたりする。土日とかになると、あちこちで商談が繰り広げられてるわけで。そうすると全部が全部同席してあげることもできないわけですよ、当然。

盛山　上長の役割というようなことですね。

官谷　そう。まず上長の基本的役割として。同席まではガッツリできないし、まだそこまでの段階じゃなかったとしても、この営業のA君から初回接客の報告を聞いたときに、「果たしてそれが最善ルートなの？」っていうことを、きちんと考えてあげないといけない。で、例えばアンケートとか、お客さんの情報を見たとき、「これが聞けてない。これも空欄になってる。次アポは取れてるけど、お客さまの年齢や営業担当との相性を考えると、次が最後になっちゃうかもしれないぞ」とかね。最後にならないにしても、「この相性のまま進んでも商談が長期化するだけで、まずい方向にいっちゃうかもな」というのを、いかに早めに気が付くかっていうこと。

盛山　経験の差が出ますね。

官谷　そういった上司の役割としての前提を踏まえた上で、推理を立てて、推測をして、早めに部下の商談の挨拶に入っちゃうんですよ。

盛山　どれくらいの挨拶ですか？

官谷　同席っていうほど大げさなものじゃなくて、当然お客さまのプロフィールや前回の商談の内容は聞いている状態で、ちょっと部下とアイコンタクトして。「あ、うちの店長がちょうど、時間が空いたみたいなので、少し挨拶いいですか？」みたいな感じで入らせてもらっちゃう。「店長の官谷です。○○さまですよね？　いつもお世話になります」みたいに。これが長挨拶のスタートね。

■商談の方向性を客観的に確認する

盛山　商談の方向性を確認するみたいな感じですか？

官谷　そう。部下の言っている報告に間違いがないかとか。どうしても希望的観測が入っちゃう部分があるからね。部下の報告とお客さまのテンションって一致してないことが多いから。「すごくテンション高いです」って言ってたけど、実際はそうでもなかったり。

盛山　報告が間違ってるケースっていうのも結構あるんですか？

官谷　多いですよ。「すごく急いで土地探してます。いい土地があればすぐやる（建てる）って感じでした。次回、早速土地を紹介しようと思ってます」。

盛山　いい感じですね。

官谷　で、次の商談に同席してみたら、お客さんが「早く物件の資料もらえる？　私たち、勝手に見に行くので」と、情報だけもらいに来ました、みたいな感じになってたりする。

盛山　あー、うまく使われちゃってるなっていう。

官谷　あとは希望的願望が入って、間違ったメッセージを受信※2しちゃってるケース。

盛山　経験の違いみたいなものもありますよね。

官谷　4回、5回と商談が進んでいって、それこそ「近々契約です」とか、極端にひどい場合は「今日契約です」ってところで初めて上司が出てきて「本日はありがとうございます」みたいなケースもあったりするわけですよ。

盛山　むしろ、なんか後半に出てくるイメージのほうが強いですよね。

官谷　あれはできるだけやめたほうがいいね。僕なんか最初にまず挨拶しちゃうんだよね。さらっと「〇〇様ですよね」とか、ご主人や奥さまと5分、10分、話をして。

盛山　「長挨拶」ですね。

官谷　うん。そうするとほら、これはたまにしかないんだけど「担当の人を替えてもらいたいんですけど……」とか電話がかかってきたり、もしくは、ちょっと商談の雲行きが怪しくなってきたっていう報告を受けたときにも商談に入りやすいじゃない？

盛山　たしかに、そうですね。

官谷　「担当の盛山から聞いたんですが、決まったと思った土地がまた振り出しに戻っちゃったみたいで。盛山とも心配してるんですが、その後いかがですか？　家づくりの熱は下がってないですか？」みたいなことを一緒に確認したりとか。フォローに入るっていうのかな。ま、そういう意味でも結論交渉のところで急に出てきてもね。だから、早めに長挨拶をして顔を

※2
間違ったメッセージを受信
新歓コンパやキャバクラ等で女性に黄色い声をかけられて勘違いしてしまう健気な男性をイメージされたし。とはいえ、そんな勘違いも人生の醍醐味ではある。

売っておくことが大事。

■不安を解消して部下のポジションを上げる

盛山　長挨拶の目的の1つとして、上長が先に出ておけば、部下の商談内容を確認しながら軌道修正していけるということですね。他に何がありますか？

官谷　小さい工務店の場合っていうのは、その、ちょっと安心感がないっていうか。

盛山　はいはいはい。

官谷　会社が小さい。で、営業担当が出てきたら、例えば「ちょっと若いな」とか。そう思いながら商談を進めていくと、ずっとお客さんは不安を抱えたままでいたりする。

盛山　うんうんうん。

官谷　営業担当も「明らかにお客さん、不安に思ってるな」っていうときもあるわけですよ。でも自力でなんとかしなきゃいけない。競合に比べて高いとか安いとか、会社の規模感で負けてるとか、いろいろな状況があるわけで。その中で孤軍奮闘※3でね、「自分で何とか頑張らなきゃ」と商談を進めてる営業担当は、結構多くて。

盛山　泣けます。そうですよね。

官谷　そこに長挨拶で上司が登場する。「何かあったら、いつでも僕が後ろにいますから、彼で至らないところがあったら言ってくださいね」と伝えることで、お客さんの不安が解消されるのと同時に、わざわざ上司が出てきてくれたっていうことで、営業担当の株も上がる

※3
孤軍奮闘
援軍もなく孤立した中で懸命に戦うこと。本来営業は孤独なものではあるが、それをレビューを軸としたチームワークで支援するのが官谷の指導方針である。

じゃない？

盛山　そうですね。お客さんから見たら。

官谷　さらに、その部下の「価値づけ」もするわけですよ。例えば、上司が同席したってことで、お茶を出してもらう時間を作ってもらったりしてさ、「お客さんのもついでに」って感じで入れ替えに行く。その本人がいないちょっとの間に、「実はうちの盛山、見ての通り少し若いんですけど、建築が大好きな人間です。異色の新人なんですけども、こういう良いところがあるんです」みたいなね。

盛山　なるほど。ちょっと「アゲる」みたいな。

官谷　「この間も、この辺で土地を探されてるお客さまがいて、なかなか出にくいところなので、彼も不動産屋さんをあちこち回って情報を集めてました」とかさ。

盛山　そういうエピソードを話してあげるんですね。

官谷　そういう話を少ししてあげるだけでも、1人の若手営業だけで商談を進めているんじゃなくて、「会社規模でしっかり把握して、何がベストかを会社全体で考えてくれてるんだ」みたいなことが伝わる。小さい会社でも全員で共有してくれているっていう信頼感にもつながるよね。

有効商談① 長挨拶【裏放送】

■店長こそ名刺を配るべし

盛山　ここからは有効商談、長挨拶の裏放送ということで、官谷さんご自身の体験なども踏まえながらより深い内容でお話を伺っていきたいと思います。まだまだ語り足りないこと、ありますよね？

官谷　そうですね、長挨拶は結構ね、まだ根が深いというか、奥行きがあるというか。

盛山　そもそも長挨拶できない上司という存在も、まだいるんじゃないか？　みたいな話も必要ですかね？

官谷　なんて言うのかな、役割を勘違いしている上司が多いよね。例えば「店長」っていう肩書が名刺にあるのに、全然店長やってないとかね。

盛山　店長っていう肩書が付いちゃったばかりに、「前線に立たないほうがいいんじゃないか」みたいな、そんなイメージですか？

官谷　そう。「店長になる前のほうが、よっぽど動きがよかった」ってなっちゃう人も意外に多くてですね。

盛山　んー、もったいないですね。

官谷　店長っていう名刺をなんかすごく大事に使ってる、みたいな。「バンバン配れよ！」「あっちこっちで挨拶しろよ！」って感じなんだけども。本人は店長としての気負いが変に出ちゃって「俺は店長だから、そんな軽はずみに出て行く立場じゃない」みたいな。

盛山　バンバン出てきてくれたほうが、それこそ初期の段階で出てきてくれたほうがメリットがたくさんあるのに。

官谷　僕が店長だったときなんて、部下にめちゃくちゃ活用されてたからね。

盛山　そもそもの話なんですけど、どうやって出ていくわけですか？　官谷さんの場合は、部下の商談のスケジュールを見て、どんどん勝手に入ってきそうなイメージですけど（笑）。

官谷　僕の商談もあるわけでしょ？　だから、「おまえら俺の商談のスケジュールに合わせてアポ取れよ」って、まずそこから始まるわけよ。

盛山　なるほど。

官谷　当時はほらGoogleカレンダーなんかないからさ。

盛山　そうですね、今Googleカレンダーを見て、上司を自分の商談に入れちゃうみたいな会社もありますよね、いい文化だなと思います。

官谷　いい文化だね。まあ、僕の会社で開発したシステム（羅針盤《らしんばん》ｄｂ《ディービー》）※4を宣伝してくれてるのかもしれないですけど（笑）。そういう機能も付いてるんで。

盛山　便利な時代になりました。

官谷　当時はアナログだったけど、毎日スケジュールを共有してたからね。いわゆるオープ

※4
羅針盤ｄｂ
インプライがプロデュースしている商談管理システム。レビューシートという独自の情報管理フォーマットをもとに高精度な案件指導を実施できる。

ンボードで、「○月○日は官谷、ここから商談入ってるよ」「地鎮祭でいないよ」とか、みんなそこを避けて自分の商談を組むわけよ。それはそうだよね？　入ってもらったほうが成約率上がるんだからさ。

盛山　そりゃそうだ。取り合いですね。

官谷　うん。僕の部下で今までズバ抜けて成績あげてたやつが4、5人いたけど、全員共通して言えるのは、僕をうまく使うんだよね。

盛山　アハハ。商談よりも官谷さんの使い方がうまい、みたいな。

官谷　結果的に、そいつは僕の進め方をアリーナ席※5で聞いてるから、商談も覚えるよね。後から「なんか、似たようなトークをしてるやつがいるな」と思って見ると、そいつなんだ。

盛山　あー、なるほど。

官谷　さも自分が思いついたかのように、俺の十八番をしゃべってるからさ。「それ、作詞俺だよね？」みたいな。

盛山　アハハ、じゃあ教育になるわけですね、そうやって。

官谷　そうそう、うまい具合に使うんだよ、上司を。価格の交渉とかでも、お客さんと一緒になって、「マネージャー、なんとかならないですかね？」とか、何をおまえ、俺におねだりしてきてんだよ！　みたいなね。

盛山　ウフフ。

官谷　そういう演出っていうか愛嬌も含めて、やっぱり上司は使うべきですよ。

※5
アリーナ席
一般的な観客席と違い、選手やアーティストと同じフィールドに設置された特別席のこと。

■営業の姿勢に問題あり!?

盛山　「上司がいるとやりにくい」という営業もいるんでしょうか?

官谷　基本的には、営業は自分で好きにやりたいんだよね。自分の商談を邪魔されたくない、口を挟まれたくないんだよ。うまくいったら100%自分の手柄だし、うまくいかなかったら、その理由を自分が格好つく形にしたいんだよね。「300万円安かったからB社に決まっちゃいました」とかね。

盛山　なるほど。理由を外的なものにしたい。

官谷　「おまえ違うよ、あれ、うちより高いとこに取られたじゃん。値段で取られてないよね」っていう目撃者を置きたくないから、商談は1人でやりたいってことがリアルな本音としてはあると思う。

盛山　そうかー。

官谷　だから、「店長の俺だって他決なんてあるんだから、いちいち格好つけて気にする必要ねえんだ」と、早いうちから同席しちゃう。「1人よりも2人、2人よりも3人で知恵を出し合って、みんなでパスを回して受注取ったほうがいいんじゃないの」っていうスタンスを理解してもらったほうがいいよ。なんだろう、大家族の食卓※6みたいに、「誰のおかず」とか決めないようにしちゃったほうがいいよね。

盛山　なるほど。

官谷　さっき5本の指に入るって言った優秀な部下はさ、ひどいんだ、長挨拶のやり方が。

※6
大家族の食卓
かつて『追跡』という番組内で企画された、10人前後の子供を持つ大家族の奮闘をドキュメンタリータッチで描く「大家族シリーズ」のイメージ。官谷は三好家と渡津家がお気に入り。

初回接客の途中で呼ばれて、来週の現調に付き合わされる予定までもいきなり決めさせられちゃう。でも、そういうのも含めてチームビルディングになるのかな。

盛山　そんな会社さん、この前ありましたよ。商談中にすれ違った社員を呼び止めて、その人のエピソードを話しながら紹介するみたいな。例えば、「ちょうど今来た彼、設計の5年目なんですけど、もう本当に建築バカで、この前もなんか海外に有名な建物見に行ってて〜」とか。なんか「そういう話を社員同士でするのが会社の文化になってる」みたいな話を聞いたんですが、長挨拶の話とリンクしてすごく腑に落ちました。

■大迷惑!?「押しかけ同席」

盛山　官谷さん自身にも上司がいたわけですよね？　かつては。

官谷　一人だけいました。まああの、反面教師じゃないけど、良い例じゃないんだよな（笑）。当時営業として入社したばかりの僕よりも10歳上のMさん※7は、見た目はシュッとしてて、「仕事ができる人なんだな」と思ってた。でも実はそうではなくて、長挨拶どころかMさんの「押しかけ同席」で、何回か商談を壊されちゃってね。

盛山　どういうことですか？

官谷　状況で言うと、平日の夜、お仕事帰りにモデルハウスに来てもらって打ち合わせをしていたご夫婦がいてね。次回か次々回で契約できる手応えも得られて、「ようやくここまで来たな。もう大丈夫だ」と、その日の商談を終えようとしていたわけ。

※7
上司のMさん
官谷が27歳当時の10歳先輩で、「唯一の上司」と呼ぶ人物。柳葉敏郎に似た雰囲気をもっているらしい。

盛山　なるほど。

官谷　当然、朝礼では「○○さん、今日の夜に来店します。隣のモデルハウスのリビングで商談します」って報告もMさんにしててね。で、店全体の数字が足らなかったのかな、それとも上司としての存在感を見せたかったのか、真相はわからないんだけど。

盛山　（ゴクリ）。

官谷　で、とにかく商談をしてて、もう宴もたけなわ※8。ダイニングテーブルで打ち合わせしてたんだけど、「じゃあ次回、プラン提案をして、ご予算の範囲内で収まっていたら決めてもらっていいですか？」みたいな、いわゆるテストクロージングが終わったところで、急にガチャッ！ってモデルハウスの玄関が開いてさ、「あれ？　誰が入ってきたの？　この時間に？」と思って。そしたら、その上司のMさんが。

盛山　急に登場してきた。

官谷　ほんとに急に入ってきて。それこそ長挨拶なんてなかったんだから。今まで3回4回の商談は僕1人でやってきてて、お客さんにしても「この人、誰？」みたいな感じでしょ？

盛山　まあ挨拶がないですもんね、もともと。

官谷　いきなりバーン！って入ってきて、「上司のMです」って名刺を出してね。で、隣にドンと座ったわけ。お客さんも急に上司の人が現れて目の前に座ったから、びっくりしちゃうじゃん？　もう商談も終わってて、あと帰るだけだからさ。

盛山　気持ちよく帰るところだったのに。

※8
宴もたけなわ
「たけなわ」を漢字で書くと「酣」。お酒を造る工程でだんだんと甘さが増している状態のことであり、「物事の盛り」を表す言葉となった。実生活では、酒宴の盛り上がりがピークを過ぎ、フィナーレへと向かう際に用いられる場合がほとんどだが。

官谷　声も野太いのよ。「どうでした？　今日の商談は」みたいな感じでね。しかも、「どうでした？」って、お客さんに聞いてるわけよ。初対面の。「俺があとで報告するし……」みたいなとこもあって。そうしたら、お客さんも「いや、あの、プランも私たちの要望に近いものを出してもらったので、あとは予算に収まっていれば、お任せするつもりでいます」ぐらいに言ってくれて。まあ、それも今さっき聞いたことだから別に感動はないんだけど、僕も「ありがとうございます！」なんて改めてね。そしたらさ、「そうですか。うん、よかったな、うん。……では、今日決めてください」って急に。

盛山　はい!?

官谷　はあ!?でしょ（笑）。「おまえ、今の話聞いてねえの？」って思うよね。「でしたら、今日決めましょう！」だって。要は、「もう決めるつもりになってるんだったら、今契約して帰れ」みたいな。昔は重要事項を読み上げて契約しなきゃいけないなんていうことはなかったから、もう盛り上がったらその場でパーッて契約書を書いて、ハンコついてＯＫみたいなラフな時代だったからさ。

盛山　それにしても、ですよね。

官谷　そう。「わかりました。じゃあ、今日決めましょう！」だから。一番びっくりしたのは俺だよね（笑）。お客さん以上にびっくりしたもん。ご主人と奥さんと俺と、目が点になった3人がさ、もうアイコンタクトしてるわけよ、「この人、なに？」「いや、僕もわかりません」みたいな感じでさ。

盛山　そもそも突然すぎますよね。

官谷　突然現れたから、とにかく口挟むの俺しかいないでしょ？　だから、これまでの事情をMさんに説明してね、「今お客さんも言いましたよね？」「プランにも納得したって、今言ってくれたじゃないですか？」と。で、「来週の見積りで予算に収まってたら契約するって、今言いましたよね？」ってもう一回柔らかく解説したんだけど、「うん、わかってる、わかってる。それは聞いてる。うん。今日そこまで言ってもらってるんだったら……今日決めてもらおう！」だから。そしたらお客さんが「もう官谷さんのところ一社に絞ってますから、そんな心配はご無用ですよ」とまで言ってくれて。

盛山　お客さんのほうが気遣っちゃって。

官谷　そしたら、「うん、であれば、なおさらですね！」みたいな。

盛山　アハハハ。

官谷　何言っても駄目だもん、言えば言うほど、もうなんか頑強に、かたくなになっちゃって。「うん、決めましょう」「とにかく決めよう！」しか言わないわけよ。もうそれの一点張りだから。まだ登場して5分くらいだよ？　そんでさ、急に立ち上がってね、玄関のほうに行ったから、「あ、出ていってくれるのかな？」と思ったの。「やっぱりまずかったな」と感じて立ち去ろうとしたのかな？　と思ったら……大きな音で玄関の鍵をガチャッ！　と閉めてさ。

盛山　怖い！

官谷　で、もう一回戻ってきて、ドカッと座って「帰しませんよ、今日は！」って。

盛山　本当の話ですか⁉ それ（笑）。

官谷　契約するまで帰しませんよって、「これ監禁じゃん！」みたいな。「あ、縛ってないから軟禁かな？」とか。とにかく急に「帰しませんよ宣言」してさ。

盛山　ハハハ、「帰しませんよ宣言」（笑）。

官谷　そう、わざわざ鍵閉めに行って戻ってきて。いやぁ、もう悪夢だったよねー。「悪夢って、起きてるときに見るんだな」って初めて思ったもんね、あのとき。誰かがそんなこと言ってたけど。

盛山　恐ろしい上司ですね。

官谷　恐ろしかった。なんだろう、人間としては「かわいらしい人」っていうかね、不器用っていうかさ。まあ、不器用では済まないけどね、あれは。ぶち壊しだった。デストロイヤー※9だったけども。

盛山　まあ憎めないところもあるんですね。

官谷　うーん、まあ憎んでたな（笑）。だからね、僕がなんで一人前になったかっていったら、「上司に邪魔される前に決めちゃおう」って思って必死に営業したからなんだよ、本当に。

※9
ザ・デストロイヤー
かつて日本のマットで活躍したアメリカ出身のプロレスラー。四の字固めを武器に力道山やジャイアント馬場と好勝負を繰り広げた。1991年逝去。

Vol.5

有効商談②

構造案内

ご要望をヒアリングして
プランと見積りを提出することだけが商談ではない。
当社への信頼感をリアルに訴求し
受注の確度を最大限に高めるアクション、
それが構造案内だ。

有効商談② 構造案内【表放送】

■構造案内＝構造見学会ではない

盛山　さて前回に続き、有効商談というテーマでお届けしていきますが……「構造案内」が有効商談というテーマになってくるとは、少し意外だったんですけれども。

官谷　ちょっと地味に感じるでしょ？

盛山　そうですね。資金計画とか、プランニングとか、見学会の案内とか……何かそういう内容のほうがいいんじゃないかと正直思っちゃったり。

官谷　FPをやったほうがいいとかね。でも、「構造案内の資格」があってもいいんじゃないかと思うぐらい、僕の中で構造案内は重要な要素を占める。商談の中でも、すごい破壊力というか。やらないで受注になったケースっていうのは、僕の経験上あまり多くないかな。

盛山　その、いわゆる普通の、建築現場のご案内ということでしょうか？　官谷さんが仰っている構造案内というのは。

官谷　そう。普通に、先週上棟した現場とか。どこにでもある一般的な構造案内。逆にいうと一般的じゃなきゃダメなんだよね。「見せる用」の現場ってあるでしょ？　いわゆる「構造見学会」なんてイベントも、たまにやるじゃない？

盛山　やります、やります。

官谷　いろんな方を集めて、「うちの構造を大公開」みたいな形でテント張ってね。あれとはちょっと違うんだよね。構造見学会と構造案内は、似て非なるもの。

盛山　どこが違うんですか？

官谷　構造案内っていうのは、たまたま今着工してる、「先週、先々週に上棟したばかりなんです」というような現場だからこそ意味がある。日々進んでいっちゃう現場だから、今しか見られない。見せる用の構造見学会っていうのも、もちろんやらないよりはいいけれど、掃除してあって当然、しっかり作ってあって当然でしょ？　だから見たところで真実がわからないっていうか。たまたま今、大工さんがトンカンやってるところを見に行くからリアルさが伝わるわけでしょ？

盛山　構造「見学会」じゃなくて、構造「案内」なんですね？

官谷　「再来週になっちゃうと外壁を張り出して、外側が見えなくなるので、来週行きませんか？」みたいな形で、まさに今リアルに動いている現場を見てもらう。構造見学会と比べて、効果は段違い。

盛山　そういう意味で言うと、多くの工務店にとっては新しい概念かもしれないですね。構造の説明は重視されていないということでしょうか？　実際、構造案内をやってないような工務店もかなりありますよね。

官谷　僕が営業指導で全国各地に行かせてもらうじゃないですか。でも、まあほとんどの工務店さんは構造案内はしてなかったね。お客さんから依頼があったらする程度。でも、それ以外はしてないですね。

盛山　その、各社が設定している、成約までのフローに入っていない？

官谷　入ってないね。僕から言えば、その、「コショウがない※1」みたいな感じ。「え、またないの？」みたいな。どこの工務店に行ってもない。構造案内が商談のレシピの中にないんですよ。「どうやって料理作るの？」みたいな感じ。商談が完成しないじゃん？　というくらい、僕の中では必要不可欠です。

盛山　コショウがないと料理が成立しないみたいに、なぜ構造案内が大事なんですか？

官谷　これは盛山さんがわからないのも不思議じゃないよね。だって、実際に日々家を売っている住宅営業自身が、構造案内に重要性を感じてないんだから。僕が研修で理由をこんこんと説明して、効果を説明して、ようやく気が付いてもらえるっていうか。

盛山　構造案内自体が、印象としては地味な感じですよね。

官谷　たしかに地味だよね。派手さはない。僕自身、構造案内が派手なアトラクションだとは当然思わない。女性受けもしないし。でも、ものすごく大事な営業活動の1つなんだよね。

盛山　なるほど。

官谷　だからと言って、構造案内を積極的に行っていない工務店が構造を軽視しているというわけではなくて。構造模型のサンプルがあるでしょ？

盛山　ああ、あります、あります。

※1
コショウがない
「胡椒一粒は黄金一粒」とよく言われるが、実際に胡椒の市場価値が一番高かったのは13世紀フランスで、現代のおよそ3倍程度。思っていたより食卓に普及していたそう。まさに「コショウがなくて、どうやって料理作るの？」である。

官谷　基礎に見立てたベニヤがグレーに塗ってあって、「ここに土台が乗ってて、これが断面のカットサンプルで、こんな感じで組み上がっているんです、柱はこれです」みたいな形の模型が置いてある。

盛山　そうですね。特に「○○工法を使ってます」とかいう工務店だと、確実にあるかなっていう。

官谷　うん。まあ当然それはそれでいいんだけど、それで全部。大半の営業が現地に連れて行かずに模型とカタログぐらいで済ませちゃってる。

■稼働中の現場だからこそのリアリティ

盛山　構造案内にどんな効果があるのか、最初に聞いてもいいですか？

官谷　例えばね、同じような会社の規模、同じような価格帯、同じようなスペックのA社とB社で比較されている場合。「A社のほうがちょっとリビングが広い」とか、「B社はなんかデザインがいい」とか、大体そんな話になっちゃうんだよね。でも結局それだと、お互いに真似すればいいじゃんっていう話になっちゃうし。

盛山　ああ、なるほど。

官谷　表面上の戦いが多いんだよね。だから、競合との差別化って言ってもお客さんの芯を喰わない※2商談になりがち。

盛山　はいはい。

※2
芯を喰わない
野球のバッティングやゴルフのスウィングなどの例から、要点を捉えていないことを言う。「芯喰ってねーなー」は官谷の口癖だが、研修を受けた営業はしばしばこの口癖が移ってしまうそう。

官谷　その中で構造案内っていうのは、なんだろう、たとえて言うならボディブローみたいなものだよね。見た目の派手さはないんだけど、確実に効いてるっていう。

盛山　ダメージが残るという感じですか？

官谷　いい意味でのね、お客さんはガクガクッとくるっていうかね。自覚はないんだけど、なんか効いちゃってるっていうか。まあ本当のボディブローは自覚はあるけどもね。悶絶するわけだからさ。

盛山　アハハハ。

官谷　よだれをたらしてひっくり返っちゃうんだから。まあ、当然そこまでのリアクションにはお客さんはならないけど。現場で倒れられても困っちゃうからね（笑）。

盛山　ウフフフ。

官谷　ここからがポイントで、例えばものすごいプランを提示するとか、要望に合った土地を紹介するとかは、まあ華やかじゃない？　お客さんも喜んでくれるし。「わあ！思った通りのプランが出てきてステキ！」とか「もうちょっとこうしたら、どうなるんですか？」みたいに、話も盛り上がりやすいんだけども。

盛山　住宅営業らしい瞬間って感じですよね。

官谷　そう。リアクションもすごくわかりやすい。構造案内なんて連れて行ったところで、例えばご夫婦ともに建築の素人だから、見てもどうせわからないだろうっていうのが、まず先入観としてあってね。お客さん自身もご案内したところで「私たちが見ても、わからないから」って拒否られるっていうか。10人に勧めたら、9人は行きたいとは言わないからね。

盛山　つまらなそうなイメージがあるんですかね。

官谷　だから逆に言うと、我々が提案をしない限り、構造案内っていう商談のスパイスは生まれないんだよね。僕は自分が受注を取ったうちの98％ぐらい構造案内をやってる。お客さんが嫌だって言っても連れて行くからね。だって、そのほうが絶対成約に近づくから。

■構造案内は「自信の表明」

盛山　官谷さんの実績の話だけで充分かもしれないんですが、なぜ構造案内が必要かって話をもう少し深掘りしていいですか？

官谷　なぜわざわざ腰の重いお客さんを連れて行くのかって質問だよね？　ほら、建て売りの会社は別かもしれないけれど、我々注文住宅の場合って、基本的にはご依頼をいただいてから家を建てるでしょ？

盛山　そうですね。

官谷　何もない状態からお客さんはクオリティをイメージできないよね。モデルハウスを見ても、それとは違うものが建つわけだしさ。一番冒頭の話に戻るんだけど、同じスペックのA社とB社があって盛山さんが比較検討しているとする。A社は「当社は構造を売りにしているので、タイミングを見て進行中の現場をご案内させてください」って言ってくる。一方B社は、カタログと構造模型で「当社もこのように作ってます」と話す程度。はたしてどっちが構造に自信を持っている会社だと思いますか？　っていうことになるんですよ。

盛山　それはもちろん、前者のA社になるでしょうね、普通に考えたら。

官谷　なるでしょ？「自信があるから勧める」ってことになる。ということは、裏を返すとお客さんに構造を見に行きませんか？　って勧めない工務店っていうのは、「構造に自信がない」ってことになっちゃうでしょ。

盛山　ああ、なるほど。しかもそれは、A社が構造案内をやってたから気付くことですよね。

官谷　そう。だから、これの逆をやられると困るのよ。競合してる会社が先に構造案内をやっちゃった場合。

盛山　先手を打たれてしまった場合が怖い。

官谷　うん。例えば、「お客さま、キッチンやお風呂、標準装備なども大事ですが、やはり構造がしっかりしてないと、結局は高い買い物になっちゃいますよ。わからないかもしれないですけれど、見ていただければ何か感じていただけるものが絶対あると思います。ぜひ見に行きましょう」と言って。お客さんは「特に見たくもないんだけど、営業がそこまで自慢するものだから、ついてきました」みたいな。で、連れてっちゃえばこっちのもんだよね。

盛山　お客さんは、実際構造のことはわからないですよね？　ほとんどのケースは。

官谷　うん。一応、お客さんも何か社交辞令で言ってくれるじゃない？「わあ、なんかいっぱい柱が立ってるんですね」とか「梁《はり》ってこんなに太いのが、こんなに組み合わさってるんですね」とかって言ってくれるじゃない？　それなりに。こっちも、「よく気が付いてくれました、そこなんです！」とか言って。いや立ってるよそりゃ、なんだけど（笑）。

盛山　アハハ。真面目な顔でそれを言う。でも、本当に普通のことにびっくりするお客さんがほとんどですよね？　多分。

官谷　「今日お見せしたかったのは、まさにそこなんです！」みたいなね。柱の数なんて1本、2本しか変わらないんだよ。梁の太さだって他と変わんないんだよ。でも、「そこなんです！うちの売りは」ってリアルな建築現場で言われたらどう？

盛山　なるほど、たしかに。

官谷　「完成してクリーニングをかけてしまえば、どこの家も同じように仕上がるんですが、うちはそうではなくて。お客さまからの大金を頂戴して建てている現場ですから、傷にならないように引き渡しまでしっかりと養生して、職人さんにも協力してもらって、いつもこのように整理整頓してるんです。縁の下をめくってみたらホコリや砂がたまってたみたいなことがないように。このように綺麗に現場を管理することも含めての施工品質なんですよ」って言われたらどうよ？

盛山　裏側を見せるという意味合いもあるわけですよね？　もちろん。

官谷　ひょっとしたら、競合しているB社もうちと同じぐらい現場を綺麗にしてるかもしれないですよ？　今どきそんなひどい施工現場の工務店だったら、もうこの世に存在してないでしょ。こういう時代だから。

盛山　そうかもしれないですね。

官谷　どこも80点ぐらいの施工はやってるんだと思う。よっぽどの例外は別として。でも、じゃあ同じ80点だったら、「うちは構造が売りだからぜひ見に行きましょう！」って強くプッシュしてくる住宅会社と、構造模型だけで、「まあ、うちもA社さんと同じような構造躯体で同じような材料を使ってます」って説明だけで終わっちゃうB社と、どっちが信頼できるんだっていう話になってくるでしょ？　差をつけるとは、そういうことなんだよね。

■後出しでは効果がない!?

盛山　そうすると、構造案内は先に実施したほうが有利だったりするのでしょうか？

官谷　そう。逆に、B社の立場になったときに困っちゃうわけですよ。先にA社の営業に構造案内に連れて行かれて、「まあ、たしかに現場も綺麗だし、梁も太いし、柱もたくさん立ってて、断熱材もしっかり入ってるんですね」みたいな印象を持たれてしまう。そのタイミングで「B社さんも検討してるんだったら、一度構造を見せてもらったほうがいいですよ？構造に自信があるから我々はご案内をおすすめしましたけれど、B社さんからはお話がなかったんですか？」ってやられたらマズいですよね？

盛山　なるほど。そういう攻め方ができてしまう……。

官谷　「いやぁー、勧められなかったですね」ってなった場合ですよ。

盛山　後出しになったらもう駄目なんですね。

官谷　しかも、お客さんにしてみれば、構造を2社も3社も見たいですか？って話ですよ。

盛山　まあ、そんなに見比べても、結局わからない。

官谷　そう。B社の人だって、「A社さんと一緒ですよ」って言ってるし。一緒ですよって言ってるんだったら、「じゃあ別に現場を見に行っても感動はないかな」ってなる。でも、「そもそもB社さんは構造を見に行きましょうって言ってこなかったな」とも思う。そうなると、「B社さんは現場が汚いんじゃないんですか？」とか、「稼働している現場が少ないんじゃないんですか？」とか、口に出さなくても暗に伝わっちゃうでしょ。勧めなかったってことは、自信がないんだってことを認めたことになってしまう可能性があるわけよ。

盛山　怖い！

■構造案内を実施できない理由に迫る

盛山 前半で、「構造案内は先出し必須」という話がありましたが、それが理由で競合に負けるとしたら、営業的には悔しいでしょうね。

官谷 そうね。最悪なのは、うちのほうはスペック80点で向こうが50点なのに、80点のほうが構造案内をしなくて、50点のほうに構造案内されちゃって、信頼感っていう勝負で負けちゃうことですよ。もう、これは許されない負け方だよね。人災っていうかさ。

盛山 人災とまで言いますか（笑）。

官谷 しかも、お客さんが断るときに、「盛山さん、実はA社さんに決めました。なぜかと言うと、構造を見せてもらって、すごく信頼が置けたからです。B社の盛山さんは自らの口で、構造を見に行きましょうって言ってくれませんでしたよね？ それで不安になって……」とは、言ってくれないでしょ？

盛山 そんなに自分の心の機微を把握できないです。

官谷 多分お客さん自身もわかってないんですよ。なんとなく心の中で、「あ、この人、自信があるんだな。この会社は構造に相当自信があるんだな」っていうのは、数値じゃないところで感じちゃうんだよね。心意気というか。

盛山 お客さんと構造案内に来て、もし現場が綺麗じゃなかったら、どうするんですか？

官谷 それは一言で語れない大きな問題をはらんでいるよね。常日頃から綺麗じゃない現場に問題の本質があるわけでしょ？ それって会社全体の課題だから。

盛山 構造案内できない理由として、営業と現場の関係が良くないっていう話も聞きます。

官谷 もったいないよね。施工中の現場を営業活動で使えてないんだったら。

盛山 そうですね。営業の舞台になるっていう認識があまりないのかもしれないですね。

官谷 現場は現場で、工事監督とか工事部のほうで取り仕切ってるから、男子厨房に入らずじゃないんだけども、「営業はこっちに入ってくるな」みたいなところもあるのかな。

盛山 そういう雰囲気も、ちょっとあるかもしれないですね。

官谷 ただお客さんの視点からしてみれば、家を建てる会社全体に安心をしたいからね。

盛山 営業が、職人とのコミュニケーションがとれていないってケースはありますか？

官谷 よくあると思う。僕なんかも失敗あるけども。一番最初の小さい会社でやってるとき、売りがないからお客さんを現場に連れていくじゃない？ すると、これは売れてない会社の理由の1つでもあるんだけど、職人さんもロクでもないのがいてさ。「この坪単価でやりたかないんだけど、仕方なくやってんだ」とか「材料が順序よく入ってこない。こんなタイミングで石膏ボード入れてきやがって」みたいな話を、営業の俺に文句言ったりするわけよ。連れてきたお客さんの目の前で。

盛山　最悪な状況ですね、それは（笑）。

官谷　「お前、あとで絶対殺すからな※3」って思ったよ。

盛山　ハハハハハハ。

官谷　でもそれは、いきなりお客さんを連れてきちゃった僕が悪いわけよ。ちゃんと事前に準備して「今日連れてこうと思ってる現場って、大工さん誰？」とか「○○大工さんは綺麗好きだし、しっかりやってくれてるから大丈夫だな」とか確認しとかないと。

盛山　なるほど。そういうことを事前にチェックしておく。

官谷　「△△大工はちょっと荒っぽいからな」とか、そういうことをわからずに連れて行った僕が悪いってこと。会社的に構造案内をしっかりやっていこうって文化になってくれば、必然的に現場もチョイスするでしょ。

盛山　そうですね。「○○大工さんの現場は良いらしいぞ」とか、営業同士で共有する意識が高まりそうです。

官谷　もちろん、そういった気配りのある職人を育てる営業側の努力も必要だよね。そして営業の上司が「悪いんだけど、今度ウチの若手がお客さんを連れて行くから、構造のポイントとかを上手く説明してやってくれない？」ってお願いしたりすることで、現場監督のしゃべるスキルも上がったりするんだよ。

盛山　うーん、構造案内は受注につながるということ以外にも、会社の形を良くする効果もありそうですね。

※3
絶対殺すからな
昭和世代の人間は、しばしばこのような乱暴な言い回しをする。深刻に受け止めないこと。

官谷　表彰制度があってもいいね。まさにチームビルディングになるでしょ？ 会社が変わるきっかけになると思う。

■構造案内をより効果的にするために

盛山　商談の流れで、突然「今日見に行きましょうよ」って構造案内をすることもあると言っていましたが、実際はある程度の準備をしてあるんですよね？

官谷　それはもちろん、準備してあるよ。

盛山　ハハ、なんて言うんですか、事前の計らいみたいな。

官谷　もちろん稼働中の現場は全て綺麗なんだよ？ ただ、見に連れてく現場は、その中でも二つぐらいに絞ってて、そのどっちかに連れて行く。

盛山　それは、お客さんの要望によっても変えるんですか？ 例えば、断熱性能を気にしてる方は断熱材の見える現場に行ったりとか。

官谷　もちろん。断熱材がまだ入ってないところを見せてもしょうがないでしょ。

盛山　それもそうですね。失礼しました（笑）。

官谷　僕が一番最初にいた小さな会社のときは、まさに現場を中心に契約を取りに行ってたからね。競合の現場が常時20棟、30棟と動いているエリアで、ウチは1棟しかない。でも、その現場しかないにしても、お客さんを連れてったらさ、やっぱり、「ウチのほうが構造に自信がある」っていうことの訴求にはなるよね。

盛山　たしかに、印象付けられますよね。
官谷　じゃあ、それが1棟じゃなくて、2棟、3棟連れてったらどうなの？
盛山　すごく信頼できそうです。
官谷　1つの現場から戻る道をちょっと遠回りして、別の現場の前を通るわけ。「あ、ここも、うちの現場なんですよ」なんて言いながら、それを言いたいがためだけに。
盛山　昔の悪徳タクシー※4みたいな感じですね（笑）。
官谷　まあ、別にメーターは上がらないからさ（笑）。さらにもう1つルートを変えて、「ここも先週、引き渡ししたばっかりのうちの建物なんですよ」ってやってったら、「いっぱい建ててるんですね」ってなるじゃん？　3棟しかないのに30棟に勝てるんだよ。
盛山　すごい！
官谷　しかも、構造案内は、当然、自分の車に同乗してもらって、コミュニケーションを図りながら現場に向かうわけ。で、現場に着いたらヘルメットを出して、「お客さん頭ぶつけたら大変なんで、これかぶってくださいね」とか、サッとスリッパを出すとか。
盛山　いろんなプロセスを見せられるんですね。営業の気配りを見せる、またとない機会にもなるっていう。
官谷　当然、職人にも声を掛けとくしね。監督経由で、「明日、お客さんを連れてくからよろしくね」みたいに。そしたら、大工さんも気さくに挨拶してくれて。僕も、「イチ押しの大工さんで、すごく腕が良くて」とか言って大工さんを上げながら。

※4
昔の悪徳タクシー
最短ルートを行かずに迂回して距離を稼ぐ手法を連想してのことだろうか。日本では少なくなったが、海外では今もなお被害が多いそう。

盛山　そういう営業と現場サイドのチームワークを感じさせる瞬間っていうのが、他の会社にはあまりないから、それもポイントになりそう。
官谷　ちょっと僕が席を外してたりして、お客さん夫婦と大工さんだけになったときに、「あのー、官谷さんの工務店って、どの辺が売りなんですか？」なんて聞いてくれることもあるじゃない？　そんなときに、大工さんも「ここの会社みたいに、こんな太え材料使ってるとこ、他にねえんだよ」、みたいなリップサービスをしてくれたりね。
盛山　うんうんうんうん。
官谷　「こんな材料を使ってこの値段では、俺たち個人じゃとてもできないからね」みたいなことを職人トークとして言ってくれたり。「いやぁ、監督がうるさくてよー（笑）」なんて言いながらもさ。それって、ちょっと嬉しいよね、お客さんにしてみればね。
盛山　「このボロ、どうすんだよ」っていうような大工は、当然いないわけですよね。
官谷　そう。そんなこと言ったらさ、もう殺すしかない。
盛山　アハハハハ。ちょっと、その言葉やめてもらいたいんですけど。ハハハ。
官谷　それを知ってしまったお客さんも、殺すしかない（笑）。「全てなかったことにする」みたいなね。
盛山　別の現場※5になるみたいな。アハハハ。
官谷　そうそう。違う現場になるよね（笑）。

※5
別の現場
盛山は大学時代、推理小説研究会に所属していた。それゆえか「現場」と聞くと「殺人現場」を思い浮かべてしまうとか。

■80点を100点にする

盛山　官谷さんなりの、職人さんたちとのコミュニケーションの取り方の秘訣っていうのは、なにかあるんですか？

官谷　いや、特別なことはないよ。現場で受注を取るって意識が共有されてくれれば、挨拶も清掃も行き届いてくるし。

盛山　とはいえ、仕込みじゃないですけど、どこまでそういうことやってたんですか？

官谷　そうね、例えばトイレね。お客さんに「お手洗い、そちらの仮設のトイレですけども、よろしかったら使ってください」って勧める。

盛山　普通、「えー？」ってなりません？

官谷　て、思うでしょ？　でも、開けたらフローラルの香りなわけよ。だって、新品の仮設トイレが置いてあるから。使わせないんだから、俺が。

盛山　え、どういうことですか？

官谷　「コンビニに行ってくれる？」って言うの。職人さんには。

盛山　その日は、ですよね？

官谷　いや、その日以外も使用禁止。「この現場の仮設トイレは、構造案内にお連れしたお客さんが使うときに初めて開かれる仮設トイレ」みたいなね。

盛山　フローラル充満しますよね、それは……。

官谷　フローラルだよ、本当に。例えば現場監督に、「あの○○邸の現場、明日、商談中のお客さん連れてくからね。わかってるよね？」と言うわけなんだけど、この「お客さん連れてくからね、わかってるよね？」に、全部もう集約されてるわけ。

盛山　わかってないと、どうなるんでしょうか（笑）。

官谷　「汚れてたら死ぬんだぞ、命がなくなるんだぞ」と。

盛山　ハハハハハ。

官谷　まあ、仮設トイレを全く使わせないってのはギャグにしても、使ってるにしたって、当然、念には念を入れて綺麗にしにといてね。通常の現場も80点なんだけど、構造案内用の現場は常に100点にしとく、みたいな。

盛山　なんか、「現場に連れていかれたら終わり」って感じですね。官谷さんの場合（笑）。

官谷　今の現場はほぼ100点になってるはずなんだよ。当然ゴミも分別されてるし。

盛山　子ども用のスリッパまで置いてあるようなところも多いですよね。

官谷　元工事監督の人がコンサルタント※6になって、「現場を良くしよう！」みたいな動きもちゃんとあるし。

盛山　うん、うん。

官谷　素晴らしいことだとは思うんだけど、それを「営業活動として、ちゃんと使えるようにしよう」ってところまで循環させせられていないんだよね。綺麗なだけで、営業は構造案内してないんだから、非常にもったいない。

※6
元工事監督のコンサル
「現場にこそ工務店の真の姿が現れる」というコンセプトのもとで現場監督出身のコンサルタントが活躍していたりする。もともと現場監督で鳴らしてた人たちなので概して指導は厳しく、中には抜き打ちでの現場チェックをメニューにしているところもある。元請だけでなく、関連会社を含めたチームワークや施工の標準仕様等を求められるため、改善には痛みを伴う場合も多く、気を配れる工務店は誠実な会社であろう。

■構造案内にまつわる悲劇

官谷　構造案内で思い出した話だけど、他社で契約予定のお客さまが、ふらっと当社のモデルハウスに来たりすることがあるわけ。で、たまたま運よくというか、運悪く僕が接客をしてね。「あの、私たち他社で契約することに今日決めてきて、来週契約なんです。ちょっとインテリアの参考にと思ってお邪魔しただけなので、全然、接客とかはご迷惑掛けちゃうので大丈夫です」なんてね。「だったら見にくんなよ」、みたいなところもあるんだけども（笑）。

盛山　ちょっと、どう対応していいかわからないですよね、その感じ。

官谷　でも、そういう人って結構いるんだよ。で、「それはおめでとうございます！　ちなみにどちらで決まったんですか？」みたいな感じで聞いていって。「決め手は何だったんですか？　参考までに、ぜひ教えてください」みたいにリサーチしてる感じで。

盛山　ちょっと、この話、展開が怖いな（笑）。

官谷　でもさ、ほら、「来週契約」って聞いてるから。「まだ契約してねーぞ」って。

盛山　ハハハハハ。

官谷　もう、僕の心の中で青い炎がボッと点いてるんだよね。「まだいける！」みたいなね。

盛山　普通は点かないと思いますけど。

官谷　いやいや。だってさ、「契約してる」って言ったら、さすがにだけどね。まあ、それでも、たまにいっちゃうときもある（笑）。「契約してない」なんて聞いたらさ、そんなもの自由恋愛でしょ。

盛山 でも、「婚約指輪は、はまってる」みたいなことじゃないですか。

官谷 結納ぐらいじゃない？

盛山 結納ぐらい？

官谷 「結婚してる」だったら、人の恋路に※7っていうか、人さまの恋愛をわざわざブチ壊す必要はないけども、「来週、契約です」って言ってんだったら、まだ大丈夫だもんね。

盛山 プロポーズを受けたぐらいの感じなんですね。

官谷 うん。「ちなみに何坪ぐらいなんですか？」なんて話しながら、「○○坪、じゃ、このモデルハウスと同じですね。この家も○○坪です」「部屋数、何部屋ですか？ じゃ、全く一緒ですよ」「ちなみに、参考までにお伺いしますけど、おいくらぐらいなんですか？」みたいな話をしながら、「これ絶対いける！」みたいな。

盛山 ハハハハハ。

官谷 徐々にぶっちゃけトークも出てきてね、「他は見なかったんですか!?」「B社はなんでやめたんですか!?」みたいなことも聞きながら、「なるほど。ちなみに来週契約するA工務店さんって、構造現場とかは、ちゃんとご覧になられましたよね？」みたいな話をして。

盛山 きましたね。（笑）。

官谷 ま、やってないから、大体。やってないのをわかってて言ってるんだけど。

盛山 はい、はい。

官谷 「いや、構造は、カタログとか模型では説明してもらいましたけど……」「そうではな

※7
人の恋路
「人の恋路を邪魔する奴は……」は、江戸時代末期に作られた都々逸（どどいつ）が由来。続く言葉として「犬に食われて死ねばよい」「馬に蹴られて死ねばよい」の2パターンがあるとか。

くて、骨組みの状態の基礎が見えたり、柱が丸見えになってたり、そういった実際の現場は見たことありますか?」みたいな。

盛山 「え?」っていう感じですね。

官谷 「いや、ないですね」となると、ここからだよね。

盛山 ガラガラガラと、何かが崩れ落ちる……。

官谷 「え!? 見てないんですか?」って。もう、そこからはシリアスなドラマに急展開。

盛山 急展開させてるんですけどね、官谷さんが。

官谷 うん。そのためにワイングラスを持っといて、落とす※8ぐらいの演出効果で。

盛山 アハハハハハ。

官谷 「ら、来週契約って言いましたよね? 構造見てないんですか? 大丈夫ですか?」ってなる。来週手術が決まっているにもかかわらず、まだレントゲンは撮っていないという状態で、「おなか開けさせちゃって大丈夫ですか?」みたいな感じで。

盛山 ダメです。

官谷 そこからは、「その工務店の営業の方、どうして『構造を見に行きましょう』って言ってくれなかったんですか?」にシフトするんだよね。

盛山 あー、なるほど。そこで効いてくるんですね。

官谷 いきなりそこでひっくり返そうとは思ってないのよ。だって来週、契約って言ってるんだから。「お客さん、来週契約なのはわかりました、でも、Aホームさん、担当はどんな

※8
ワイングラスを落とす
テレビドラマなどでシリアスな状況を表現するベタな演出の一例だとされるが、実際に見たことがある人はいるのだろうか?

人なんですか？　ひょっとして若い人ですか？」みたいな話をするわけ。当たるから、大体。「え？　あ、はい。若い人です」みたいに返ってくる。そしたら、「あー、そっか……だとすると、やっぱり構造とか、わかってないのかな……」とかね。この辺はもう独り言みたいに。

盛山　ハハ、でも、たまに外れません？「いや、結構年配の人でしたよ」、みたいな。

官谷　「あ、そうなんだ。じゃ、あまり詳しくない中途社員なのかな……」とか。

盛山　フフフ。なんでも返ってくる、結局。

官谷　どっちにしても当たるパンチを振り回してるわけだから、絶対当たるんだけども。

盛山　ハハハハハハ、怖いですよ。

官谷　「ただ、どちらにしても、ちょっと来週の契約は、一度延期したほうがいいですよ」と。「やっぱり、構造をちゃんと見せてもらってからのほうが、不安も解消できると思いますし」っていう話をしてね。そうすると、お客さまも「そうね」ってなるじゃない。

盛山　かわいそうな展開になってきました。

官谷　「では、立ち話もなんですから、お掛けになって、もうちょっと詳しくお話を聞かせてください」なんていう話の入り口ができるわけ。

■構造案内を実施しない営業に●を!?

盛山　ハハハ。だいぶ危ない話になってきましたけど。要は、戦うフィールドを変えるっていうことですよね？

官谷　うん。だから本当に……なんだろう、僕の根っこの中にずっとあって、この商売に関わってる限りは変わらないと思うんだけど、構造案内をしないっていうのは、はっきり言って営業としては横着だと思うのね。

盛山　うーん、はい。

官谷　だから、「横着をして受注を取ろうとしてる」って僕は思うから、「そんな横着者に受注は取らせてやらねえぞ」っていう情熱が、急にグワッとくるんだよね。やるべきことをやった上で契約をお願いしてない。素人のお客さんに対して、正しい道筋で契約してくださいって言ってない。要は適当なんだよね。「ま、模型で説明をして、細かいことを言ってこなければ、そのまま、これで契約しちゃえ」っていう横着者なんだよ。だから、「構造案内をしてない案件は全部ひっくり返してやる！」っていう気概で、ずっと営業してたしね。

盛山　意外にも最後は熱い話になりましたね。構造案内、2割ぐらいは語れましたか？

官谷　まあ、2割5分くらい。本当にね、商談が鮮やかにひっくり返ることがあるんだって。営業じゃない盛山さんに言ったところで実感ないかもしれないんだけど。これを聞いてる世の住宅営業は、いつか構造案内で商談が大逆転する場面を体験するはず。もちろんプラスの意味でね。なんだろう。あの、辰吉丈一郎ばりのボディブローが決まる瞬間があるよ。あの、シリモンコン・ナコントン・パークビュー戦のような。

盛山　……なんでしょうか？

官谷　97年の世界タイトルマッチ※9ですよ。あのときのボディブローのようなね。

※9
97年の世界タイトルマッチ
1997年11月22日、大阪城ホールで行われたWBC世界バンタム級タイトルマッチ。当時20歳で飛ぶ鳥を落とす勢いのシリモンコンに対して、網膜剥離を患い世界戦3連敗の27歳、辰吉丈一郎が挑んだ試合。下馬評ではシリモンコン優位だったが、試合中盤で辰吉の渾身のボディーが炸裂。動きの止まったシリモンコンはラッシュを受けリングに沈んだ。

盛山　すいません、全然わかりません。

官谷　今ね、ボクシングファンはドカンッてきてると思う。鮮やかに記憶がよみがえってると思うよ。「あんな破壊力があるんだ！」と。

盛山　結構、きてる方もいらっしゃるのかもしれないですね。僕は、すいません。

官谷　今、ボクシング好きは膝をたたいて大きくうなずいてると思うよ。

盛山　ありがとうございます。じゃ、いずれ、残りの7割5分も語っていただいて……。

官谷　そう。「構造案内をしない営業に死を！」っていうテーマで。

盛山　ハハハ。

官谷　わかった？　シリモンコン・ナコントン・パークビュー。

盛山　今回、わかってほしいのはそこじゃなくて……。

官谷　そこじゃないんだけど、ものすごいボディブローなんだから。どこかで見れると思うんだよね。ぜひ、わからない人でも見てほしいな。「あれが構造案内なんだ！」って。

Vol.6

有効商談③

全ての商談を有効にする

現地調査、資金計画、事前審査など
定番の商談も「裏の目的」まで
意識して実施している営業は少ない。
毎回の商談を最大限に
有効活用するための考え方とは？

■商談と恋愛関係の共通点

盛山　今回は「有効商談のまとめ」ということでお話を伺っていきたいと思っています。「長挨拶」「構造案内」この2つが有効商談というプロセスになることは僕も理解できたんですけど……「そもそも、何をもって有効な商談なのか」「有効じゃない商談とはどんなものなのか」みたいなことを、僕自身が100%理解できてないのかなって、ずっと思ってまして。その有効商談の考え方について、改めてお話を伺いたいんですが。

官谷　いやね、「商談を重ねていけば契約に近づいている」って思いがちというか。「次も会える。また次、もう1回会える」これを繰り返していけば、いつかゴールがくるみたいに思っちゃってるのかな。だから「有効」じゃないんだよね。「無効」でも継続しているだけみたいな。

盛山　でもこう、商談を繰り返せば繰り返すほど受注っていうゴールに近づいていくというような、営業的な常識があるような気はします。

官谷　5回よりも10回会ってるほうが情も移るしね。最初に会ったときよりも本音で話してもらえるっていう利点もあるんだけど……「長過ぎた春」※1というか、友達みたいになっちゃうことってあるでしょ？　恋愛関係でも。決めるときに決めないと。

※1
長すぎた春
長く付き合っても結婚に至らずに終わる恋を指す言葉。婚約期間が長い恋人同士の波乱を描いた、三島由紀夫原作の『永すぎた春』という小説が由来となっている。

盛山　なんか恋愛にたとえて想像すると嫌な思い出がよみがえりますね……。

官谷　なにも行動しない盛山さんと違って、営業は商談で会う度に何かしら行動するんだけどね。例えば、「来週お会いしましょう」「次の週、お土地を紹介します」「この土地でいいかもしれない」「じゃあ次回、この土地で、もし建てた場合の総額を出してみましょう」って、ここまではいいでしょ？

盛山　うん、うん。

官谷　で、「総額○○万円位になっています」「ご要望のご予算に、ほぼ収まってると思います」「次回、正式にお見積りを出して、ご予算に収まってたら決めてもらえますか？」まあ、これが山頂になるよね。だから、ちゃんと有効に一個一個追い込んでいくというか。

盛山　なるほど。

官谷　お客さまが求めている商談のカードの枚数って、そんなにないはずなんだよね。そして、会う都度そのカードを1枚ずつ失っていくイメージ。『カイジ』のジャンケンゲーム※2じゃないけど。

盛山　ハハハ。

官谷　例えば、「参考になるＯＢ邸をご案内します」とか、必ず何らかの商談のカードを切るんだけど、お客さんのテンションが全然上がらなかったら、それは有効な商談じゃなかったってことだよね。

盛山　あー、テンションっていう考え方もあるんですね。はいはい。

※2
ジャンケンゲーム
福本伸行の漫画『賭博黙示録カイジ』に出てくる「限定ジャンケン」を指している。3つの星とグー、チョキ、パーが描かれたカードを使用する。ぜひ漫画を読んで緊張感あふれるジャンケンバトルを味わっていただきたい。

官谷　そのカイジの切ったグーは全然有効じゃなかったっていうか……フフフ、ちょっと、多分これ、カイジから離れたほうがいい気がする。

盛山　ハハハハ。

官谷　カイジにたとえないほうがいいかも。商談のカードは他にもいっぱいあるからね。

盛山　そうですね。3個しかないですからね。あれだと。

官谷　しかも、騙したりとか裏切られたりとかが、あんまり印象が良くないよね（笑）。

盛山　ウフフ。

官谷　例えば前回説明した構造案内も、お客さんが家造りに本腰が入っていないタイミングで実施しても意味がない。「官谷さんがいつも構図案内しろって言うから、早いとこやっちゃおうと思って」じゃ、効果が薄いんだよね。夏休みの宿題じゃないんだから。嫌いなおかずから片付けていきましょうとか、そういうことじゃないんですよと。「効果的なタイミングで実施しろ」ということ。

盛山　なるほど。カードを出すタイミングと相性みたいなものが、組み合わさって初めて有効商談っていうんですね？

官谷　そう。商談を重ねるたびに安心感は高くなると思う。ただ、同時に鮮度も落ちるんだよね。新鮮味っていうゲージは下がっていくわけ。だから最終的に、「5回も6回もお会いして、御社のことはよく理解できました」ってなるのと同時に、好きになってもらってるから結ばれるわけだけど、好きのゲージが上がりきってなければ、「あなたのことはよくわかりました、でも、他の人とも会ってみます」ってなっちゃうわけですよ。

盛山　悲しい……。鮮度が下がる前に好きになってもらわないといけないということか。

官谷　そういえば、盛山さんって、彼女いなかったんだっけ？

盛山　いやいや、もう何回も聞かないでくださいよ。いないですよ。

官谷　一応、営業活動として毎回聞かないと(笑)。前回会ったときは競合がいなかった。でも、今日会ったときはいるかもしれない。それと同じく、前回会ったときは、盛山さんに彼女はいなかった。でも今日はどうだろう？

盛山　今日も。ハハハ。

官谷　ね？　こう毎回確認するっていうのも、商談を有効にしていくための鉄則ですよ。

盛山　そのたびに僕の心がズタズタになるんですけど。

官谷　フハハハ。

■要点をおさえた商談展開をしているか

盛山　うーん、有効商談はとても重要な考え方であるのと同時に、捉えづらいというか……もう少し具体的な例をふまえながら理解していきたいんですけど。

官谷　例えば、ＯＢ邸案内とかは結構な切り札なんだけど、「無垢の素材をふんだんに使った家を希望しているお客さまを、床しか無垢じゃない家に案内してしまって、結果、お客さんが期待してるほどグッとこなかった」みたいなことでは意味がないというかね。せっかく

1枚、OB邸案内というカードを切ったんだけど、お客さんはそれほどステップを上がってくれなかったっていうか。実施してみて、「すごく参考になりました」とか、「御社のことが改めてよくわかりました」とか、「こんなこともできるんですね、安心しました」みたいに、グッと上がるから有効だったたっていうことでしょ？

盛山　うんうんうん。

官谷　だから「このパターンが絶対有効」ってことは言えないわけ。相手によって違うじゃない？「土地無しで、近隣に住む親御さんが影響力を持っている。そして競合の状況を踏まえると……今回のこのお客さんに対しては、これが有効」っていう具合でさ。または「建て替えで、お子さんは独立していて、ご主人と奥さんだけで住む家を検討している」というご夫婦に対してなら、じゃあ次に何を実施するのが有効なんだ？って、毎回考えないと。

盛山　なるほど。

官谷　例えば資金計画って、絶対大事じゃない？「金額はいくらでも関係ねえよ」っていうアラブの石油王※3みたいな人はいないからさ。「いくらで建てられるの？」っていうのは、お客さまにとってすごく重要なわけ。だから、資金計画をどこかの会社で必ず1回は実施するものなんだけど、これすらできてないことが多い。

盛山　うんうん。

官谷　「次の商談が4回目なんだけれど、まだ資金計画をやっていない」とか。そうなると、今までの2回目、3回目の商談も有効とはいえないよね。オセロでいえば、なんで角を1箇

※3
アラブの石油王
昭和の時代、お金持ちを指すたとえとして、よく用いられたことば。実際のアラブの石油王はたしかに大金持ちだが、自国民の医療費や教育費など、他の国家が税金で行う事業を自身の収入でまかなう義務があり、原油価格をコントロールしにくくなってきた昨今は何かと国家運営が大変なのだとか。でも大金持ち。

所取ろうとしないんだっていう話。で、聞いてみると、「いや、競合はいないです。このお客さまは、当社しか見てないです」って。

盛山　「だから先送りしても大丈夫なんです」っていう発想なんでしょうか。

官谷　もしくは、間取りとか見学会とか、全然違うところで盛り上がっちゃってて、「次回またOB邸をご案内するんですよ」とか、「うちの体験宿泊棟にすごく興味をもってくれていて、とにかく1回泊まってみて、気密性や温かさを体感したいっていうことで、次回早速、宿泊予定なんです」……でも、資金計画はしっかりやってない、みたいなパターンとか。

盛山　別のほうに、関心が向いてしまっているというか。

官谷　そういうこと。たしかに2回、3回と会ってるから、人としての情は深まってくるかもしれないけども、資金計画をしっかりおさえておく前に実施するOB邸案内とか体験宿泊って、本当の意味で効果のあるカードになっていない。

盛山　うーん。オセロの石を角が空いた状態のままで、真ん中あたりに置いちゃってるような状況、ということなんですね。

官谷　で、そこからスイーッと競合が後から参入してきて「お客さま、まず総額でいくらかかるのか、資金計画をしっかりやりましょう。やはりお金は大切ですから」「多分大丈夫だと思いますけども、銀行さんで間違いなくこの額を借りれるかどうか……どこで建てるにしても、金融機関を使うなら事前審査というのは1回は必要ですから、当社で建てる、建てないは別として、一度出しておきましょうよ」「じゃあ次回お会いしたときに、やっつけちゃいましょう。私が銀行に持っていきますから」ってやられちゃう。

盛山　「どこの会社でやっても同じ」とおっしゃる方もいらっしゃると思うんですけど、やっぱり最初に「やりませんか？」って言った会社のほうが強いですか？　オセロの四隅を取るみたいな話で。

官谷　事前審査も、そんなにあちこちに声かける必要もないしね。「1社通ってれば、多分大丈夫なんだろうな」ってなる。そういう「外敵が入ってこないような防御」の意味での四隅でもあるんだけども、お客さんの断りじろをなくすっていう効果もあるよね。

盛山　「断りじろ」？

官谷　例えば、プランとか土地だけで話が盛り上がって進んじゃってると、いざ「じゃあ、あともう少しで契約ですよ」ってなった時に、お客さんは一瞬ビビるじゃない？「本当にいいのかしら？　こんなに大金を借りてしまって」って。ハッと1回立ち止まるっていうかね。

盛山　まあそうですよね。

官谷　商談が楽しくて、ここまでノリで来ちゃったんだけど、ちょっと一回冷静に考えたい。例えば親に相談しようとか、知り合いにも相談しようとか、夫婦でもう一回しっかり考えようとか、一回軽くブレーキをかけたいというか。

盛山　たしかに。

官谷　だから、言い訳が出ちゃって当然なんですよ。「いや、まだローンを組めるかどうかもわからないし」とかね。だから、一個一個をきちんとおさえる。事前審査も通っちゃってるし、構造も案内してもらっちゃってるし、築5年とかのＯＢ邸も見せてもらってるしとか。ちゃんと理詰めになっていれば、もう断りじろがないっていうかさ、立ち止まる要素がないっていうのかな。

盛山　不安要素がないってことですよね。

官谷　そう、何もないわけでしょ？　全部取り除いてるわけだから。取り除きながら最終的には「じゃあ決めてください」って最後のカードを切らなきゃいけないんだけども、一枚一枚今まで切ってきたカードのタイミングが悪いとか、全然芯を喰ってないときにカードを切り終わっちゃったとか、もしくは全然切ってないとか。……カイジのパーがいっぱい残ってる状態？　みたいな。

盛山　戻ってきましたね。ざわざわざわざわ※4。

※4
ざわ…ざわ…
カイジに登場する擬音。不穏な心理を表現する際、背景に描かれる。

■「御用聞き」になってはいけない

官谷　有効商談を語る上では、現地調査もわかりやすいかな。例えば、お客さんが土地を持っていて、実家の敷地内に新築を建てたい、というケース。

盛山　よくあるパターンですよね。

官谷　現地がどのくらいの面積で、もし空き家があるなら壊すのにはどのくらいの費用がかかるのかとか、給排水とか高低差の確認とか、法律的に建て替えが可能なのかとか、実際に現地を見ていろいろなことを調査しなきゃいけない。

盛山　状況は土地によってかなり異なってきますからね。

官谷　でも、「お客さんから、『大丈夫、結構広いから』って言われてるので、まだ現地は見に行ってないんですけど、来週プラン打ち合わせをします」みたいな。こんな商談は、有効からはすごく遠いと思うんだよね。しかも営業本人は、それに対してアポイントがつながってるから、別に違和感を感じてないわけよ。

盛山　まあでも、先にプランニングをやりたくなる気持ちも、わからなくもないですけど。

官谷　わからないことはないんだけども、僕は絶対にやらないのね。これは実際たまにある事例なんだけども……営業としては、その土地に実際に建てられるのかを確認してから先に進みたいんだけど、お客さんは現地を見てもらうのは後でいいから、まず先にヒアリングをしてもらって、プランと金額を出してもらいたい。

盛山　うんうん。

官谷　「じゃあ、来週プランの打ち合わせをしましょう」ということで次アポが取れて、その次の商談でプランの打ち合わせが盛り上がったことを根拠に、営業は自信満々で「これ、いけますよ！」って鼻の穴を広げてる。でも、ちょっと待てと。なんでお客さんは現地見てもらいたくないの？　本当に家を建てるんだったら、ちゃんと自分の敷地に入るのかとか、総予算はいくらになるのかとか、いろいろと不安があって当然だと思うんだよね。

盛山　ああ、そうか。

官谷　でも、そこをすっ飛ばして次アポが取れてるから良しとしてる。まさにオセロの四隅を取らずに、真ん中辺りで商談を繰り広げてるみたいな感じだよね。

盛山　でもやっぱり、「プラン相談からお願いできますか？」って言われて、盛り上がり重視でそっちをやっちゃう気持ちもわかりますけどね。

官谷　「お客さまの要望に応える」みたいな。で、気持ち良く気に入ってもらってるから、このままリクエストに応えていったほうがいいんじゃないかっていう考え。まあ、御用聞きって言ったらちょっとかわいそうかもしれないけども、でもそれは、やはり「有効」じゃないよね。現地をあとで見てみたら、想定してたよりもこれだけ費用が掛かりますってなったら、やっぱりテンションは下がっちゃうでしょ。

盛山　そうですね。今もう、目の前に光景が浮かぶような感じでした。

官谷　もう心理戦になってるわけ。お客さんは、プランだけ出してほしいわけよ。まだこの会社で建てるって決めてないから。「御社だったらいくらなのかな」っていうことだよね。

盛山　ま、他の会社も見てるでしょうし。

官谷　多分ね。本命の一社があって、値引きの当て馬にされてるだけかもしれないし。まあ競合のことは別にしても、ある程度進んでからお客さんと一緒にUターンしなきゃいけない商談って、テンションも下がるし商談の期間も伸びるし、いいことなんか1つもないよね。

■走り出したらノンストップで決める

官谷　一回一回の商談って、お客さんが、「今日は来て良かったな」「すごくためになったな」っていう積み重ねでしょ？　それが5連続とかで続けば契約になるよ、絶対に。だから、芯を食った商談を3回、4回、5回って連続で浴びせることで、圧倒的に「もう、ここに決めよう」って思ってもらえるようにしなきゃいけないと思うんだよね。

盛山　漫然とした商談っていうのは、マイナスになっちゃうこともあるんですね。

官谷　うん。前回は良かったのに、今日はなんかパッとしない商談だったとすれば、前回すごく楽しかったり、納得したっていう鮮度も落ちちゃうでしょ？　だから有効商談ってのは、「今日の商談は何が目的か」「前回実施した商談を活かすために、今日は何をやるのか」っていうことだよね。もしくは「前回、イマイチ芯を喰わなかったから、次回はご夫婦共に目の覚めるような内容にしないと後がないぞ」とかね。

盛山　うん、うん。

官谷　初回接客でまず、「あ、いい人だな、いい会社だな」って好印象を持ってもってもらう。そのままの勢いで次に会ったら、「やっぱりいいね、この会社いいんじゃゃない？」で、そのテンションでまた次の約束が取れる。テンションが前回よりもアガってるから、さらに次アポが取りやすくなる。で、次にまた、当然目的を決めて会う。そこでお客さんが、「ライフプランナーの方にも相談に乗ってもらって、ちょっと不安だった点が解消されました」となれば、さらに1段上がっている。毎回の商談を有効、有効、有効で返してるわけだよね。もう柔道だったら一本※5だよね。

盛山　なるほど、「1回1回の商談を有効なものにしていかなければ、受注に近づいていか

※5
柔道だったら一本
従来のルールでは、有効を何本取っても有効のままで、一本にはならなかった。なので、この記述は間違い。（技あり2本で一本）。ちなみに2018年のルール改正で有効判定そのものが廃止されている。

ない」という考え方こそが有効商談だということがわかってきました。お客さんのテンションを見ながら、繰り出す商談のタイミングを計る。さらに、商談自体の密度をもっと濃くしていくというか……。

官谷　商談に後戻り、Uターンがあっちゃいけないよね。当然立ち止まることもないに越したことはない。一回走りだしたら、そのままの勢いで、有効、有効、有効って商談を繰り返していって、その案件における最短で決めるのが商談のセオリーなの。

盛山　そういうことかぁ。

官谷　だから、現地も見てないで、「後から多分見れると思います」とか、「お客さんから現地を見てほしいって言われてない」とか。こっちが現地見させてくださいって言ったのに、「プランとかやってからでいいです。敷地、広いから入りますんで」みたいなのは、有効どころか、僕の中ではもう、パトランプが鳴ってるわけ。

盛山　パトランプ。

官谷　「デンジャー！　デンジャー！」ってずっと警告音が流れてるわけよ。あの『エイリアン1』[※6]のときのさ、ほら脱出ポットでシガニー・ウィーバーがさ、「もう止まらない！」みたいな感じの、何だっけ、マザーだっけ？　AIのさ。あそこまで大げさじゃないけど。

盛山　ハハハハハ。状況の深刻さはよくわかりました。

官谷　おそらく毎回の商談が、「有効な商談だったのか」っていう視点が低いんだろうね。アポイントがつながってるっていうことだけで安心しちゃってる。

※6
エイリアン1
リドリー・スコット監督による1979年公開のSF映画。宇宙船の閉鎖空間の中で、得体の知れないもの（エイリアン）に乗組員たちが次々と襲われる恐怖を描いたSFホラーの古典。主演のシガニー・ウィーバーの出世作でもある。官谷が言っているのは、映画のラストで宇宙船の自爆装置を解除するシーンのこと。

■現地調査をさらに有効にする

盛山　さて、ここからは実践的な事例について深く伺っていきたいと思います。前編のほうで現地調査を商談のプロセスに入れておくことで、有効商談となるんだというような話があったんですけど……じゃあ、現地調査で土地を見に行って、「こういう問題がありますね」「こういうふうに造成すればうまくいきますね」というような話ができれば、ある程度有効商談にすることができるんでしょうか？

官谷　例えば現地調査ひとつとっても、「わざわざ来てもらった」っていうのって得点になるでしょ？「こんな遠くまで来てもらった」とか「わざわざ手間をかけさせちゃって申し訳ないな」っていうのは、それだけでもすごく効果があるじゃない？

盛山　しかも、「別にいいのに」って言ったのに、みたいな。

官谷　そう。で、その中には、「いや、でもちゃんと見ないと、あとで金額にかかわることでもありますから」とかってなれば、「真面目な人だな、誠実な人だな」っていうことにもなるし、「プロだな」ってことにもなるよね。

盛山　はい。

官谷　それを、例えば「充分入ると思いますから、わざわざ見に来なくても大丈夫です」って言われたときに、僕が「あ、わかりました」って言っちゃったら、なんかズッコケるよね。「あっさりしてるな」みたいな感じになるじゃない。そこで「いやいや、お客さん、それじゃまずいですよ」ってなることで、さらに「あ、プロだな」となる。

盛山　うんうんうん。

官谷　「わざわざこんなところまで見に来てもらって悪いなって」いう気持ちで次回お会いできるんだから、プラスしかないじゃない。

盛山　そうですね。

官谷　まあ、親御さんが持っている土地に建てるなんていう場合、隣が実家だったりしたら当然誰しも、声掛けはするとは思うんだけども。

盛山　はいはい。

官谷　で、声を掛けたら誰も出てこない。まあ、目的は現地調査だから、敷地を測ったり、写真を撮ったり、高低差を測ったり、そうこうやって小一時間いたけれど誰も帰ってこないから、調査を終えて帰ってきちゃいました、と。

盛山　駄目ですかね？ 仕事はしてますが。

官谷　駄目だね、全然。で、「今日、現地を見てきました。建てられます。水道も確認しました。特に問題ないです。解体屋さんも連れて行ったので、週末までに見積りも出てきます。何も問題ないです」……大問題だよね。もう僕からしてみれば、何をやってんだと。

盛山　結構うまくいったような感じがしましたけど。

官谷　「実家の親に会ってないでしょ」と。いなかったのなら、夜もう一回行けよって話なんだよね。ていうか、そもそもいる時間に現地を見に行けよっていうこと。ご挨拶させてもらえるような段取りもしとけよって話で。

盛山　ああ、そうか。

官谷　だから「じゃあ来週、現地、見させていただいていいですか？」「ちなみに、ご両親は普段いらっしゃるんですか？」「ご自宅いらっしゃる時間って何時ぐらいなんですか？」「じゃあ、せっかくですから、いらっしゃる時間にあわせて伺うようにします」まで言えば、丁寧な人だなっていうのは当然、伝わるし。

盛山　そこまでちゃんと聞くんですね？

官谷　それでお客さんに「うちの親、もう年寄りで関係ないから、いいんですよ」って言われたとしても、「いやいや、土地を使わせてもらうわけですから」って言いながら、親御さんがいる時間帯も聞く。そうなれば施主さんは、「おやじ、来週住宅会社の〇〇さんっていう人が敷地を見に来るから、よろしくね」って、ここまで言ってくれるじゃない。

盛山　念押しした結果、ですね。

官谷　現地調査は現地を見るのが第一の目的なんだけど、それ以上に「親御さんに会う」っていうのが最大の目的なんです。親の土地の場合は。

盛山　親御さんと会うことで、どのように差がつけられるんでしょうか？

官谷　まず反応を見れるじゃん？「息子から聞いてるよ」っていうウェルカムな感じなのか、「一応聞いてるけど、勝手に見てったら？」っていう、ちょっと距離がある感じなのか。

盛山　そっか、なるほど、もう反応から……。

官谷　家づくりに反対してるから距離があるのか、ひょっとしたら、お父さんは賛成なんだけど、お母さんはあまり奥さんと仲良くないから、とかね。もしくは、お父さんは離れの家に思いがあって、まだ壊してほしくないとか。

盛山　はいはいはい。

官谷　だから、挨拶した瞬間の歓迎具合でっていうかさ、表情でもある程度わかる。まあ、さすがに80過ぎた年寄りになると、表情、わかりにくいんだけどもね。

盛山　ハハハ。

官谷　ちょっとリアクションも遅れてくるから、いっこく堂※7みたいに。「あ、大丈夫？おじいちゃん？」みたいに、いまいちわかりにくかったりするんだけどもさ。まあ、そんなわけで、現地を確認する、測ってくる、その他の工事費用を算出する、それだけのために行くのはもったいないよね。

■現地調査で親との関係を築く

官谷　「勝手にどうぞ」みたいにそっけない態度をとられると、「うわ、愛想悪いな」って思うんだけど、ここからどうやってにこやかにさせるか、だよね。

※7
いっこく堂
腹話術師の「いっこく」と「ジョージ（中年男性）」「サトル（鳥）」など30体以上の腹話術人形によるチーム名。腹話術界で不可能と言われていた「パ行」の言葉を初めて腹話術で発音したとされている。

盛山　なるほど。逆にそこで燃えるわけですね。

官谷　燃えるんだ。年配の方って自分の敷地で何をやってるのか、実は見てないようで見てるから。だから一挙手一投足を見られてるっていう緊張感を持ってやる。

盛山　うんうん。

官谷　僕がメジャーの端を押さえてて、部下とかをダーッと走らせてさ。

盛山　若手を。

官谷　うん。公図・測量図をもとに、20メーターぐらい、バーッと走っていくわけ。で、ぴんと引っ張って「ＯＫでーす！」みたいに大きな声を出して、やりとりするわけよ。

盛山　はい。ぴしっと。

官谷　そう。それをまあ、おじいちゃんおばあちゃんってのは多分見てるんだよね、僕はそれを側頭部で感じてるんだけども。で、とにかく２人で汗だくになって、調査を終えると、靴が汚れたりとかさ。

盛山　はいはい。

官谷　で、プロっぽく図面に何かを書き込んだり写真を撮ったりしてさ、２人であっちだ、こっちだって言い合ってね。まあ当然、真面目に現地は見てるんだけど。

盛山　なんて言うんですかね、もちろん真面目にやってるんでしょうけど……演出的な気持ちもやっぱりあるんですか？

官谷　演出を真面目にやってるんだよ。

盛山　ハハハハハ。
官谷　見られてるっていう意識を常に持ってる。
盛山　なるほどなるほど。仕事を真面目にやるし、演出も真面目にやるっていう。
官谷　汗を大げさに拭くんだよ。滝のような汗が出てる感じで、だからもう岩下志麻※8みたいな感じだよね。「首から上は汗かかない」みたいな。だから、「逆・岩下志麻」だよね。
盛山　逆・岩下志麻？
官谷　必要以上に顔面に汗をかくみたいなさ。
盛山　わかるのは、だいぶ上の世代の方なんでしょうか。
官谷　部下だって堂に入ったものでさ。チンタラやってたらあとで殺されるわけだから。
盛山　殺されるわけではないですけど（笑）。
官谷　「おまえ何やってんだ、さっき」って、俺に言われちゃうわけだから。
盛山　最悪ですね。
官谷　とにかくね、見られてることを意識しつつ一生懸命やってると、親御さんもそれを見てるわけだ。お茶を淹れてくれたりするかもしれない。
盛山　うんうん。
官谷　『おしん』※9の頃から朝ドラを見て育ってんだからさ、親の影響力がどのくらい強いのかなんてのは、もうわかってるわけ。『ゲゲゲの女房』※10見てりゃわかんだろ、みたいな話になるわけですよ。見てる？

※8
岩下志麻
日本の女優。代表作は『秋刀魚の味』『極道の妻たち』シリーズなど。「首から上は汗をかかない」は女優のプロ意識を指す言葉だが、実際は撮影に入る前に冷房でケアするのと、緊張で汗が止まってしまうという2つの要因があるらしい。

※9
おしん
1983年から翌年にかけて放映されていたNHK連続テレビ小説第31作。昭和初期の混乱期をたくましく生きた女性の生きざまを描いた。最高視聴率62％はテレビドラマの最高視聴率記録とされている。

盛山　官谷さん『おしん』世代じゃないですよね。

官谷　僕は『おしん』ですよ、もう。『おしん』から入ってます。

盛山　『ゲゲゲ』はわかりますけど。

官谷　『なつぞら』※11の草刈正雄を見てりゃ、「おじいちゃんに嫌われたら、十勝では生きていけないぞ」っていうのはわかるわけだよ。

盛山　フフフ。はい。

官谷　だから朝ドラはバイブルだって言ってるのね。

盛山　その、でも朝ドラのたとえじゃないですけど……。

官谷　何の話からここ来てるかな。なんで僕は『なつぞら』の話とかしちゃったんだっけ。

盛山　お年寄り、草刈民代※12の。

官谷　草刈民代じゃない、草刈正雄だよ（笑）。

盛山　ハハハ。カットしてくださいね今の。

官谷　そうやって仲良くなっていけば、「この井戸、どうしようかと思ってんだよな」みたいな話も聞けるよね。こうなるともう、その相談は息子さんからの依頼じゃないから。おじいちゃんと僕はもうロン・ヤス※13の関係みたいな……わからないよね。

盛山　わからないです。

官谷　わかるわけがないね。中曽根総理とロナルド・レーガン。わからないね。

盛山　ハハハハ、わからない。でも、そんなやりとりを後輩にも見せながら、少しずつ情報

※10
ゲゲゲの女房
漫画家水木しげるの妻・武良布枝の自伝エッセイ。2010年、NHK連続テレビ小説の82作品目としてテレビドラマ化された。

※11
なつぞら
NHK連続テレビ小説第100作。草刈正雄は、主人公なつ（広瀬すず）が住む十勝にある牧場のオーナー、柴田泰樹役として出演。普段は厳しいが、自分が認めたものには優しい一面を見せる。

※12
草刈民代
日本の女優。元バレリーナ。夫は映画監督の周防正行。代表作は『Shall we ダンス？』など。俳優の草

を収集して、障害も排除してっていう、非常に高度なことですけど、それが有効商談になるみたいな感じですね。

官谷　そう。例えば当社が1社目の現地調査だったとした場合、「じゃあ、よろしく頼むな」ってなるじゃない。

盛山　なるほど。

■現調は商談後すぐに実施する

官谷　あと、現地調査を有効にすることを考えると、僕は翌日とかに行くわけよ。

盛山　教えてもらったらすぐ行く。

官谷　三日後でも商談の前日でも、いつ見に行ったっていいわけ。ただ、最大限有効にしようと思ったら、すぐに見てくる。で、見てきたことを、いつ伝えるんだっていう話。

盛山　それはやっぱり、早く見に行ったなら、早く伝えたほうが……。

官谷　そう。月曜日の夜とかに「お世話になります、官谷です。早速土地を見てきたんですけども、ちょっと1点、ご質問いいですか」って電話が来たら、どう？

盛山　「もう行ってくれたんですか？」って感じですよね。

官谷　たまたま月曜日しか空いてる日がなかっただけかもしれないし、次の日曜日に会うことは決まってるから、わざわざ急いで連絡しなくてもいいかもしれない。でも「すぐに見てきた」っていうほうがお客さんもうれしいでしょ？

刈正雄とは苗字が同じだけで血縁関係はない。

※13
ロン・ヤス
日本の元首相、中曽根康弘と元アメリカ大統領、ロナルド・レーガンとの親密な関係を指す言葉。2人は電話で直接会談するほど親密な関係を築き、日米安全保障体制の強化に努めた。

盛山　なるほど。

官谷　「今日見てきたよ」って、恩着せがましくなく爽やかに伝えられればいいんだけど、そういうのが下手な人っているじゃない？

盛山　うーん、残念ながらいると思います。営業にはあまりいないタイプかな？

官谷　かといって、ちゃんとやってるのに、アピールしないから相手に伝わらないっていう人もいると思うんだけど……盛山さんもそのタイプ？

盛山　いや、僕は本当に何にもやってないっていう……。

官谷　なるほどね（笑）。まあ、何を伝えたいかっていうと、毎回電話をする度、毎回お会いする度に、「あ、この人は好感が持てるな」「信用できるな」「プロなんだな」っていう感覚を積み上げていく。だから、「次の日曜日にお会いするまでに現地を見ときます」だけではもったいないし、金曜日ぐらいに「週末の打合せの確認です」ぐらいの電話を入れるだけっていうのも、なんか事務的じゃない？

盛山　ですね。

官谷　「アポイントがすっぽかされないかの確認です」みたいなことじゃない。それじゃ相手の琴線には触れないよね。

盛山　そうですね。

官谷　だったら、月曜日に「見てきました」って電話を入れつつ、「じゃあ、日曜日、お待ちしてますね」って言うほうがいいよね。

盛山　今だったら、ＬＩＮＥ※14でやりとりしたりとか。

官谷　そうだよね。ＬＩＮＥだってさ、「見てきました！」って、ビックリマークみたいなのをいれて熱意と行動力をアピールするとかね。

■有効商談の根底にある「気配り」

盛山　他に、「もっと工夫すれば有効商談にできるのに」みたいなものってありますかね？

官谷　やり方はいくらでもあるんじゃない？　例えばさ、あまり乗り気じゃないお客さんに、「ライフプランナーに、いろいろ相談してみませんか？」とか、やるじゃない。

盛山　工務店の定番のやり方ですね。

官谷　「こういう借り入れで、こんな生活設計をされるとベストだと思いますよ？」みたいな。あれって、ヒアリングと結果報告で2回セットになることが多いわけ。これって2回アポを取れるみたいなことなんだけど、もったいないのはさ、ライフプランでアポを取っておいて、お客さんが来たらプランナーを紹介して、「あとはよろしくお願いします」って感じで、5分、10分で退席して他の商談に行っちゃうとか、下手したら同席もしてないパターンもあるのよ。

盛山　その場にいないパターンっていうのは、結構あるような気がしますけど。

官谷　もう全然、有効じゃないっていうかさ。お客さんからすれば、「ただの仲介じゃん」ってことでね。まあ、ボーッと横でうなずいてるだけでは暇な人だと思われちゃうから、そこは臨機応変でいいと思うんだけども。島田洋八かと思われちゃうからさ。

※14
ＬＩＮＥ
ＬＩＮＥ株式会社によって運用されているモバイルメッセンジャーアプリケーション。当時の親会社、ＮＨＮ創業者の李海珍（イ・ヘジン）が、困難の中で家族と連絡を取ろうとしている東日本大震災被災者の様子を見て着想。２０１１年にリリースされた。

盛山　そういう方がいらっしゃったんですね。島田洋八さんっていう方。

官谷　『うなずきマーチ』※15ですよ。作詞作曲、大瀧詠一ですよ。

盛山　『うなずきマーチ』、聞いておきます。

官谷　本当に。すごい人が作ってたんだから……もういいかそれは。何の話だかわかんなくなる。

盛山　『うなずきマーチ』のように、うなずいてるだけも考えものだけど、ライフプランを有効にするなら任せっきりは良くない。

官谷　そうそう。せっかくお客さんが足を運んでくれたんだから、「近所に構造現場がありますから、あわせて見に行きませんか？」とか、「ちょうど今日は、近くで完成現場見学会をやっていますので、帰るついでに見に行きませんか？」とかさ。

盛山　なるほど。

官谷　「さらに有効にしよう」っていう意識を、どんな商談でも持っていてほしいよね。例えば土地案内とか、お客さんと行動を共にする場合ってあるじゃない？　そんなときに有効と一番かけ離れてるのは、現地で待ち合わせをするってことだよね。「現場を案内して帰ってきました」というだけのことになっちゃうから。それをいかに有効にしようかと思えばさ、例えば、「道中でどういう話をしようか」とか考えるよね。

盛山　そこにも詰め込めるものが……。

官谷　なんていうのかな、気配りでもあるんだよね。「いかに有効にしようか」っていうのは。

※15
うなずきマーチ
うなずきトリオのデビュー曲（1982年）。大瀧詠一プロデュース。うなずきトリオは漫才ブームに乗って人気漫才コンビのツッコミ（うなずき役）であるビートきよし、松本竜介、島田洋八によって結成されたユニット。オリコンシングルチャートでは最高55位にチャートインした。

盛山　「お客さんのテンションを上げよう」っていう。

官谷　そう。だから、道中の車の中でどういう話をしようかとか、すごく気を遣ってたよね。場合によっては部下が運転するんだけれど、当然ドライビングテクニックが要求されるわけよ。「ゆっくり、ガクンッてならないようにブレーキを踏まないと、お客さんが帰った後でおまえは死ぬんだぞ」と。

盛山　後輩は大変ですね。フフフ。なんでしょう、有効商談って、テクニックの話なのかなって思っていたんですけど、すごく基本的なことっていうか、「おもてなし」みたいなことなのかもしれないなって、あらためて思います。

官谷　そう。だから僕みたいな人間でも家が売れたんだと思うんだよね。学があるわけでも、グッドルッキングでもないけど、一生懸命の住宅営業を演じることはできてた。まあ演じるっていっても、それは本当の自分をきちんと出すっていうことで、相手に安心してもらおうとか、好感を持ってもらえるように努力しようとか、そういう気配りというのは日ごろの訓練からですよ。

アフタートーク②

紆余曲折《うよきょくせつ》！ 収録こぼれ話

盛山 しかし、収録は苦労しましたよね。

小久保 最初は水戸の音楽スタジオで録ってたんですよね。

盛山 そうだ、あの超雰囲気のある……センバヤマスタジオ。

小久保 僕は嫌いじゃなかったなぁ。ロビーで待ってるとコーヒーを出してくれてね。

盛山 コーヒーいただきましたね。官谷さんいわく、佐藤蛾次郎に似てるマスターというかオーナーがいらっしゃって。いかにも趣味に生きてるって感じの方でしたよね。懐かしいなあ。

小久保 うんうん。で、最初はそこで録ってたんだけど、スタジオの時間に制限されることなく、気兼ねなくやったほうがいいんじゃないかってことで、結局インプライのオフィスを使うようになった。

盛山 スタジオを使うってのは官谷さんのこだわりというか、救急車の音とか外の音が入らない場所でやったほうがいいんじゃないかってことだったんですけどね。ただ、スタジオって言ってもバンドの練習に使うようなスタジオだから、どっちの場合でも小久保さんがたくさん機材を持参していましたよね。

小久保 結構、搬入やセッティングが大変でしたね。盛山さんが録音用の高いマイクに足を引っかけて落としたり（笑）。

盛山　ハハハ、その節はすみませんでした。官谷さんが「絶対そういうコトするやつだから」って注意してくれてたんですけど……。

小久保　そうなの。せっかくテープでコードを固定したのにさ。

盛山　テープを外したタイミングで見事に倒しましたもんね（笑）。

小久保　とにかくセッティングが大変だった。オフィスになってからは多少は軽減されたし、音声的にも、まあ許容範囲で。

盛山　そうですね、美しい何かを録っているわけではないですし。それよりも、収録のディレクションに苦労してましたよね？

小久保　「取れ高充分です」とか、「巻いてください」っていう合図を送っても、なかなか話をやめてくれないしね。官谷さん。

盛山　官谷さん、基本的にスイッチが入るとノンストップで話せる人ですからね。

小久保　取れ高はたっぷりあるんだけど、「さて、編集点はどこにしようか」みたいな。

盛山　僕も官谷さんを制御しきれず、力不足で申し訳なかったです。

小久保　大変だったといえば、一度ミキサーが調子悪くて、データにノイズが入っちゃったこともあって。あの時はほんと、顔が真っ青になりました。

盛山　そんなことありましたっけ？

小久保　覚えてない？　泣く泣く撮り直したんだけど、結局、最初のドライブ感を大事にしようってことになって、ノイズの入った音声を大部分活かすことになったんだよね。

盛山　ドライブ感（笑）。

小久保　それでバックアップを一つ増やしたんだ。あの時、僕も音声配信は初めてだったから不慣れなことが多くて。でも、企画倒れにならなくてよかったよね。

盛山　「まずはやってみよう！」で始めたのが良かったと思います。そうか、技術面の苦労もあったんですよね。

小久保　音声専門のエンジニアを手配するとか、そういうことも当然考えるわけだけど、収録そのものよりも段取りが大変で。なんせ込み入った内容だから、打ち合わせはしたものの、まとまらなくて収録できないケースもざらにあったし。

盛山　ああ、そうですね。

小久保　外部の人を呼んじゃって「取れ高がない」となるわけにもいかない。だから、何とかできる範囲で、ディレクター兼エンジニアみたいにやらざるを得なかった。でも、15回も収録すれば、さすがに収録技術やノウハウも上達するし、結果的にはやって良かったかなあ。

盛山　僕、本当に工務店のおじさんが、音声配信やってたらいいと思うんですよ。おじさんじゃなくてもいいんですけど（笑）。

小久保　そうね、一方的に語れるってところがいいよね。音声配信って。移動中なんかにも手軽に聞けるし。

盛山　それもありますし、例えば地元のちょっと変わったマスターを呼んでみたりとか。ちょっと洒落た個人店の店主を呼んでしゃべってみる、みたいなことって地域貢献だし、コミュニティづくりになるじゃないですか？

小久保　なるほど。そういうのって収益化が難しいと思うけど、それを工務店がやることでブランディングにもなるということですか？

盛山　だから、ある意味そういう参考にもしてもらえたら有難いというか。「小久保さんにお願いします」ってなっちゃうかもしれないけど（笑）。

小久保　ハハハ、音声でも映像でも、なんでもやりますよ。プロにヘルプを頼むかどうかは別として、最近は機材も配信プラットフォームも手軽になってきているので、興味のある工務店の社長さんは音声配信にチャレンジするのも面白いかもしれないですね。

Vol.7

クロージング①

ピーククロージング

商談には「旬」がある。
商談が進むにつれて徐々に高まっていく
お客さまの感情や満足度の「ピーク」を
意識した商談設計が必要なのだ。

クロージング① ピーククロージング【表放送】

■商談の「旬」を意識しているか

盛山 今回から数回にわたり、商談を進展させるために避けては通れない、クロージングについて聞いていきます。まず最初に「ピーククロージング」。これは官谷さんの造語なんですけど、この言葉の意味を説明してもらえますか？

官谷 やはりほら、料理にしても、恋愛にしても、何にしても「ピーク」ってあるじゃないですか。

盛山 なにかと恋愛が出てきますね……。

官谷 フフフ。盛山さんにはちょっとわからないかもしれないけど、やっぱり恋愛も商談も同様にピークがあって、第一にお客さんの気持ち。もう1つは商談自体の進行度合い。この2つをきちんとバランスさせながらクライマックスに持っていくことでクロージングの確度を高める。そのための意識と技術がピーククロージングです。

盛山 うーん、もう少し詳しく教えてください。

官谷 例えば、お客さんのテンションは上がり切っちゃって、今すぐ建てたい気持ちでいるのに、まだ土地が見つかってないとか。バランス悪いじゃない？

盛山　でも、そういう状況っていうのはよくありますよね？

官谷　多分、大半の営業の方もピークはわかってるんだと思う。ただ、そのピークがずっと続くと思っちゃってるんだよね。「ピークを一度100点のゲージまで持ってきたから、もう下がらない」って安心しちゃうのかな。

盛山　なんか、恋愛のたとえが適切なのが、僕でもわかってきました。

官谷　あれ？ 盛山さん、彼女はいた？

盛山　フフフ、えー、彼女はいないんですけど。

官谷　いないんでしょ？ 結婚したことはないんだよね？

盛山　結婚したこともございません。

官谷　僕が結婚にたとえても、またこれも笑い話になっちゃうんだけどさ（笑）。付き合うまでがピーク、結婚がピークでもないじゃん？ やっぱりそのままほっといたら、だんだん冷め切った夫婦にもなっちゃうだろうしさ。

盛山　うん、うん。

官谷　お客さんのテンションがピークになって、「よしもう大丈夫、あと2回後ぐらいに契約できるな」みたいに、お客さんがピークを維持してくれるものだっていう感覚はすごく怖いことで、だからあえて「ピーククロージング」っていう言葉で、「ピークは一瞬しかないよ！」っていう現実を理解してもらいたいんだよね。

■そもそも家づくりのピークとは？

盛山　なるほど。営業の方って、夢を膨らませるのは上手な感じがするんですよね。イメージを膨らませてテンションを最高まで持っていくことには長けていらっしゃると思うんですけど、それに合わせて商談の進捗もバランスよく進めていくことは、あまり意識されていないのかもしれません。

官谷　そうなんですよ。だから、「ピークは長く続かないんだよ」っていう意識を持つだけでも、随分その営業手法は変わってくるはず。

盛山　ピーククロージングというものを理解するために、家づくりのピークとは何か？についいて、もう少し掘り下げたいです。ピークに向かうまでの家づくりの過程っていうのは、分解するとどんなプロセスがあるのかも聞いてみたいんですが。

官谷　例えば、一般的に土地のない方って多いじゃないですか。土地から探して、土地を買って家を建てる。

盛山　大体、6割、7割は。

官谷　そうすると、まずは土地を見つけないといけないでしょ？　資金計画をして、建物の要望を踏まえた予算で土地を探すっていう流れがわかってきた上で、「自分たちの予算に収まるもので、希望に近い土地が出てきました」みたいな。この状況だとグンと上がるよね。

盛山　うんうん。

官谷　さらに、そこに建物や外構費用が乗っかって。で、自分たちの希望している装備を入れて、総額が予算に合いそう。ここでもうドラムロール※1だね。「ダラララララ……」、そして正式な見積りが「ドン！」で出る。ここがピークだよね。「収まってる、良かった！」って。ここで捕まえないで、いつ捕まえるんだって話だよね。

盛山 なるほど。当然、予算内に収めるようにプランニングするんですよね？

官谷 もちろん。「あ、これはちょっと超えちゃうかな」とか、少しドキドキさせる部分を残しつつも、最終的に範囲内に納めた正式な見積りを出すケースが理想的だね。

盛山 ちょっと話が前後しちゃうかもしれないんですけど、今の話だと、例えばプランについては、「まだお客さんの気持ちがピークに達してないな」と思ったら、まだ出さずに引っ込めておいたりして、コントロールしながらっていうことですか？

官谷 もちろんそう。今は申込制度を取っている工務店さんが多いから、そういった見誤りは減ってきてると思うんだけども、ただ、申し込みを取っていようがなかろうが、やっぱりピークっていうのがあるわけで。「旬をつかまえる」っていう意識がないと、プラン1つにしても二転三転しちゃうし、土地にしても、「やっぱりもっといい土地があるんじゃないかな？」って迷い出す。ヨーイング※2が出るという感じかな。

盛山 お客さんのピークのタイミングを見極めて、こちらの切れるカードをガッと出して、クロージングする、みたいなことですかね。

官谷 わかりやすく言えば「ピークからの逆算」って言ったらいいのかな。

盛山 ピークからの逆算？

※1
ドラムロール
太鼓を持続的に連打すること。大きな発表の前などに用いられることがある。この文脈の場合、宝くじの抽選結果を待っているようなシチュエーションを指しているのだろう。

※2
ヨーイング
自動車や飛行機、船などの機体や船体の重心を通る垂直軸のまわりに左右へ振れる運動。いわゆる片揺れ。

官谷　例えば、3回後に契約の結論をもらいたい。で、今はこの状態だから、残りの3回の間にどういうカードをどう切って、どう高めていくのか、と順序も考えながら商談を組み立てる。そうするとほら、土地が決まってないお客さんに対して、先行してプランの話をしてもしょうがないでしょ。順序が違うじゃない？。

盛山　そうですね。お客さんに言われたら、ついやっちゃいそうな気もしますけど。

官谷　それをやると大変なことになるケースが多いんだよね。「プランは気に入ってもらった。その後に出た土地も気に入っちゃった。でも、予算が合わない」みたいなことになっちゃうと、「じゃあ、建物は安いところで建てるしかないね」みたいに、わざわざ自分で浮気されるきっかけをつくってしまうことになる。

盛山　うーん。バランスの悪い形でピークが来ちゃった典型ですかね。

官谷　たとえトントン拍子に商談が進んだとしても、最終ゴール手前で「あ、でも冷静に考えたら、官谷さんのところ以外の住宅会社、見てないわ」っていうマリッジブルー※3みたいなことになるかもしれない。だから、ピークがくる手前で「1社、2社、他社さんもご覧になられておいたほうがいいんじゃないですか？」って他社見学済み状態にしちゃうわけ。

盛山　ピークを意識すれば、そういうカードの切り方もできると。

官谷　あと、よくないのは、「うちの会社は月末が締めだから、それまでに契約できればいいや」みたいに、自分の都合で勝手にピークを月末に持ってきちゃうパターン。

盛山　まあ、ノルマがありますからね。

※3
マリッジブルー
結婚を現実に控えることで生じる不安や憂鬱、後悔など精神的な症状の総称。建築において1社のみで進めてきた場合、「本当にこの人でいいの？」「他にもっといい人がいたかも？」というマリッジブルーに近い感情が生じるのだとか。

官谷　でも、そこにお客さんのテンションはあまり関係ないから。上がり切っていないのに「何とかお願いします！」っていう無理のある商談になる。だから結局は芯を喰わない。「ごめんなさい、まだこのタイミングでは、お返事できないわ」って言われちゃえば、今度は、「翌月の締めまでに間に合えばいいや」みたいな話になっちゃうんだよね。

盛山　なるほど、そういう失敗パターンもあるということですね。

■商談設計はコース料理に似ている

盛山　お客さんのテンションについては、最初から結構盛り上がっちゃうケースもあると思うんです。例えば、旦那さんと担当営業の出身校が一緒とか、部活が一緒とか、なにか些細なきっかけで話が弾んで家づくりの要望も聞けたりして。そうするとお客さんのピークは見極めにくくなりませんか？

官谷　そうですね。最初からお客さんがテンション高く来るケースもあってね。「良い土地があったら、すぐ建てたいんだよね！」って、もういきなりピークで来たみたいな。「この人はもういける！」と踏んで盲目的に進めていったら、実はテンションはまだ5、6合目程度。そうとは知らずに全部、風呂敷広げて手の内を見せてしまった状態で「ちょっと、ゆっくり考えます」とか言われちゃう。

盛山　カード全部、切っちゃって。

官谷　そう。ただのシェルパ※4だよね。手伝っただけ。家づくりっていう山を登頂するきっ

※4
シェルパ
ネパールの少数民族のひとつ。荷物運びやガイドなど登山支援を生業とする者も多く、近年のヒマラヤ登山は彼らの働きなしでは成し得ないと言われるほど貴重な存在である。

かけをつくっただけ。打ち上げロケットの切り離される1個目のでっかいやつ、みたいな。燃料が空っぽになって、バホッと太平洋に消えていくやつだよね。ああいう悲しい役割。

盛山　ハハハハハ

官谷　どんな美味しい料理を作ったってね、ステーキだって焼きたてのピークで出さないとさ。「30分くらい前に焼いたやつなんですけど、これはA5ランクのものすごく美味しい牛肉で」って言われたって無理だよね。だから、どんなにいいプランだって、どんなに素敵な仕様だって、提案したときのピークの瞬間を捕まえないと。その後、何カ月もその見積りとプラン眺めてたら、みんな冷めるよね。

盛山　コース料理みたいなイメージですかね。徐々に高まっていくみたいな感じでいうと。

官谷　そう。コース料理って本当によくできてるじゃない？　いきなりステーキ※5は出てこないでしょ？　まずは前菜から出てきてさ。それより前にお品書きがあるでしょ？　その時点でアガるよね。「ここでアワビが出てくるのか！」みたいな期待があるわけだからさ。

盛山　そういう意味で言うと、家づくりのロードマップというか、プロセスを1枚のシートで最初に見せちゃうみたいな会社が多いですよね。

官谷　多いですよね。「このように進んでいって、プランヒアリングをやって、プランが出てきて、ここで契約です」みたいに全体の流れをお伝えしてびっくりさせないっていうのと、「ここでご年収を聞きますからね」とか、「ここで〇〇をさせてもらいますよ」っていう、予防注射みたいな意味合いが強いよね。それに、本気度も測れるでしょ。

※5
いきなり！ステーキ
株式会社ペッパーフードサービスが運営する、ステーキ専門の飲食チェーン。2013年、銀座に第一号店をオープン。低価格高品質に加え、立ち食いスタイルやオーダーカット方式など独自のスタイルで急成長を遂げた。このシチュエーションでは、単に店の名前をダブルミーニング的に使用しただけ。

盛山　本気度？

官谷　例えば、「え？　あと2回で申込みをしなきゃいけないの？　いや、私たちまだそこまで本気じゃないから」みたいに、お客さんのリアクションが出るじゃない？　そのマップを見せられたときにね。

盛山　なるほど、テンションを測るってことですね。

官谷　うん。そういった裏の意図もあるかな。このあたりがレストランのお品書きとはちょっと違うところ。

盛山　レストランのお品書きには、お客さん自身にもピークに向かう心づもりをしてもらう意味合いもあるんでしょうね。

官谷　それもあるよね。そしてお客さんの会話の様子や食べるスピードを見ながら、「揚げ物、まだ早いよ」とか、「今は会話が盛り上がってるな」とかのタイミングを見て、お皿を暖かくしといた状態でスープをトンと出すみたいな。

盛山　たしかに。やってますね、それって。

官谷　結婚式とかの場合は完全に無視されるけどね。皿をよけてどんどん置いて帰るもんね。まあ、あれは時間が決まってるから仕方ないんだけど。

盛山　あれはプレッシャーかけられますね（笑）。

官谷　コース料理は、見てないようで見てるわけだよ。まさに一品一品に対するピークっていうのをすごく考えてるわけ。で、最終的にメインディッシュのお肉で一番盛り上がるっていう構成。商談もそのような気配りがすごく大事で、「あれ？ 今日こういうつもりで臨んだんだけど、イマイチご夫婦の反応が上がってないな」とか「なんだったら停滞してるかも」となれば、そのまま進めたってダメだよ。

盛山 そういう場合、1枚、商談のカードを足すべきですか？

官谷 そう。「このままの状態で次にクロージングをかけても、いいお返事をもらえないだろうな」って思えば、商談内容を変更したり追加しないといけないよね。少しはピークに対して理解が深まりました？

盛山 そうですね。そもそも商談にピークがあるってことも理解してなかったですし。商談の進行にあわせてお客さんのテンションを上げていくっていう組み立てがすごく大事で、そこにクロージングを合わせることが必要なんだということがよくわかりました。

官谷 ピークは長くないからね。一瞬とは言わないけど、そんなに長い期間ではないから。ピークって、いわゆる「頂（いただき）」でしょ？ 山の。だから、「いただきで受注をいただく」みたいなね。「頂くってこういう意味なんだ」って、僕の中での語源はそこになったのね。違うかもしれないんですけど……違うのかな？ わからないけど。

盛山 多分、違うんでしょうね（笑）。

クロージング① ピーククロージング【裏放送】

■「バーター商談」でピークを調整する

盛山 後編では、商談のピーク設定、ピークに向かって商談をコントロールするための具体的な手法について聞いていてきます。

官谷 ちなみに、盛山さんって前編でも聞いたけどさ、彼女は?

盛山 だから、もう前編でも言ってますから。

官谷 ほら、前編と後編の間にひょっとしたら何か、変化が現れるかもしれない。

盛山 ありませんよ。おじさんしか目の前にいないですから。

官谷 そうだよね。15分くらいしか経ってないからね。この部屋からも出てないし……いい人もいないの?

盛山 月一くらいで飲みに行く人がいますけど、それだけです。

官谷 へえ。どれくらい前から会ってるの?

盛山 いや、でも1年とか、1年半前くらいです。

官谷 あ、そう。いつも養老乃瀧※6で?

盛山 もうちょっといいとこ行きますよ! 養老乃瀧もいいですけど。

※6
養老乃瀧
1956年の第一号店オープンより半世紀以上にわたる歴史を持つ大衆居酒屋チェーン。創業者の木下藤吉郎が1938年に長野県松本市で「富士食堂」を始めたのが創業の原点。「ファミリーチェーン(暖簾分け方式)」で急成長を遂げた。官谷も16歳の時に年をごまかしてバイトしていた経験がある。

官谷　で、その一人だけなんだ。
盛山　はい。でも、もうそういうホットな感じではないです。
官谷　ああ、もう駄目だな。「長すぎた春」っていう感じか。
盛山　よき理解者になってしまったって感じですかね。
官谷　そういう意味では、最近の若い人は盛山さんのような草食系が多いっていうかさ。
盛山　僕は草食系よりはちょっと上の世代ですけどね。でも、それこそ官谷さんぐらいの世代の先輩からは、そう言われることもありますよ。「自分のモノにしたい気持ちはないの？」みたいな。
官谷　結論を聞いて断られるのが怖いみたいな感じ？「だったら答えを聞かないほうがいい」って、まさに営業でもそういう人がいるよね。10回も15回も商談しといてさ、決断を迫ったらお客さんに断られちゃうかもしれない。だから、「聞かなければ、ずっと見込み客のまま」みたいな。
盛山　結構、ブラックな話ですよね（笑）。
官谷　で、盛山さん的には、今となってはもう「彼女いなくてもいいかな」みたいな？
盛山　どちらかというと、欲望よりも外的な要因のほうが大きいですよ。ものすごく心配されるとか、変な人だと思われるとか。居場所がどんどんなくなってくるみたいな。地元のイオンとか行ったりすると、もう1人では居場所ないですよね。
官谷　あー、周りが家族とかカップルばかりだもんね。

盛山　僕ぐらいの年齢以上の男の人って、1人でいることがないじゃないですか。小さい子を連れた家族か、カップルかしかいなくなってくるんで……。

官谷　たしかに、カブトムシに走るよね……。

盛山　カブトムシにいっちゃいますね……誰にも見られないように育てたりとか（笑）。

官谷　ヘラクレスオオカブト※7とかにさ、いっちゃうよね。

盛山　……そろそろ、ピークをコントロールするための具体的なテクニックを少し教えてもらえないでしょうか？　切れるカードを増やしたいというか。

官谷　当然、「土地あり、土地なし」とかね、毎回お客さんによって変える必要があるんだけど。

盛山　ジョーカーはないと。

官谷　うん。ただそういうものでいうと、僕がよく言う技術に「バーター商談」※8っていうのがあるんだけど。

盛山　バーター商談？

官谷　そう。要は、ひとつやって帰しちゃうんじゃなくて……例えば、せっかく土地紹介という、お客さんが興味を持って来店される商談を組んだのなら、そのついでにOB邸案内に連れてってみるとかね。

盛山　うんうん。

官谷　で、実際見てみたら、土地はイマイチだったんだけどOBの家のインテリアとか暮らしぶりに共感して、「ああ、あんなふうにしたいわ」とか、「全然、考えてなかったけど、あ

※7
ヘラクレスオオカブト
南米に生息する世界最大のカブトムシ。胸角（上の角）を含めた全長は18センチ以上にもなる。飼育下におけるギネス記録は滋賀県の販売店が羽化させた「神聖」という個体が持つ181ミリ。ちなみに大型カブトムシの名前は「アトラス」「ネプチューン」「マルス」等、ギリシア神話やローマ神話に基づいたものが多い。

※8
バーター
「物々交換」「交換条件」を意味する言葉。この文脈だと、芸能界で事務所内で売れている芸能人と、これから売り出したい芸能人を一緒に出演させるニュアンスのことをさす。

のスキップフロア、すごくいいわね」とか、違うところでちょっと上がる。まあもちろん、土地紹介が芯を喰うっていうのが最高にいいわけだけど。でも、さらにOB邸案内もして、それも良かったらグッと上がるよね。

盛山　なるほど。そこがバーター商談っていう言葉の意味なんですね。

官谷　そう。だって、「じゃあ、今度OB邸案内だけで来ませんか」って言ったって「ちょっとごめんなさい。いろいろ家のことも忙しいんで」って、なかなか都合よく商談を組めないし、こっちだって同時にやれたほうがいい。

盛山　一気に、お客さんのテンションを高めることもできるっていう技なんですね。

官谷　そう。例えば、前も話したような構造案内とかもそうだね。構造なんて、よっぽどこだわりのある方以外は、「見に行きたいです、案内してください」って手を挙げる方っていない。10人に1人もいないわけですよ。

盛山　なるほど。バーターでしか実施しにくいアクションもあるってことですね。

官谷　そうそう。例えば社長が直々にしゃべる「家づくりセミナー」ってあるじゃん？　あれは必殺技というか、すごくいいことなんだけど、それだけで来るっていうのも難しいよね。暇のある人か、よほどその会社で真剣に考えている人かのどっちかになっちゃうし。

盛山　そうですね。

官谷　例えば、「次回お会いするときに、ちょうど土地探しセミナーをやっていますから、土地選びのポイントをまず勉強していただいて、そこから土地紹介しますね」みたいなことを言われて、「土地紹介だけでよかったんだけど、せっかくだから参加してみようかな」って参加してみたら、「あ、なるほど！」って思うことがあって、家づくりのテンションが上がるっていう。

盛山　バーター商談っていうテクニックから、いろいろな可能性が広がってるんですね。

官谷　そう。これも以前話したけど、長挨拶。上長がちょっと挨拶をして部下の価値付けをするとか、「会社全体でお客さまの商談をちゃんと把握してますよ」ってことを伝えることで、お客さんに安心感を与えるとかね。

盛山　バーター商談はピークコントロールの手段でもあると。「ピークに持って行きたいから長挨拶よろしくお願いします」みたいに、上司に頼めたらいい会社ですよね。こういうワードを覚えていくと、部下も頼みやすいかもしれません。

■「長すぎた春」になっていないか

官谷　ピーククロージングで思い出したよ。ちょっと古いドラマなんだけど、『前略おふくろ様』[※9]、見たことないでしょ？

盛山　タイトルも知らないです。

官谷　絶対一回、見といたほうがいいんだけど、これは。

盛山　何がいいんですか？

官谷　まずは、主演が萩原健一[※10]ね。ショーケン。先日、亡くなったショーケンが一番カッ

※9
前略おふくろ様
1975年より日本テレビ系列で放送されたテレビドラマ。倉本聰原案。照れ屋の板前青年、三郎（萩原健一）の青春を描いた。かすみ（坂口良子）は三郎が勤める料亭の中居。優柔不断な三郎にいつもヤキモキしている。

※10
萩原健一
通称ショーケン。「ザ・テンプターズ」のリードボーカルとして熱狂的な人気を博す。その後、『太陽にほえろ』『傷だらけの天使』『前略おふくろ様』などのテレビドラマで俳優としての確固たる地位を獲得。『いだてん〜東京オリムピック噺〜』の高橋是清役が遺作となる。2019年逝去

コいいときだよね。『傷だらけの天使』とかの頃だからさ。ヒロインが坂口良子※11なんだけど、結局2人は結ばれないのよ。坂口良子は「かすみちゃん」っていう役なんだけど、ショーケンが演じる板前の三郎のことが好きなの。でも、三郎はもう全然奥手だから。

盛山　へー。

官谷　三郎が一人前の板前になるまでっていうか、働く料亭がドラマの舞台なんだけど。かすみちゃんはずっと好きなのよ、三郎のことが。で、「好き、好き」って言ってるんだけど、三郎がはっきりしないんだ。

盛山　まあ、修行中だからっていうこともあるし？

官谷　いや、ただ単純に三郎が優柔不断っていうか、奥手っていうかね。で、これがさ、今なんでこの話をしようと思ったかっていうと、その後『前略おふくろ様2』ってのをやるわけよ。大人気で。

盛山　今でいう第2シーズンですね。

官谷　そう。で、2では料亭の場所も変わってるわけ。高速道路が通るかなんかで三郎たちも違う料亭に移るんだけど、そこから始まるのね。で、また坂口良子も出てるわけ。それに梅宮辰夫※12が板前のリーダーっていうか兄貴で、一緒に移ってくるんだよ。

盛山　往年の俳優ばっかり出てますね。

官谷　そう。三郎とかすみちゃんは結局結ばれないまま『前略おふくろ様』は終わっちゃったから、2では「今度こそ結ばれる」と、こっちは思って見るわけなんだけど、そうしたらさ、

※11
坂口良子
『新・サインはV』（1973年）で当時5歳の官谷のハートを貫いた初恋の人である。『前略おふくろ様』『犬神家の一族』『池中玄太80キロ』『三毛猫ホームズ』シリーズ、などで人気を博す。前略おふくろ様のかすみちゃん役の当時は20歳。この頃の坂口良子の美しさは悶絶級であるとのこと。2013年逝去。

※12
梅宮辰夫
東映ニューフェイスに合格し銀幕デビュー。『不良番長』シリーズ、『仁義なき戦い』などアウトローな役柄と破天荒な私生活が印象的だが、大病を機に一変。倉本聰作の『前略おふくろ様』で板前の秀次役で新境

やっぱり長過ぎた春だよね。２でかすみちゃんにフィアンセが登場しちゃう。で、そうこうしているうちに、今度は三郎がバカだからさ、今更になってかすみのことが好きになってきちゃって。でも、もう婚約者がいるからさ。結果的に２人は結ばれずに終わるんだけど。

盛山　悲しい話ですね。

官谷　そう。悲しいのよ、すごく悲しいのよ。一回、見といたほうがいいよ。「はっきりしないと三郎みたいになるぞ」と。「あのときにこうしておけばよかったな」みたいなことは誰の人生にもあるじゃん？　僕にもあるけど。人生は決断の連続だからさ。こじらせると「いいお友達」で終わっちゃう。

盛山　今の話って、「ピークの考え方がどれだけ大事か」っていう話をしてるっていうことですよね。

官谷　うん。もちろん「いい人」から入るのは大事だよ。いきなりギラギラしてて、ヨダレたらしてるんじゃ怖いし。だから、最初は異性として見られるというよりも、「あ、いい人だな」とか、ノンバーバル的にまずはそこから入る。「清潔だし、ちょっとしゃべってみたら面白いし、私と趣味が合うんだ」とか。で、そうこうしてるうちに「この人いいかも」とか「恋人いるのかしら」っていう話になってきたりして。で、さらに会話をしてみて、「恋人、いないんだ」「向こうも私のこと好きみたい」と。

盛山　見極めだ。

官谷　そしたら、次のデートの約束するでしょ？　そこからは、あと何回で決めるかってこと。

地を開拓し、これをきっかけに料理にも目覚める。『くいしん坊！万歳』やバラエティ番組、梅宮辰夫漬物本舗など実業家としてもマルチに活躍。２０１９年逝去。

それを1年半もずっと養老乃瀧で「じゃあまた来月、第4金曜日に」みたいなのでは、最終的に「私、結婚することになったの」って、三郎のような悲しいことになりますよ。枕を涙で濡らすときが来るよ。

盛山　……。

■恋愛上手は商談上手？

官谷　本当に、しょっちゅうあるんですよ。レビューシートで僕がレビューやるでしょ？もう、どう見てもそのお客さん、機は熟してるっていうか、もう熟し過ぎ。「バナナだったら黒いところばっかりだよ？」みたいな商談になっちゃってる。このままいくと「虫がたかってくるよ？競合に取られるよ？」っていうような。

盛山　早く食えよってことですよね。

官谷　そう。お客さんも、「いつ背中を押してくれるんだろう？」みたいな。長過ぎた春だよ、本当に。そんなタイミングで出てくる競合ってのは、やっぱり脅威だよね。見ること聞くこと全部フレッシュでしょ？

盛山　昔のトレンディドラマ※13の恋愛関係とかって、そういうのよくありますよね。

官谷　どのくらい昔のトレンディドラマの話を思い描いてるのか逆に知りたいよね（笑）。

盛山　竹野内豊とか。

官谷　作品で言うと何なのよ。結構、出てるでしょ、竹野内豊は。

※13
トレンディドラマ
バブル期前後に制作された、都会に生きる男女を描いた現代ドラマ。象徴的なタレントは、女優では浅野温子、浅野ゆう子（W浅野）や、中山美穂、鈴木保奈美、安田成美、山口智子、千堂あきほなど。男優では三上博史、柳葉敏郎、陣内孝則、石田純一、江口洋介、織田裕二、吉田栄作、加勢大周などがいる。竹野内豊はもう少し後にデビューしており、トレンディ俳優ではない。

盛山　作品で言うとっていうのはパッと出てこないんですけど、すいません。適当に言ったわけじゃないんですけど。ハハハハ。

官谷　恋愛ドラマとか、そもそも見てないでしょ？　恋愛力が低いっていうか。

盛山　いやいや、見ますよ、全然。恋愛ドラマを見てても恋愛力の低い人っていうのはたくさんいると思います。

官谷　あ、一応見るんだ。『手仕事にっぽん』※14とか、そういうのばかり見てるのかと。

盛山　違います。両立しております（笑）。

官谷　よく「ピーククロージング研修」っていう、商談を恋愛にたとえてデートプランを組み立てていく研修を実施するんだけど、本当に恋愛と一緒なんですよ。何回で自分の恋人にするっていうプランを立てて、そのためには、いきなりディズニーランドに行っちゃうんじゃなくて、まずは動物園とか水族館みたいなところから始めたりして、だんだんだんだん強弱を付けながら盛り上がっていくっていう。

盛山　その研修ちょっと僕も……。

官谷　いいかもしれないね。もう、大体想像がつくよ。盛山さんが何をやらかすか。

盛山　そうですね。ずっと怒られてるような気がします。

官谷　ディナーは、ずっとファミレス、ファミレス、ファミレス、養老乃瀧……これ、養老乃瀧から苦情が来るかもしれないな。「うちって不味いの？」みたいなね。

盛山　全然そんなことはないですけどね（笑）。

※14
手仕事にっぽん
かつてNHKで放送されていた昭和のミニ番組。日本の伝統的な工芸品、雑貨などに携わる職人の手わざをドキュメンタリースタイルで丁寧に紹介していた。

官谷　体験宿泊じゃないけど、その女性と2人で1泊旅行でも行ってきたらいいんじゃないの？　なんだろう、一度リセットするっていうかさ。「恋愛の三つのｉｎｇ」だっけ？

盛山　1つも知らないです。

官谷　1つ目はフィーリング。で、次は……？

盛山　「ドゥーイング」じゃないですか!?　フィーリング、ドゥーイング！

官谷　全然、違う！（笑）。1つ目はフィーリングね。波長が合う。「あ、この人フィーリング合うわ」。で、2つ目はまさに今回のテーマでもありますけども、「タイミング」ですよ。

盛山　タイミング。ああ、はいはいはいはい。

官谷　盛山さんの場合、1年半、養老乃瀧で月1。もう、完全にタイミングがなくなってる。だから、1泊旅行でも行ってきたらっていうのは、三つ目のｉｎｇですよ。

盛山　……わかった。言っていいですか？「ハプニング」だ。

官谷　そう！

盛山　おお、やった！　やっぱり。

官谷　そう、恋愛には三つのｉｎｇが必要なんですって。フィーリングが合う、で、タイミングが合う、で、そこにちょっとしたハプニングが起こる。

盛山　なるほど、なるほど。

官谷　だからそういう意味でも、居酒屋を出て、ちょっとハプニングを起こしに行ってきたら？

盛山　でも、その話すごく参考になりますね。なんか、ちょっとハプニング的要素を加えてみると、リセットされる可能性があるんじゃないかっていう希望が湧いてきました。

官谷　……。

Vol.8

クロージング②
親面談・親合意

「親は口を出さないから」

「建築に賛成しているから」

という言葉を鵜呑みにしてはいけない。

商談における親の存在と
その影響力を最小限に活かす手法とは？

■商談の裏に潜む親の影響力

盛山　2回目の今回は「親面談・親合意」がテーマなんですけど、やっぱり親というのは重要なテーマになるんでしょうか？

官谷　そうだね。住宅営業やってる人は、必ず1回2回、もしかしたらそれ以上、親に商談を阻まれてるというか。

盛山　それくらい対策が必要なテーマなんですね？

官谷　ただ、話はそんなに単純じゃない。どういうことかというと、商談に颯爽と現れて「この商談ちょっと待った！　反対だ！」って言うような、わかりやすい親御さんはいないわけよ。

盛山　姿は現さないけど、影響を与えているってことですか？

官谷　そう。だから商談結果にも反映されにくい。

盛山　それは一番怖いです……。

官谷　前回会ったときはすごくノリノリで8合目まで来てたお客さん夫婦が、今日会ったら5合目くらいのテンションに下がってる。「なんで？」ってなったときに、実はその原因は「親御さんの一言だった」ってことがあるんだよ。

盛山　ああ〜、なるほど。

官谷　親の影響力を正確に捉えられてないんだよね。例えば、親の土地を使うとき。もしくは、親御さんから援助が出る。これはもう、完全にその影響力を考慮するでしょ？

盛山　そういうパターンだったら、わかりやすいのでそうだと思います。

官谷　ただ、例えば、親御さんの土地を使うパターンで現地調査に行ったら、親御さんはいるんだけども、もうおじいちゃんおばあちゃんで……性別もわからないような。

盛山　フフフ。

官谷　ネイティブアメリカン※1みたいな。「おじいちゃん、おばあちゃん、どっちだ？」みたいな。

盛山　ンフフフ。

官谷　でね、「はいどうぞ、ご自由に」みたいな感じだから、営業は全く重要視していない。

盛山　そういう感じ、想像できます。

官谷　で、息子さんたちは30代とかで、自分たちの意見も意志もしっかりしてる。だからこのまま商談が進むと思って油断してたら、その親御さんが……。

盛山　さっきのおじいちゃんだかおばあちゃんだかが出てくる。

官谷　よくよく聞いてみたら、親御さんからは結構まとまった援助金も出てくるということで、「○○の会社で建てなさい」というお達しが出て、結局商談が1合目まで戻されるみたいなね。

※1
ネイティブアメリカン
ヨーロッパ系白人の到達以前からアメリカ大陸に住んでいる先住民族の総称。ちなみに音声配信では「ネイティブインディアン」と言い間違えている。

盛山　スタートまで。

官谷　まあ、滑落するみたいな。うん。「親雪崩《おやなだれ》」※2だよね。

盛山　フフフ、親雪崩。

官谷　まさに雪崩のように崩れ落ちるんだよ。山頂付近で。もう終わりだよね？　だってもう、雪崩に巻き込まれてるから。声も出せないしビーコン※3で探すしかないよね。「あれ、盛山どこいったんだ？」みたいな感じで。

盛山　なるほど（笑）。官谷さんから見て、「この失注は親雪崩だな」っていうケースが、全国で結構起きてるんですね。

官谷　多い多い。ほんと多いよ。もうちょっと説明すると、例えばA市に土地を買って家を建てようとしてるお客さんがいて、今のアパートもA市で、「いい土地が出たらすぐ」みたいなケース。

盛山　はい。極めて一般的なお客さんという感じです。

官谷　そう思うでしょ？　じゃあ、ご主人の実家も同じA市だったらどう思います？　ご実家と同居の可能性も出てくるでしょ。

盛山　ああ。それはそうですね。二世帯とか。

官谷　さらに言えば、ご主人が長男だったら？

盛山　うーん、いろいろな可能性が出てきちゃいますね。

官谷　で、そのお客さんが家を初めて建てるご夫婦だったら、その辺がまだ全然、考えられ

※2
親雪崩
この収録中に生み出された官谷オリジナルのパワーワード。契約直前で商談の積み重ねをひっくり返すほどの親の影響力を象徴した言葉。以降、「親雪崩」が連呼されるのは、奇跡的に生み出されたこの言葉を忘れたくない意図があったそう。

※3
ビーコン
もとは灯台、のろし等を意味する言葉。ここでたとえに出されているのは、登山者やスキーヤーが雪崩に巻き込まれた際に探索してもらえるよう、常時微弱な電波を発する「雪崩ビーコン」のこと。

てなくて、話が出て初めて「ああ、たしかにそうだよね」っていうこともあるわけ。

盛山 そういうことか。

官谷 せっかく探したA市の土地も、「ごめんなさい、一旦買うのをやめて親とよく相談します」って、ひょっとしたらなっちゃうかもしれないし。

盛山 親の土地が使えるかもしれないですしね。

官谷 せっかくだから、二世帯で一緒に住もうよってなるかもしれない。

盛山 「ご本人たちが気付いてない親の影響力」っていうケースもあるんですね。

官谷 そう。親の気持ちとしてはね、築25年くらいでちょっとリフォームもしたいけども、見積りしてみたら1000万円とか、結構な金額がかかるから躊躇してるところに、息子たちが家を建てようと思ってると聞いたらさ、「いいタイミングだから、この際二世帯で建て替えて、この1000万円も使ってもらって、将来的には面倒見てちょうだいね」くらいで丸く収まっちゃうかもしれないでしょ。

盛山 そんなパターンも、たしかにありそうです。

官谷 だから言いたいのは、「ご両親がどう考えているのか」の前に、「そもそもご主人のご実家の場所も知らないで、よく成約までもっていくつもりでいるな」っていうことよ。

盛山 あー、はい、そうですね。そういうロジックを聞けば、その情報が絶対必要ってわかります。

官谷 そう。当然これは奥さんのご実家にも当てはまるロジックだよね。

■特に注意すべきパターンは？

盛山　具体的な親関係の話に入る前に、まず前提として、「こういうお客さんが来たときは、特に親対策・親合意を注意したほうがいい」っていうケースは何かありますか？

官谷　まずは、土地ありだろうが土地なしだろうが、シンプルに影響が出やすいのは、「お客さんが若い」って場合だよね？

盛山　やっぱりそうですか。

官谷　最近は20代半ばくらいで建てる人も珍しくないから、「本当に建てるのかな？参考に見に来ているだけで、最終的には建てないで終わっちゃうんじゃないかな？」なんて思ってると、普通にそのまま建てるっていうケースもあるんだけど。

盛山　「20代の家づくり」とか、全国展開の会社がやってますからね。

官谷　うん。でもそれってさ、24歳、25歳とかの若いご夫婦が、そろそろ土地を買って家を建てるなんていったらさ、親が「やっちゃいなよ」なんて後押しをしてるケースも多いんだよね。こうなってくると、その商談は親の多大な影響下にあるよね。

盛山　まあ、お金を出すんだったら口も出しますよね。親ですから。

官谷　そう。で、もしその親御さんが同じA市に住んでたらさ、会わないなんて選択肢はありえないよね。建築関係者に知り合いがいないかとか、情報を把握しないといけない。

盛山　以前の収録でもそんな話がありましたね。

官谷　工務店を紹介することはないにしても、出資者でもあり、家づくりの経験者だったとしたら、いろいろと言うよ。例えば、奥さんの親は「大手で建てたほうがいい」って言ってて、一方ご主人の親は「家なんてそんなにお金をかけ過ぎないほうがいい」とかね。

盛山 パトロンの意見が真逆になっちゃった。

官谷 でも本人たちは、どちらかっていうと、オシャレな家を建てたがってて……みたいな、もう三者三様みたいなね。うん。

盛山 ハハハ。そういう勢力争いに巻き込まれることもあるわけですよね。

官谷 あるある。だけども一番最悪なのは、営業がこの勢力図をわかってないっていうことだよね。親の影響力があるっていうことも全くわかってない。なんだったら、実家がどこかも知らないみたいな話になってきて。

盛山 うんうん。どこが魏《ぎ》で、どこが呉《ご》でみたいな。

官谷 どこと同盟結べばいいんだ？ 蜀《しょく》とまず手を結んで※4、みたいなね。

盛山 アハハハハ。

官谷 まあ盛山さんが、張飛《ちょうひ》くらいの武力があればいいんだけどさ。呂布《りょふ》みたいな暴れん坊だったら、どことも手を結ばないっていう戦い方もあるけども。

盛山 そうですよね、勢力図を見極めたいところです。

官谷 やっぱり味方は多いほうがいいし、強力な武将を抑えてる勢力をチェックしたいよね。だから、例えば親御さんの土地を使うとなれば、当然、現地調査で親御さんに気に入られること。気に入られないにしても敵にはしないとか、中立的な状態でいてもらえるように。

※4
蜀と手を結んで
いわゆる三国志、赤壁の戦い（呉と蜀が手を組んで連合軍を結成し、曹操率いる魏軍に勝利した）にたとえている。官谷は吉川英治三国志の他、横山光輝、王欣太の漫画など、多くの著作を読み込んだ三国志ファン。ニート期間には一年以上の永きにわたり『三國志Ⅱ』（Koeiのゲーム）にて三国の統一を図っていたとか。

盛山　でも基本的には、それぞれの親の要望も取り入れなきゃいけないと思うんですけど、上手に若い2人の一番の要望を叶えてあげたいですよね。

官谷　そうだね。だから僕は面倒でもやるようにしてたんだけど、例えば見積書とか、図面とか資金計画書とかさ、若夫婦にだけ渡して、「なるほど、このくらいだったら払っていけるね」なんていうのではダメなんだよ。もう一部親御さん用に作って、渡してもらうとか、もしくは自分で届けたりとかね。

盛山　それくらい気配りしなきゃいけないんですね。

官谷　ご両親が「いや俺たちはもう関係ねえよ、子どもたちのやることだから」なんて言っているのを真に受けて、「ああそうですか、じゃあただのお年寄りなんだな」なんて集中力を切ったら、もうアウトだよね。

■親対策をTO・DOに落とし込む

官谷　前半をまとめるとすれば、まずは親御さんのご実家がどこか、これはもう絶対的に、当たり前のこととして押さえる。土地があるとかないとかは関係なく。

盛山　はい。それがまず一つと。

官谷　次に、「親御さんの家は一戸建てなんですか？」「何年前に建てられたんですか？」「どこで建てたんですか？」っていったところまでは、一息で聞くっていうイメージで。

盛山　うんうん。一節で歌い切るみたいな感じですね。

官谷　で、さらにそのスピンオフで、「ご兄弟は何人いるんですか?」って広げていく。次は、その親御さんの親戚と、建築に影響を及ぼすような人の存在はないのか。

盛山　最低限、そういった障害の確認をして、それから次の親合意、親面談につなげていく流れですね。

官谷　そう。「親雪崩が起きる可能性はないかな?」ってのを、まずは確認しないと。

盛山　フフフ。そうですね、親雪崩。

■「親に会わせてください」ではNG

盛山 後半戦では、より具体的なノウハウを伺いたいんですが、まずちょっと聞いてみたいことがひとつありまして。

官谷 はい。なんですか？

盛山 若い営業の方によくある感覚なんじゃないかと思うんですけど、お客さんから「親は関係ないんですよ。お金も口も出さないんで挨拶に行く必要なんてないですよ」って言われたときに、どうやってもう一歩詰めて、会いに行かせてもらえばいいでしょうか？

官谷 ああ。なるほどね。

盛山 ちょっと現調のときに顔を見に行かせてもらってとか、親の土地を使うとかであれば、そういう会い方もあると思うんですけど。

官谷 現地調査＝親面談みたいな場合ね。同時にできる可能性が高いからね。

盛山 そうですよね。ただ、そうでない場合に「親に会わせてください」っていうのはハードルが高いんじゃないかなという感覚があります。

官谷 まあ、今みたいな言い方をしたら絶対に無理だよね。「親に会わせてください！」なんて言ったらさ、「怖っ!」てなるよね、普通。

盛山 プロポーズか? みたいな感じですか(笑)。

官谷 そうそう。重くなっちゃうから「親に会わせてください」では、言葉のセンスがない。今の日本人、そんな言い方しねーぞ、みたいな。「This is a pen」※5みたいな感じでね。

盛山 ハハハハ。

官谷 「親に会わせてください」はナシで、でも親と会いたい。ちょっと言い方がラフになるかもしれないけど、親を呼び出すというか、おびき出すというか。やっぱり、親御さんが興味を持って来てもらえる環境をつくって、「ご一緒にいかがですか?」っていう形でお誘いするのが一番自然でしょ?

盛山 あえてテクニックって言わせてもらいますけど、そういうテクニックがあるわけですか?

官谷 例えば、以前やった構造案内は、親御さんに来ていただく絶好のイベントだよね。

盛山 有効商談のときにやりましたね(Vol.5参照)。

官谷 施主が「家の構造とか、見てもわからないし」なんて言っても、親御さんは興味、関心が高いかもしれないし、「おじいちゃんが大工だった」なんてパターンもあるかもしれない。

盛山 はいはい。

官谷 親御さんがモデルハウスに来てくれたとしても、「今はこんな感じなのか」くらいであまり居心地も良くないと思うんだよ。「子供たちの趣味に口出しするのもな」って。でも、

※5
This is a pen
コメディアンで元ドリフターズのメンバー、荒井注(あらいちゅう)のギャグ。「何だバカヤロウ」「何見てんだよ」などが有名だが、荒井を人気者にしたきっかけはこのギャグである。

やっぱり現場に連れていったりするとさ。「いやー、俺が建てたときはこんなんじゃなかったな。今は随分しっかり造ってるんだな」、とかさ。

盛山　うんうん。

官谷　「この制震ダンパーは阪神淡路大震災の後に出てきたもので、こういう役割の金物なんですけど」とか、「当時と比べると耐震性も断熱性も、随分変わりましたからね」なんて話をしながら、「いや、お父様、今日は見てもらって、すごくうれしいです」みたいな。

盛山　すべてに詳しくなくていいわけですものね。見せていることが、その後のきっかけになるというか。

官谷　もうそこで、お父さんの自宅も聞いて。ロン・ヤスの関係だよね（P146参照）。

盛山　これも以前の回を聞いてない人にはさっぱりわからないですが進みましょう（笑）。そういう意味で言うと、構造案内の場に施主の親を、さっきの言葉を借りれば、おびき出すことができたら、だいぶピークに持ってこれたって言えますか？

官谷　もうすごいよね。9合目付近まで、いきなりゴンドラで行けるみたいな。

盛山　フフフ。

官谷　さらにそこにさ、長挨拶みたいなものが含まれたらどうよ？　構造も見せて、で、そこに上司もついてきて、もしくは帰ってきたところに上司が出てくるのか、そんなことされたらね、大切にされてるっていう感じは最大限演出されるでしょ。

■若さが武器になることもある

盛山　例えば、若い営業の方だとするじゃないですか。今のお話を聞いて現場にご両親をお呼びすることができたとして、そのときに「何だあの若い営業マンは。あんな若くて大丈夫か？」って思われるんじゃないかって心配があるんですけど。上司が大切な場面で登場するとか、そういう対策があるのかもしれないですね。

官谷　それもひとつの手法だけど……なんだろう。ご年配の方ってさ、僕もだんだん年寄りになってきてるからわかるんだけど、自分の人生と目の前の相手を重ねてさ、「自分にもこういうときがあったな」って思うわけよ。僕はまだ50年くらいの人生キャリアしかないんだけど、25歳くらいの若造を見て「若えなー」と思いつつも、同時に「俺にもこんなときあったな」って思うわけよね。「自分の若いころと比べたら、この子はしっかりしてるぞ」とか思うわけよ。年長者って。

盛山　そういうものなんですね。

官谷　年配のお客さんは、若い営業を相手にしたときに、自分の子どもと重ねたりする。「あいつもこうやって頑張ってんのかな」みたいなね。

盛山　ああ。ちょっといい話っぽいですね。

官谷　さだまさしでいうところの『案山子《かかし》』※6みたいな感じで。

盛山　ちょっとわからないですけど（笑）。

官谷　名曲だよ。なんで知らないんだよ。聴いといて。

※6
案山子
さだまさしの代表曲のひとつ。都会で一人暮らしをする弟を故郷にいる兄が気遣うという内容だが、世間一般では「子を想う親の歌」と勘違いされているケースも多い。

盛山　ははは。わかりました。毎回、聴かないといけない曲が増えるんですよね。

官谷　これが名曲なんだ。親が、遠く離れて暮らす子どもを想って歌ってるっていうか……まあとにかく、「一生懸命、自分の息子夫婦の家づくりに対して必死になって、いろんなことをわかってもらおうと思って頑張ってる」「親の俺まで巻き込んで構造現場を案内して、ちゃんと気に入ってもらおうと思って、必死だな」みたいに、若夫婦が僕を見る視点とは、また違った視点で見てるんだよね。親御さんは。

盛山　なるほど。そういうふうに親御さんが見てくれるんだって思ったら、若い営業パーソンも自信を持ってやれそうですね。

官谷　うん、若いってさ、見た目はもちろん知識もないし、ごまかしが効かないじゃない？ウソをついたところで、すぐバレるし。

盛山　事実ですもんね。それは。

官谷　事実は事実として、その中で最大限頑張ってるとか、一生懸命やってるということを全力でアピールするしかないよね。構造案内も現地調査も全力でやるっていう。

盛山　以前も、そういうお話がありましたね。

官谷　そう。そういう姿を見れば、親御さんも「時代が変わっても変わらないものってあるんだな」とか、「俺も若い頃こんなだったな」とか、いろんな想いが去来するんじゃないかな。

盛山　若い営業の方には、自信を持ってご両親を呼んでいただきたいし、一生懸命やってる姿を見せれば、親御さんは味方になってくれるんだよっていうことを伝えたいですね。

官谷　少なくとも、敵にはしないっていうね。そのためには、まずお会いすることが大切。会おうと思えば、「どこにお住まいなんですか？」という情報が、当然必要になってくるし。そうすると、構造案内とか長挨拶っていう、それぞれ単品で見ても効果の強いアクションが親御さんとの面談のときに集結するわけだよね。
盛山　はい。
官谷　なんかこう、アベンジャーズ的に。
盛山　ハハハ。
官谷　昭和の感じでいうと、『みなしごハッチ』※7の最終回みたいな感じでね。全員集合する、みたいな。これはもう見てもらうしかないんだけど。
盛山　そうですね（笑）。今聞いてる若い営業の方はぜひ。
官谷　構造案内＋長挨拶＋親面談みたいになってきたらさ、その1日だけで、一気にグーンと上がると思うよ。ほぼ登頂寸前みたいなところまで、上昇気流に乗って。もう、帰り道にご飯食べながら家族で言ってるよ。「あそこの会社でいいんじゃないか？」ってね。
盛山　そうですね。そんな話をしているイメージが浮かびます。

■登頂に潜む「親雪崩」の恐怖

盛山　前半でも頻繁に「親雪崩」っていう恐ろしいワードが出現しましたけど、「親がらみでこんなトラブルがありました」みたいなエピソードってありますか？

※7
みなしごハッチ
1970年よりフジテレビで放送されたタツノコプロ製作のアニメ。ミツバチのハッチが母を探して苦難の旅をするストーリー。最終回では道中で出会ったカマキリやカブトムシ、シロアリなどの助けを得て、宿敵のスズメバチに勝利する。

官谷　トラブルではないんだけどね、会ったことのない親御さんに助けてもらったっていう事例がありますよ。

盛山　会ってないのに？　そんなことあります？

官谷　そのときは全然、親に影響を与えようなんて思った商談ではなかったんだけど、とあるお客さんが新規で来店されて、そのとき僕は営業やっててね。プレイングマネージャーだったから、自分もノルマ持ってて。「あ、新規、来たな」っていうので、接客して話を聞いたらね、もう他社が先行してるのよ。確か3社。

盛山　具体的に商談が進んでいる状態ということですか？

官谷　そう。それでうちに来てね。で、結構ローンをカツカツで組んでるっていうのかな、要は金融機関で借りられるだけマックスで借りるっていう、まあ3社どこも同じ資金計画。

盛山　うーん。ちょっと不安だ。

官谷　当時はほら、後に大問題になったけど、「ゆとり返済」※8なんてのがあってさ。

盛山　ゆとり返済……。もう名前からブラックな感じがしますが。

官谷　うん。最初の5年間は支払いが緩やかなんだけど、そこからドンって上がる。今は廃止された、あまりよろしくない住宅ローンがあって。

盛山　そういう返済プランの商品があったんですか。怖いな。

官谷　「今の家賃よりちょっと安くなる」とか、「今の家賃と変わらなくローンが組めるから、じゃあそれで進めちゃえ」みたいな。まあ、そういう人がうちのモデルハウスを見に来てね。

※8
ゆとり返済
1992年より住宅金融公庫（現在の住宅金融支援機構）が販売していた住宅ローン商品。正しくは「ゆとりローン」。5~10年間の「ゆとり期間」中は返済金額を抑え、その分をゆとり期間終了後に上乗せして支払うという商品だったが、終身雇用・定期昇給の崩壊とあいまって、月々の返済ができないトラブルが頻発したため2000年に販売が終了した。

で、ゆとり返済の資金計画も含めてここまでの家づくりの経緯を聞いたら、「これ、うちは商談に加われないな」と思ったのよ。

盛山 どうしてでしょうか？

官谷 もう機は熟してて、A社、B社、C社のどこにしようかな、みたいな状態だから。うちが今から入っていっても、テンポが合わないっていうかさ。前回のピーククロージングの話に近いけど「もう来週には、どこにするか結論を出そうと思ってます」みたいな。だから別に4社目を探しに来たってわけじゃなくて、コーディネートの参考にするような感じで見に来たんだよね。うちのチラシが入ってたっていうのもあって。

盛山 営業的には、完全に冷やかしですよね。

官谷 まあ、そうだね（笑）。冷やかしって言えば冷やかし。商談も佳境だからさ。ただ、話を聞いていたら、ちょっとローンの組み方に無理があるなって気付いちゃったんだよね。ご年収や家族構成から考えると、将来的に破綻するだろうなって思ったわけよ。

盛山 先ほどのその、ゆとり返済でしたっけ、そういう仕組みのせいもあって？

官谷 それもあって。お子さんもまだ小さいし。

盛山 これからお金がかかってくるよっていうことですね。

官谷 そう。それなのに目いっぱいローン組んじゃってる。だけどローンは通ってるし、3社ともそれで行きましょうって言ってるから、その点に対する不安はないというかさ。「まあ、そういうものなのかな」っていうくらいで。で、もうこっちはさっき言った通り、今からじゃ追いつけないから、逆を張ったっていうかさ。

盛山　逆を張る？

官谷　「いやお客さん、ローンは借りれるんでしょうけども、将来的に大変なことになりますよ」と。「お子さんも2歳と0歳でまだ小さいから、今すぐ慌てて建てなくても僕はいいと思いますよ。商談が盛り上がってきて佳境だってときに、こんなことを言って不愉快に感じたら大変申し訳ないんですけども、ゆとり返済で目いっぱい借りれるだけっていう形は、多分将来的に破綻しますよ」っていう話をしたわけよ。

盛山　商談には加われないけど、親切心でアドバイスしたわけですね？

官谷　「加われないから商談自体を壊してしてしまおう」ってことだけではないよ（笑）。そしたらご主人がさ、ちょっと寄り道しただけの初めて会った住宅営業に言われたものだから、「おまえになんか言われる筋合いはない」って、感情的になられちゃってね。まあ、一応言葉も選んだつもりだったんだけど、年下の僕に言われたせいもあったのかな。

盛山　ああ。でも、ウソを言ってるわけではないですよね。

官谷　もしかすると、結構ハッキリ言ったかもしれない。「正直、自己資金がもうちょっとないと厳しくなると思いますよ」とかね。奥さんはうすうす感じてたのかな。旦那さんは怒り出したけど、止め役に入ってくれて。

盛山　はいはい。

官谷　「なんだ、揉めてんのか？」って、他の営業が接客してるお客さんが、ちょっと振り返るくらいになってて。で、奥さんの介入もあって他社さんの資金計画とかをあらためて見せてもらったうえで、「これだったら400万円くらい自己資金が必要ですよ」って、あらためてちゃんと説明したんだけどさ。でも旦那さんはちょっと怒りが収まらなくて。「うるせえ、この野郎！」みたいな感じで。契約しようと思ってるところに冷や水を掛けられた形だからね。

盛山　夢が崩れちゃった、みたいなとこもあるのかもしれないですけど。

官谷　そう。だけど、こっちも言っちゃった手前もあるしさ。「この野郎」って言われると、こっちも、「何だこの野郎！」ってなるじゃん。やっぱ性格的にもさ。

盛山　まあ、それは人それぞれ……。

官谷　「客だぞ、この野郎！」なんて言うから、「契約してねえんだから、まだ客じゃねえよ、バカ野郎」なんて最終的には僕もケンカ腰になっちゃって、そこで別れちゃったんだけど。その1週間後だよね。本来であれば、A社、B社、C社のどこかを選んで契約をしてるその週末に、そのご夫婦が、なんとまた来たのよ。

盛山　意外な展開！

官谷　しかもお金を持って。400万円。

盛山　言ったとおりの自己資金の額！ どっから出てきたんですか？ その400万円。

官谷　いや、だから親だよ。「親がそこで建てろ」と。

盛山　ちょっと、ドラマみたいな話ですね。

官谷　親に話したんだろうね。その、息子さんなのか、奥さんなのかが。どういうテンションで話したのかは知らないけど、そしたら親父さんが「そこで建てろ」と。

盛山　親父さんナイス。

官谷　援助金ゼロのはずだったんだよ？もともとは。

盛山　じゃあ、ちょっと内心は親父さんも心配に思ってたんですかね。

官谷　思ってたんじゃないの？多分。で、そのA社、B社、C社っていうのは借りれるだけ借りさせて、「今月中に決めてくれたらサービスします」って言ってる中で、「やめたほうがいい」って忠告するやつが現れた。まあ、要は逆張りしたからね。それを聞いた親父さんが「そこで建てるんだったら400万円は出してやる」って。ただ「出してやる」じゃないんだよ。「400万円出すから、そこで建てろ」と。

盛山　なるほど。指名して。

官谷　だから、僕のところだけで使える親援助。

盛山　つまり逆にいうと、商談中だった3社が、「親雪崩」にあってるわけですよね？

官谷　そう。もちろん雪崩を起こそうなんて考えてないんだよ。ただ知らないところで、ものすごい親雪崩が起こってたっていうね。

盛山　3社も巻き込む大惨事です。

官谷　最初、そのお客さんが翌週に車から降りてきたときはさ、文句を言い足りなくてもう一度来たのかと思ったけどね。「A社に決めたぞ、お前は暇してるな」ってさ。

盛山　はいはい。イメージが浮かびます。

官谷　でも、銀行の紙袋に入った札束を持ってきたんだよ。やっぱり親御さんの影響力ってのは、すごく強いのよ。「いやあ、親父にこっぴどく言われちゃって。先日は本当にすみませんでした」みたいな。イメージ的にはね……ごめん。今日は『前略おふくろ様』を出し過ぎなんだけど、半妻《はんつま》さんみたいな感じ。

盛山　その、登場人物なんですね。

官谷　そう。半妻みたいなやつって言ったら、わかってる人は、「ああ、あんな感じなんだ」「乱暴者なんだ」っていうね。

盛山　せめて役者名で。

官谷　もうお亡くなりになった名優だけど、室田日出男※9ね。

盛山　どなたでしょうか。

官谷　……。

■親と施主とのバランスを取る

盛山　クロージング的には、親のご要望っていうのはある程度聞いたほうがいいですか？例えば和室を作るか、作らないかみたいな。

官谷　うーん。あのね、そういうことで注意すべきことがあるとすれば、「口うるさい親の影響力を住宅営業が排除してあげる」っていう役割もあるよね。だって、特に奥さんは、旦

※9
室田日出男
東映を中心に活躍した俳優。北海道出身。任侠映画を中心に活躍。1975年には岩尾正隆・川谷拓三・志賀勝ら殺られ役・悪役・敵役俳優たちとともに「ピラニア軍団」を結成し人気を博した。2002年逝去。

那さんのお母さんが、「ああしたほうがいいわよ、こうしたほうがいいわよ」って言うと、立場的にあまり自分の意見を言えなかったりするじゃない？

盛山　普通はあまり言えないですよね。

官谷　援助金があるならともかく、「お金も出さないくせに、このババア」って思ってても、言えないからさ。

盛山　ハハハ。そうですね。そんなことを言う奥さんがいたら最高です。

官谷　そこの間に入ってあげて、「いやお母さん、今はこういう形が主流なんですよ」とか、奥さんの代弁者になるっていうか。

盛山　なるほど。第三者的に、伝えてあげると。

官谷　そうすると、今度は奥さんから見たときに、「主人の親の口出しでまとまらなかった状況を解消してくれた」って感謝もされるしさ。

盛山　そうやって、自分たちのスタイルで、希望の家を建てられましたってなったら、ものすごく評価が高まる。

官谷　そう。なんだったら親からの援助金も、若いご夫婦が頼みにくいところを代弁してあげる役割もあると思う。それこそ構造案内で一回お会いした親御さんと直接、連絡が取れる状態になってるときとかね。

盛山　どんなふうに言うんですか？

官谷　例えばね、家づくりの進捗を伝える体で連絡して、「お2人はご年収もしっかりあって、もう審査も通ってますし、全然大丈夫です。まあ一点申し上げれば、あと数百万円、自己資金があれば、もう少しゆとりのある支払い計画になるんですけど」とか。「これから奥さまも、もう1人欲しいなんて仰ってましたし、今は昔と比べて、お子さんが成人するまでにかかる費用も、ものすごい金額ですから、やっぱり支払いは少しでも少ないほうがいいですし」なんて話をする。

盛山　ほんとにアドバイザーって感じですね。親心として、「本当は出したいんだよ」っていう気持ちがある親御さんのほうが、官谷さんの経験としても多いですか？

官谷　そうね。あとは、「税制上も生前贈与したほうがお得ですよ」みたいなこともあるわけじゃないですか。

盛山　たしかに。まあ、そのまま子どもに逃げられちゃうって話もありますけど（笑）。

官谷　まあね。ただ、合理的にきちっと説明をしてあげれば、「だったら出してやったほうがいい」ってなることもあるしね。お互いに利害が一致するでしょ。

盛山　親に会わない進め方っていうのは、もう考えられなくなりました。本当に。

官谷　そう。だって某大手ハウスメーカーなんて、建築地が遠くたって新幹線に乗って現地を見に行くからね。

盛山　飛行機を使って、とか。

官谷　そう。

盛山　離れてるところにご両親がいらっしゃる場合っていうのは、住宅会社とか工務店規模だと会いに行ったほうがいいのか……どうなんでしょうね。

官谷　いや、そこまではしないけど、でも新幹線で1時間半くらいだったら、ナシではないよね。

盛山　電話くらいはしますか？　やっぱり、そういう場合でも。

官谷　いや、でも、電話番号を聞くのも大変でしょ。

盛山　そうですね。電話番号を聞くほうが大変ですよね。

官谷　ただね、例えば援助金をいただくということになれば、「やっぱりご援助金をいただくってことですから、私どもも失礼があってはいけないと思いますから、今、進んでる計画とをそのまま、今日打ち合わせした資料、図面と配置図とお見積書などと、当社のことがわかるような資料一式を入れて、ご両親さまに送らせていただいてもいいですか？」みたいなことはやってたよ。「いや、いいよ、官谷さんそんな」って言われてもね。

盛山　そこまでやりますか？

官谷　だって、そうやって資料一式が届いたらさ、仮に自分には関係なくても安心するし、うれしいよね。

盛山　まあ、そうですよね。今だったらメールでＰＤＦとかでもいいかもしれないですし。

官谷　そうそう。やろうと思ったら、もっと簡単にできる。

盛山　まあ現金な話ですけど、障害が排除できるんだったら、やるに越したことはないっていうか。

官谷　うん。やはり親の影響力っていうのは、絶対に軽視しちゃいけないよね。どんなに天気がよくても、雪崩は起きるからね。

盛山　ハハ。見て、ぱっとわかるものじゃないっていうところが怖いですけど。

官谷　そうだよね。動かない山かと思ってたら、じゅうたんが滑り落ちるように、斜面ごと雪崩を起こすわけでしょ？　そりゃ怖いよね。……よかった、今日はカッコいい言葉が出たね。

盛山　え、なんですか？

官谷　「親雪崩」。すごい必殺技だよね。

盛山　ま、起こっちゃ困る技なんですけど。

官谷　うん。巻き込まれたら助かる感じがしないよね。「雪崩の親玉」ってことでしょ？

盛山　ビッグウエーブな感じがしますね。

Vol.9

クロージング③

クロージングへの布石

「クロージング(結論交渉)の極意」
というものはあるのだろうか？
住宅営業におけるクロージングテクニックとは
契約を依頼する席のみで発揮される技術ではない。
一つひとつの商談をどのように実施してきたか、
それこそがクロージングテクニックなのである。

■クロージングの極意とは？

盛山　さて、クロージングをテーマに前々回・前回とお話を伺っていますが、今回はまとめとして、クロージングそのものについて聞きたいと思っていて、いわゆる「極意」みたいなものがあればズバリ教えてもらいたいです。

官谷　よく「クロージングの秘訣を教えてください」とか言われるんですけれども、これといったものがないというのが正直なところです。なんていうんですかね、この2回で話してきたことはもちろん、「長挨拶」なんてのもそう。そういった技術一つひとつが、集合体として「クロージングの極意」ってことになるんですよ。

盛山　住宅営業スキルの集合体こそがクロージングの極意であると。

官谷　盤面の駒じゃないですけども、要は「クロージングという駒を次は打ちます」みたいな一手はないわけですよ。親御さんと会うとか、事前審査を通しておくとか、駒を一つひとつ進めていって、お客さんの位置に合わせながら商談を進めていくっていう、その全体の行為こそがクロージングなので。初回商談から始まって、最終決戦の布陣を組むというか、一番戦いやすい布陣を組み立てる。これがまさにクロージングなんです。

盛山　僕は営業の専門ではないので勉強してきた部分があるんですけど……例えば、世に出ている営業のハウツー本なんかを読むと、さっきの布陣みたいなたとえでいうと、武将同士が1対1の名乗りを上げて、こう、討ち合いみたいな場面があって……。

官谷　王騎《おうき》将軍※1みたいな？

盛山　そうです。その場面をクロージングとするのなら、本当に相手武将を討ち取るようなクロージングのテクニックみたいなものが、いろいろあるんですよね。例えば、アクションクロージングとかいって、ペンを渡してしまって、クロージングさせるとか……。

官谷　ふーん。それはどういう効果があるんですか？　断りにくくなるってこと？

盛山　断りにくくなるそうです。

官谷　武田信玄が塩を送る※2とか、そういうことじゃないんでしょ？

盛山　そういうことじゃないです。

官谷　ペンを渡しちゃうことで、もらったほうはサインをするプレッシャーがかかるということなのかな？

盛山　そうです。もちろん相手の気持ちを確認してから背中を押すみたいな意味で、そういうテクニックが世に出ていたりとか。他にも「ドア・イン・ザ・フェイス」とかいう、少し値段の高い商品を先に見せてから、値引きをしたりオプションをカットしたりして、本当に売りたい価格に決めさせるテクニックとか。そういった、場面を一気にひっくり返すような技術が、何かあるように感じちゃうんですよね。

※1
王騎将軍
原泰久の漫画、『キングダム』に登場する秦国六大将軍の一人。主人公の信に多大な影響を与える。映画版では大沢たかおが演じている。

※2
敵に塩を送る
敵の弱みにつけこまず、逆にその苦境から救うことのたとえ。塩を送ったのは上杉謙信。今川、北条の策略によって塩の供給が途絶えてしまった武田信玄に対して、謙信が公正な価格で塩の供給を行ったというエピソードがもとになっている。

官谷　星一徹※3みたいななやつ？　ちゃぶ台返しみたいな。

盛山　まあ、ちゃぶ台返しでもいいんですが。

官谷　一撃でってことでしょ？　さっき言ったようなクロージングのハウツーみたいなのも別に否定はしないけど、ただ、一撃で商談を覆すテクニックみたいなものは、僕の今までやってきた営業経験の中では無いかな。やっぱり1球で三振取るって無理じゃん。デッドボールは当てられるよ？　顔面にぶつけちゃえば。病院送りってのはできるかもしれないけれど。受注という三振を取るっていう意味では、やっぱり、1球じゃ無理でしょ。

盛山　うーん。たしかに。

官谷　将棋だって、いきなり王様には手が届かないわけで。やっぱり徐々にね、初回商談を経て、構造案内を経て、だんだんお客さんの気持ちがこっちに動いてくる。そしてライバルも出てくるわけだから、状況に応じて布陣をどう敷いていくかがすべてで、一撃で決めるようなテクニックは無いよね。……さっきのドア・イン・ザ・フェイスとかも、もちろんそれだけで決まると思って書いてるわけじゃないと思うので、「そういう技術も状況によっては必要ですよ」ということじゃないですかね？

■テストクロージングを効果的に使う

盛山　クロージングに対する考え方そのものを変えなければいけないってことですね？　別の業界では、そもそもクロージングという場面があって、その瞬間に向けて何か対策をするっ

※3
星一徹
漫画『巨人の星』（原作：梶原一騎・作画：川崎のぼる）に登場。主人公の星飛雄馬（ほしひゅうま）に野球のスパルタ教育を施す厳格な父。準備の整った物事に介入して振り出しに戻してしまう行為「ちゃぶ台返し」という言葉のルーツとなった人物である。作中で頻繁にちゃぶ台をひっくり返しているイメージがあるが、実際に返したのは1回（テレビ版は2回）だけ。

ていう考え方があるのかもしれないですが、住宅営業の世界では間違いなく通用しないっていう気がしてきました。

官谷　もちろん、結論交渉という最終回を目指して、すべての商談は組み立てられるわけだけども。「今日はクロージングにしよう」みたいな、今晩の献立じゃないんだから、何度も言うけどそういうのは存在しないわけよ。

盛山　ちょっとそういう考えもありました。

官谷　そういえば……今、盛山さん、彼女はいるんでしたっけ？

盛山　いや、いません。クロージングできてません。

官谷　狙ってる相手はいるんだっけ？「もしかしたら、この子と付き合っちゃうかも」とか、「ひょっとしたら脈あるかも」みたいな子は何人かいるわけ？

盛山　何人かはいないですけど……そうですね。少し前にお話しした、「かすみちゃん」※4であるとか。

官谷　ああ、養老乃瀧の……とにかくまあ、定期的にお会いするわけでしょ？

盛山　定期的にというか、不定期的に会っているというか。

官谷　でも、一応ゴール設定はしているわけでしょ？「こうなればいいな」みたいな。

盛山　うーん。設定はしてないですけど、妄想はします。「あわよくば」みたいな感じですが。

官谷　なるほどね。駄目だな、こりゃ（笑）。

盛山　ハハハ……。

※4
かすみちゃん
盛山の恋愛話にしばしば登場する、月イチで養老乃瀧へ飲みに行く友人女性を、『前略おふくろ様』（P171参照）の三郎とかすみにたとえ、いつしかスタッフ一同「かすみちゃん」と呼ぶようになった。収録から2年。長すぎた春は夏へと移り変わったのだろうか。

官谷　我々住宅営業の場合、見込みのお客さんは1人だけじゃないでしょ？　2人、3人、4人と複数同時に並行して追いかけていくわけで。すべてのお客さんのゴールを契約に設定してるわけですから、「このお客さんはまだ今回（クロージング）じゃないな」とか、「次の次くらいかな」とか毎回、予測を立てて進めないといけない。

盛山　一人を相手に「あわよくば」とか考えてるんじゃ、話にならないですね……。

官谷　将棋には「三手の読み」※5という、3手先まで常に考えましょうっていうセオリーがあるんだけど。もちろん見立てが外れるというか、競合が出てきたり、予想と違う動きになることもある。2回先で契約をしようと思っていたんだけど、3回先にスライドさせるときもあるし。もしくは、「今日じゃないと、逆にピークが過ぎちゃうぞ」みたいなこともあるわけで……。

盛山　ピーククロージングの考え方ですね。なるほど、そういう意味で言うと、クロージングの場面を迎えるときには、「すでにクロージングっていう状態は完成している」みたいな感覚でしょうか。でも、その頃合いを判断するのは難しいですよね。

官谷　そうですね。まあ、売れる営業の人は皆さんそうなっていると思うんですけど、そのために実施するのが「テストクロージング」※6。

盛山　テストクロージング？　お客さんが、本当に購入する意思があるのかを確認するアクションのことですよね？

官谷　そう、通称テスクロ。営業力がある人は、これを毎回の商談で普通にやっているよね。

※5
三手の読み
将棋用語。「自分がこう行く。相手がこうしてくる。そこでこうしてやろう」という、駒を動かすうえでの基礎的な思考方法のこと。現在ではビジネスや人間関係の分野でも使用される。

※6
テストクロージング
通称テスクロ。顧客に契約する意思がどの程度あるのかを事前に探るセールステクニック。「〇〇の条件が整えば、契約していただけますか？」などと、契約を迫る前にあらかじめ前振りしておくことで、顧客に契約の意思が整っているかを確認できる。官谷は契約の前だけでなく、商談の各プロセスを進展させるためにもテストクロージングの使

「今日はちょっとテスクロかけてみました」みたいなことじゃなくて、初回接客からずっと、大なり小なりのテストクロージングをかけながら接客しているイメージかな。

盛山　もう少し具体的に教えてもらえますか？

官谷　例えば「いつ頃に建てられるご予定なんですか？」というのも広い意味でテストクロージングになる。それで「あ、建てる人だな」と判断できる。で、モデルハウスをぐるっと見てもらったりして、「この家ステキね」とか、「こういう家に住みたいわ」っていう感じになれば、ある意味、第一関門は通過でしょ？「うちで建ててくれる可能性ありだな」という。

盛山　ああ、なるほど。少し理解しました。核心に迫るような質問を、濁しつつ投げかけるみたいなイメージですかね？一つひとつのプロセスの中で、売れる営業パーソンはテストクロージングを自然にやってるっていうことなんですね？

官谷　そうそう。わかりやすく言い換えると、多分、盛山さんも本当は自分の深層心理の中でやってるはずだよ。「かすみちゃん、今日いけそうだな」とか、毎回、思いながらしゃべってる。養老乃瀧で。

盛山　そうかもしれないですね……なるほど。

官谷　ある日急にさ、突然「僕と付き合ってください」みたいな話をされても、向こうはびっくりするでしょ？仮にかすみちゃんが盛山さんのことを好きだったにしても。

盛山　え？それじゃダメなんですか？

官谷　ちゃんと前振りをしてくれないと、向こうだって心の準備があるしさ。勝負パンツも

用を推奨しており、トークもバラエティに富んだものとなっている。

はいてこなくちゃいけないとか。猫に餌やってきてないとかね。今日、泊まっちゃってもいいんだけども「あ、猫ちゃんが」とか。そのためにしっかり布石を打っておく。

盛山　はい、はい。「今度、遊びに行ってもいい？」みたいなことを軽く聞いておくとか、リアクションを見ておくみたいな感じですか？

官谷　あと、その時の拒否の仕方。「これ、全然可能性ないな」みたいな。「ものすごい嫌な顔されたな」とか。その加減を見ておく。

盛山　なんかすごく嫌な思い出が今、2、3個浮かびましたけど。

官谷　帰り道で、何度も後ろを振り返られちゃったりして。「盛山さん、付いてきてないかしら」みたいな（笑）。

■「断りじろ」をつぶす

盛山　テストクロージングがクロージングの時期かどうかを判断する、ひとつのテクニックになりそうですね。

官谷　うん。一つひとつ駒を動かすことで、お客さんを追い込んでいく。言い方は悪いんだけど、これはお客さんの「断りじろ」をつぶしていく作業でもあるんだよね。プランを提示するとか、ローンを通すとかっていうのは、お客さんが契約をする上での安心のためではあるんだけど、裏メニューとしては、「断りようがない状態」に持っていってる。

盛山　なるほど。断る理由を一個一個つぶしちゃうと。「断りじろ」っていうのはおもしろい言葉ですね。怖さもありますが。

官谷　例えばローンを通すというのは、もちろん「お客さんが安心して家を建てられる」という不安解消の意図もあるんだけど、お客さん的には、いざ結論を迫られると、「いや、まだいくら借りれるか、わかってないし」、みたいな逃げ口上を言いたくなることもあるでしょ？　そんな時に、「いや、だからもうローン通ってますし」っていうことで、その「断りじろ」をつぶしちゃう。

盛山　次でそろそろ成約かな、みたいなタイミングで、あえて「他社をもし見ていなかったら見たほうがいいんじゃないですか？」って言ったりするのも、「断りじろ」をなくす行動なんですね。

官谷　そうだね。例えば「構造案内」をやっていれば、「構造が気になる」っていう逃げのトークも使えない。「お金が心配だ」って言っても、ローンも通ってるしFPもやってもらってる。プランは予算の範囲内に収まってるし、「今日詰められてる。どうしよう」ってなったときに「断りじろ」がなければ決めるしかないよね（笑）。

盛山　ハハハ、ま、そういうふうには考えないと思いますけどね、お客さんは。

官谷　でも、お客さんが瞬間的に考えてるの、営業ならわかるよ。『ターミネーター2』のときのT‐1000※7が、溶鉱炉に落とされて「うわーっ」て、何に変化したら生き残れるのか、必死で試してみてるシーンみたいな感じ。わからない？

盛山　名作なので、かろうじてわかります。

※7
T‐1000
映画『ターミネーター』シリーズに登場する敵役アンドロイド。液体金属性のボディが特長で、どのような形にも変形できる。トークで触れているのは、溶鉱炉に落とされたT‐1000が何とか逃れようと様々な形への変形を試みるが、結局どうにもならず解けて破壊されていくという、『ターミネーター2』のラストシーン。

官谷　カニみたいになって、「あ、これでもダメか」って最後溶けてくシーンね。とにかく「断りじろ」をなくすってのは、お客さんが「全部やってもらっちゃってるから『もうちょっと考えたい』も言えない」って状態になること。これって、結果的には「私たちが一番素晴らしいと思ったものを選んだんだ」っていう満足度につながるのよ。

盛山　なるほど！「断りじろ」をなくすっていうことは、お客さんにとって100パーセント納得できる状態を作ってあげるってことでもあるんですね。

官谷　ラブホテルの前でじたばたしているカップルみたいなものでね、そこで男が強引に手を引っ張ったところで、スマートさゼロでしょ？　一回そうなったら女の人も絶対行かないよね。周りの目もあるし、全然スマートさがないっていうか。

盛山　結構、今のたとえはわかりやすいかもしれないです。

官谷　行かなきゃいけない状況をつくるのが男の役目だよね。役目っていうか使命かな。経験あるでしょ？　池袋あたりで（笑）。

クロージング③　クロージングへの布石【裏放送】

■「五分五分状態」を突破せよ！

盛山　とはいえ、先程の「売れる営業は毎回テストクロージングしてる」みたいな、具体的なテクニックっていうのは、ほかにもないですかね？

官谷　そうですね、営業指導の中でもよく聞く悩みなんだけど、次回の商談のアポが途切れちゃってるとか、もしくは次回のアポはつながってるんだけども、もう完全に機は熟してるにも関わらず、「実際のところ、どうなんですか？」って聞いてみると、「いや、五分五分ですね」って、ドツボにハマっているケースね。

盛山　ハハハ。

官谷　『どちらの提案も気に入ってる』みたいなことを言われて濁されちゃいました」とかね。五分五分って聞こえは悪くないんだけど、一番モヤッとしちゃうでしょ？

盛山　そうですね、追えばいいのかどうかがわからない。

官谷　断られる確率も半分残ってるってことだから、体よく煙に巻かれてるっていうかね。

盛山　そうですね、キープされてるみたいな。

官谷　営業担当も半分は期待してるんだけど、「半分断られちゃうかも」っていう可能性はずっと続いてるわけで、会社としても、その報告だけを聞いたら「うーん、じゃあもうちょっと頑張って」ってならざるを得ないわけですけど……「でも君、五分五分が3カ月も続いてるけど、これどうなってるの？」ってなるよね。

盛山　うんうん。

官谷　これは一番よろしくないわけで。だったら、6対4だったり、7対3だったり、最悪3対7でもいいからはっきり知りたいでしょ？　そのほうが手だてが打てるから。

盛山　もちろん、会社もそこは知りたいですよね。

官谷　こういう時には「ナンパー（何％）聞き」。

盛山　ナンパー聞き!?

官谷　技名を付けるならね。『侍ジャイアンツ』※8の番場蛮《ばんばばん》が投げる「エビ反り、ハイジャンプ、大回転魔球」みたいな感じで。あれ1球投げるのに18分くらいかかるんだよね。

盛山　なんですか？　侍……？

官谷　そう、『侍ジャイアンツ』ね。番場蛮。これ一気に昭和感出るな。

盛山　ハハハ。……で、ナンパー聞きとは。

官谷　要は迷ってるお客さんに「何％くらいですか？」っていうふうにズバリ聞いてみるとね、意外に答えてくれることが多い。

盛山　そうなんですか？

官谷　あいまいなままで引き下がらないで「何パーくらいですかね？」って言ってみると、

※8
侍ジャイアンツ
原作：梶原一騎・作画：井上コオによる漫画作品。主人公の番場蛮（ばんばばん）がバラエティあふれる魔球を駆使してライバルたちと死闘を繰り広げていくストーリー。魔球の投げすぎで心臓発作を起こし、マウンド上で絶命するという壮絶な最終回が話題となった（アニメ版では生存している設定に変えられている）。ちなみに、アニメ版最終回で魔球を投げるのにかかった時間は7分程度。それにしても長い。

意外に「まあロクヨンくらいでおたくかな」とかね。「えっ、まだ4割、他社さんアリですか？どの辺がですか？」って、そこが本音の入り口だったりするんだよね。

盛山　めちゃくちゃ役に立ちますね。なるほど、そこが一歩、踏み込んで聞ける切り口になるんだ。

官谷　そう。「7対3でもう、あっちはないかな」「えっ、その残り3割って、あと何が引っかかるんですか？」「いやー、プランはすごく気に入ってるんだけど、やっぱりどうしても総額が当初より150万円くらい上がっちゃったから」とかさ。実はここが結構ネックになってるってことがわかる。本音の部分で。

盛山　うんうん、本音ですね。

官谷　まあ本来の正しい使い方は、うちに分があるのをわかっている上で聞くんだけどね。

盛山　ハハハ。まあ、本音を聞き出すためにも使えるんですね。

官谷　もう8対2、9対1だとわかった上で、「ぶっちゃけお客さん、うちで決めてもらえる確率ってどれくらいですか？」って聞くわけですよ。だから、これも含めてテストクロージングのひとつになるのかな。あえてお客さんに、「もう、おたくでほぼ決めてますよ」って言わせるようなね。

盛山　なるほど。つまり、ある程度方向の定まった状況で、答えに誘導するようなテストクロージングってことですよね？

官谷　そう。でも、日本人のまじめさというか、「何％？」って聞かれると、なんだろう、質問に正確に答えようとする心理があるんだろうね。
盛山　ハハハハ。それをある種逆手に取ったような技術ですね。
官谷　かすみちゃんだっけ？　今度、聞いてみたらいいよ。「俺と付き合っちゃう可能性って何％くらいある？」みたいな。
盛山　本音が出てきてくじけそうな気がします……。

■金額の変更はこまめに伝える

盛山　この際なので図々しく聞きますが、そういうテクニカルな話ってほかにもありますか？　クロージングのキラーフレーズみたいな言葉とか。まあ、このクロージングっていうのは僕の誤解した意味でのクロージングなんですけど。
官谷　もうあれじゃないの？「今日は帰しませんよ！」。
盛山　ハハハハハハハ。それ、官谷さんの昔の上司の話ですよね。何回か前で出てきた。
官谷　「ロック・イン・ザ・ドア」※9でしょ？　玄関の鍵を閉めるっていう技ね。
盛山　ハハハハハハ。決まりかけてたものを破談させるという、フフフフフ。
官谷　まあ、あんまり小手先の話はしたくないし、クロージングの本質とはちょっと異なるんだけど、「〇〇がクリアになったら決めてもらえますか？」ってのは、テクニックとして大切なことですよね。なんだろう、ギブ＆テイクならぬ「成果＆ギブ」でね。
盛山　ハハハ。

※9
ロック・イン・ザ・ドア
この収録中に生み出された新語（技名）。詳細はVOL.4で既出の官谷の元上司とのエピソードを参照されたし。

官谷　「○○ができたら、うちに決めてもらえますか？」って、毎回やったらしつこくなっちゃうけど、資金計画で総額を出す時は重要だね。例えば、「このエリアだったら、土地と建物とで、大体3500万円くらいで収まりますね。お客さまのご年収、自己資金からだったら、お借り入れもできますし、いいと思います」っていう聞き方・伝え方は、基本だよね。

盛山　予算内だったら、家づくりへの意欲がワンランク、ツーランク高まる気がします。これはクロージングの基本なんですね。

官谷　そう。これは住宅営業のほとんどがやってると思う。

盛山　みなさん、やってらっしゃるんですね？

官谷　ただ本題はここから。商談が進んでいくうちに、「あれも付けたい」とか「土地をもっと便利なところにしたい」とか、追加でいろいろと要望が出てきて、そうなれば、もうその時点で「3500万円では無理だな」ってわかるでしょ？　でも勇気のない営業は、それをしっかりと言えないんだよね。

盛山　え？　どういうことですか？

官谷　「ちょっと予算、上がっちゃうかもしれませんね」ぐらいしか言わないわけよ。

盛山　あー、多分家づくりの意欲自体を削がないように、って配慮ですよね？

官谷　でも、ちゃんと業績を残せる営業は、「お客さま、すみません。今日のお打ち合わせで、奥様が薪ストーブが付けたくなっちゃったと仰ってましたが、それを付けると3500万円ではちょっと厳しくなりますね」「えー、どのくらい上がっちゃうんですか？」「正確には調べてからですけども、１００万円くらいは上がっちゃうかもしれないですね」と、こういうやり取りをするのよ。

盛山　上がる金額を大体伝えておくってことですか？

官谷　金額が上がることをはっきり伝えるってこと。「ちょっと増えちゃいますね」とか言ってると、どれくらい金額が上がるのかがわからないまま進んじゃったりするんだよ。

盛山　ぼやかされてて見積りでガツンと上がってたら、たしかにショックかもしれないですね。営業にその気がなくても、なんか騙された気になるかも。

官谷　そうなったら商談は楽しくないし、まあ当然、間延びもするでしょ？

盛山　予算に関するやりとりっていうのは、シビアにやらないと結果的にがっかりさせちゃうんですね？

官谷　予算にシビアになるっていうのは、本当に当たり前のことなんですけど、できてない営業の方が多いんですよ。

盛山　なんとなくわかります。僕もお金の話苦手なんで。

官谷　絶対ないがしろにしちゃいけないですよ。気持ちもわかるけど、伝えられないのは自信がないのかな？「なるべくだったら言いたくない」「最後にまとめて言いたい」みたいな心理があるんでしょうけども。

■秘技、「ゴールデン密談」!?

盛山　クロージングのテクニックを調べている中で「沈黙」っていうのが出てきたんです。要は、成約の場面でお客さんが悩まれているときに、沈黙ほど有効な手段はないと。「ゴールデンサイレンス」なんて言うそうなんですが、これって住宅営業でもテクニックになるんでしょうか？

官谷　なんだろう、今のでちょっと思い出した。ちょっと脱線しちゃうかもしれないけど、例えばほら、お申し込みをお願いするときってあるじゃない？　プラン作成とか、土地紹介とかの段階に進んでいく上で。

盛山　はい。それはよくあります。

官谷　「この先の商談は、5万円でお申し込みをいただいてから進んでいく形になりますが」っていう。

盛山　ありますね。いわゆる申し込み制度みたいな。

官谷　もちろん申込金の多寡ではなく、当社で建てる可能性があるかどうかの意思表示として申し込みをいただくんだけど、さっきの何だっけ、ゴールデンサイレンス？　みたいな技名を付けたことはないんだけど……。

盛山　大丈夫です。

官谷　無理しなくていい？　急に出てこないわ(笑)。例えば、ご主人と奥さまが目の前にいて、僕がお申し込みを進めている状況。ご主人は「もう官谷さんの会社で申し込みをしてもいいんじゃない？」って思ってる。でも、頭の中で「嫁はどう思ってるのかな？」とも思っているんですよ。一方、奥さんも「私も官谷さんのところでいいと思うけど、主人は何て言うかしら？」って思ってるわけ。だけど僕が目の前にいるから……イルカだったらしゃべらなくても意思疎通できるんだろうけどさ、僕がいたら、その会話がしにくいでしょ？

盛山 夫婦でぶっちゃけた会話をしたいってことですよね。

官谷 そういうときは、もう一回くらい申し込みの説明をして、例えば「キャンセルのときは返金しますよ」とか、一通りの説明をして、「ではちょっと私、資料を持ってまいります」とか言って、適当に席を外すのよ。

盛山 なるほど。気遣いで。

官谷 「おい、ちょっとどうする？ 俺はいいと思うんだけど」とか、ちょっと1、2分でも二人にしてあげることで意見がまとまるっていうのかな。

盛山 ああ、それだと二人で決めた形になりますね。

官谷 でも、気が利かない営業は、目の前にずっといて「ご主人どうでしょう？」「奥さま、いかがですか？」ってやってるから、二人も「うーん、うーん、どうしよう」みたいな感じでぎこちなくなっちゃって、「じゃあ、とりあえず家に帰って相談して、また連絡します」みたいな、馬鹿な話になっちゃうのよ。

盛山 あー、もったいない。

官谷 「おまえがいるからだよ」って話になるわけで。

盛山　気配り力ですね。

官谷　そう。だからそのときにパッと自分が中座する。「ここで考えててください。私ちょっと3分後に戻ります」じゃあ、身もふたもないでしょ？　だから、「すいません。ちょっと今、別の資料を持ってきますので」みたいな感じでね。

盛山　スマートですね。

官谷　戻ってきたときの表情でわかるわけよ。ドアを開けた瞬間に、「あっ、決まったな」って。奥さんの顔がくもってたんだけど、晴れやかになってるとか、ご主人も、「うーん」と言ってたのが、「後は、おまえ頼むよ」みたいに、もう奥さんに任せたみたいな感じになってたりとか。ゴールデンなんちゃらをつくってあげるから、それが生まれるわけ。そういう気配りは住宅営業のクロージングテクニックのひとつかもね。

盛山　アハハハ。その夫婦の感じ、イメージできます。だからゴールデンサイレンスじゃなくて、サイレンスを与えてあげるというか。なんか今かっこいいこと言おうとしたんですけど、思い付きませんでした。

官谷　なんか思い付きましょう。

盛山　ウフフ、お願いします。

官谷　僕もね、今すぐにはは出てこないな……ゴールデンはつけたほうがいいかな？「ゴールデン密談」とか？

盛山　ハハハハハ。

アフタートーク③

パワーワードを見逃すな！

盛山　官谷さんって、とにかく言葉にこだわりがありますよね。

小久保　勝手に造語も作っちゃうしね。

盛山　親雪崩とかですよね。

小久保　そう。言葉のチョイスにもね。例えば「三手の読み」とか「芯を喰う」とか。

盛山　しかも「食う」の字を「喰らう」にしたいっていう。こっちの漢字での表現のほうが、官谷さんにとっては「芯を喰う」ってことなんでしょうね。

小久保　そうだね、そういった言葉の部分は読者の方にも楽しんでほしいと思います。あえて普通の言い回しと違う表現をしているところがあるので。

盛山　言葉の表現とかチョイスって、官谷さんの営業メソッドの大事な部分を占めているような気がするんですよ。「本当の意味で伝えるために、言葉をどうするか」ってのは、ものすごく考えてますよね。

小久保　「いかに短い言葉で印象づけられるか」っていうことなのかな？

盛山　「○○研修」ってネーミングでも、例えば「ラブカンパニー研修」とか、自分の会社の話ができるようになりましょうっていう研修ですけど、まずネーミングがいいじゃないですか。「どんな研修なんだろう？」って興味が持てるのと、「受講したらプラスの効果がある感じ」がすごく伝わるというか。

小久保　ハハハ、そうかもしれない。

盛山　本当に1日や2日、時間をかけて考えてるとも仰ってた気がします。

小久保　ぐっと来たワードは商標登録するとも言ってましたよ。

盛山　僕なんかから見ると、すごく指導を意識してるんだなって思います。官谷さんが目の前の営業パーソンのスキルを上げたいってことだけじゃなくて、その人が部下とか同僚にその概念を伝えやすくなるってことを考えてるんだなと思って。

小久保　「ノンバーバル的にどう？」とかね。「そう言えば指摘しやすくなるでしょ？」っていう。

盛山　そうです。そのエッセンスはすごく意識されてるような気がしますね。

小久保　「芯を喰う」については、官谷さんが前職で営業をやってた頃から使ってたんですよ。

盛山　そんな昔からなんですか？

小久保　そうそう。当時、僕は水戸の映像制作会社に勤めていて、そのとき官谷さんの会社がクライアントさんだったの。担当は別の人間がやってたんですけどね。

盛山　へー。

小久保　制作の打ち合わせをする中で、当然「芯を喰う」「芯を喰わない」って表現が頻発するわけ。それがうちの担当者的にもハマったんだろうね。その人、それからしばらく「芯を喰わねーなー」

とか言ってたもん。

盛山　口癖が移っちゃったんですね（笑）。

小久保　うん。実際、官谷さんワードが研修の参加者に移っちゃうケースは多いらしいよ。これは本文には出てこないけど、「節目年《ふしめどし》」とかね。要は、子供が小学校に入学するとか、その家庭で建築の節目となりやすい年のことなんだけど。

盛山　なんか、パンチがあるんですよね。造語もそうで、「親雪崩」とか、同様の状況が営業の間で起こったときに「親雪崩、起きそうじゃない？」とか、「やっぱり親雪崩起きてんじゃん！」としか表現できなくなるというか。

小久保　ハハハ、罪深い（笑）。

盛山　ちょっとコミカルな要素も含んでて、だから言いたくなるんですよね。

小久保　パワーワードだよね。カットしたけど「盛山平野《もりやまへいや》」なんて言葉もあったよ？

盛山　え、そんな言葉ありましたっけ!?

小久保　何回聞いても恋愛で何も起こらないっていう、「ピークがない」って状況を揶揄《やゆ》して、官谷さんがそうやって呼んでたんだよね。

盛山　ハハハ、ノーピーク（笑）。なるほどたしかに。

小久保　盛山さんの恋愛の話はくどいほど出てくるんですけど、なんていうか、盛り上がりを全く意識しないで月1回食事に行くっていう状況を表す、ちょっと不名誉なワード？

盛山　ハハハハ。でも、たしかに恋愛においての何も起こらなさは「盛山平野」としか表せないかもしれない。命名していただいてありがたいです。

小久保　……いまだに平野なの？

盛山　やめましょうよ、この話。なんの広がりもないんで……（笑）。

Vol.10

業界専門性①

業界のプロ・エリアのプロ

「業界のトレンドがわからない」
「地域の情報に疎い」という営業パーソンが
良い営業成績を上げることは難しい。
なぜなら、時代や地域事情との関連性の中で
お客さまの問題を解決することが営業の仕事だからだ。

■お客さまのほうが詳しい時代

盛山 今回のテーマは「業界専門性」です。話を進める前に、改めて「なぜ住宅営業が専門知識を身に付けなければいけないのか」を伺いたいんですが。

官谷 僕も業界経験が25年目になるんですけど、今は昔以上に専門知識が求められると思う。ほら、僕が入った頃はスマートフォンなんかないからね。ネットも発達してない時代でしょ？だから、多少不正確なことを言ったとしてもバレないっていう。バレないっていうのは聞こえが悪いけど。

盛山 調べる手段が、今ほど豊富ではなかったですもんね。

官谷 そう。だから大ウソつきでも住宅営業ができてたしね。本当にウソつきが多かった。今は、ちょっと間違ったことを言ったら、ウソをついたつもりがなくたって瞬時にスマホでわかっちゃうからさ。なんだったら勉強不足の住宅営業なんかより、真剣に家づくりを考えているお客さんのほうが知識があったりするからね。

盛山 「お客さんのほうが詳しい時代」と言えそうです。

官谷 うん。だからその情報格差が起きないように、お客さんよりも常に一歩二歩、先をいってなければいけないわけで。今の若い住宅営業の方とかを見てても、大変だなって思うね。

盛山　そうですね。学ぶ範囲が多岐にわたるというか。

官谷　住宅のスペックや各種の基準はもちろんしっかり覚えなきゃいけない。それに加えてトレンド的なものも含め、業界として押さえておくべきニュースにも触れておかないといけないから、なおさら大変だよ。

■「モノ」売りから「コト売り」へ

官谷　まあそういうわけで、今回はいつもと順序が逆なんですけど、盛山さんに業界通として、昨今の住宅業界のトレンドって言うとちょっと大げさかもしれないけど、どういう工務店や、売り方、集客の仕方が増えてきているのか、少し聞いていきたいと思っています。

盛山　官谷さんの方から僕に聞くようなことがあるのか？　みたいな。緊張しますね。

官谷　まあ右から左に流すかもしれないけど（笑）。

盛山　アハハ。そうですね、語るには相手が悪いですが頑張ります。

官谷　いやいや、自信もってやってよ。

盛山　始めますね。まずひとつトレンドとして思い付くのは……これは住宅業界だけの話ではないんですが、「モノ売り」から「コト売り」への変化があると思いますね。例えば無印良品※1とかをイメージしていただけるとわかりやすいと思いますが、「丁寧な暮らし」なんて言葉が流行っていますよね。「身の回りには気に入ったものだけがあって、休みの日には

※1
無印良品
株式会社良品計画が展開する商品ブランドでありショップ。年齢や性別を問わず幅広く自社ブランド商品を展開して多数のファンを獲得、家の中の物が「これも無印」「あれも無印」な状態の人が結構いる。主張しない商品テイストでありながら「無印っぽさ」を共通言語にした存在感はすごい。その勢いで「無印良品の家」も販売。もちろん建てているのは地域の（加盟）工務店だ。

家の中のお気に入りの場所でお茶するのが最高の幸せ」みたいな。そういう暮らしを営んでいる夫婦や家族のイメージ（コト）を先に見させてから、個々のモノを販売しているという。

官谷　なるほどね。

盛山　それに合わせて、例えば商品名がただの「〇〇のシャツ」とかじゃなくて、「オーガニックコットンを使った〇〇のシャツ」になってきたりとか。さっき挙げたような暮らしぶりを想起させるように変えている感じです。

官谷　住宅だと、家自体よりどう暮らすかがメインになるってことね。

盛山　例えば車のＣＭなんかも、今はもう車自体を映すよりも、車でアウトドアに出かけて、子どもと遊んでバーベキューする家族が中心に映されるみたいな。

官谷　そうね、うん。

盛山　同様の流れが、住宅業界にも遅ればせながら入ってきてると感じますね。その流れかなと思うのは、一部の営業の打ち合わせ手法も従来から少し変化をしていて。

官谷　どんな変化をしているのかな？

盛山　例えば、インテリアから提案していく手法です。最初にお客さんの好きなテイスト、あるいはスタイルを聞く。次に、どんなソファがいいか聞く。聞き方も「どんなソファを囲んで休日を過ごしているイメージが、お客さんにとっては気持ちいいですか？」とか、暮らしのイメージを膨らませながら家づくりをする、みたいな。もちろんまだごく一部ですが、そんな営業スタイルは客層の変化を表していると思います。

※2
FLYMEe
国内最大級の家具・インテリア通販サイト。大手の家具店では出会えない個性的な家具を探すことができ、価格もブランドによってはリーズナブル。眺めているだけでも感性が刺激されるが、時折とんでもない額の家具が眼に飛び込んでくるのはインテリア業界のご愛敬。

※3
RoomClip
住まいをテーマにしたＳＮＳサービスで「実際に住んでいる部屋を投稿」がコンセプト。今まで他人の家の中が気になっても垣間見ることはできなかったので、それに特化したＳＮＳが出てきたのも必然か。

官谷　うん、うん。

盛山　ただモノを売っても売れない。それがある暮らし（コト）をイメージさせるような売り方じゃないと、もう今の生活者には響かないよって、半ば常識のように言われてはいますね。そういう話でいうと、営業は今の人がインテリアをどういうところから買っているのかとか、どうやって情報を得ているかなどは最低限知っておいたほうがいいのかなと。

官谷　そうだよね

盛山　例えば、FLYMEe《フライミー》※2ってインテリアのウェブサイトだとか、SNSだとインスタ、RoomClip《ルームクリップ》※3とか。「そういうサイトで、見たんですけど」ってお客さんに言われたときに、「なんですか、そのサイトは？」となってしまうと、だいぶ心の距離が離れちゃったりするのかなと思います。

官谷　なるほどね。「ああこの人、全然ついてこれてないわ」みたいな。

盛山　はい。別に隅々まで知っておく必要はないと思いますが。例えば、ホテルライク※4っていうスタイルがブームになってたりするんですけど、「は？　ホテルライク？」ってなっちゃったりすると、1回そこで話が止まっちゃったりするのかなと。

官谷　「業界人じゃないわ」みたいな形になっちゃうね。

盛山　この配信の最初でも「ノンバーバル」って回があったと思うんですけど、服装も昔の営業マン然とした格好のままでいると、その時点で敬遠されちゃったりとか。そういうこともひとつの流れなのかもしれないですね。ちなみにスタイルで選ぶ住宅商品でいうと、ある

※4
ホテルライク
「（海外の）ホテルのように」生活感が出ないように工夫されていて、パーティができるような空間で、一方、部屋ごとにメリハリの利いたテイストの変化があるイメージ。具体的要素としては壁にぴったり納まった収納、リビングは広く仕切りが少なめ、間接照明を用いる、全体は奇抜な色遣いを抑えたシンプルな配色、ベッドルームに注力する（建築家照明や質感のある素材）といった点が要素として挙げられる。

工務店とネットワークが展開している「Rasia《ラシア》」っていう商品であったりとか、VC展開※5しているジョンソンホームズさんなどが提案している商品などがあります。

官谷　なるほど、スタイルで選ぶ。

盛山　あとは、異業種とコラボするみたいな流れも少し出てきています。住宅会社が異業種とコラボする目的っていうのは、そのブランドのファンを取り込んだりとか、それこそ、モノ売りからコト売りのイメージに脱却するってことだと思います。例えば、「ゼロキューブ」で知られるライフレーベルがフリークスハウスっていうファッションブランドとコラボして規格住宅を展開したり、ある工務店さんが地方でアウトドア商品の有名ブランドであるスノーピーク※6とコラボして、コラボ分譲っていうものをつくったりとか。

■工務店の展示場にも変化が

官谷　モデルハウスはどう？ 在り方が変わってきてるのかな。昔でいうと、まさに何十坪のモデルハウスが総二階でどーんと建ってて、付いてるキッチンが標準でとかで、坪何十何万円からなんて書いてあるのが当たり前だったんだけど。今はそれも変わってきてるのかな？

盛山　あ、その前にひとつ、お話しさせていただくと、やっぱり平屋ブームみたいなものがあって。

官谷　長いよね、平屋ブームってね。

※5
VC展開
VC＝ボランタリーチェーン。同じ目的を持った小売店同士が組織化し、チェーン展開したもの。FC（フランチャイズチェーン）と比べて横のつながりが強く相互助成がしやすい特徴がある。

※6
スノーピーク
日本のアウトドアブランド。金属加工で有名な燕三条に本社を構え、道具としての頑丈さと機能美を追求している。近年は「大人の野遊び」をテーマにカッコよさを打ち出し、アウトドアアイテムを日常生活に取り入れるスタイルを浸透させた。近年のキャンプブームは彼らが仕掛けたとかそうじゃないとか。

盛山　そうですね。しかもこの平屋ブームは、まだまだ続くのかなと思いますね。リタイア世代を中心に、もう少し若い世代にもブームが来ていて。これも平屋に住む暮らしってものからイメージされるような、コト売り的なパターンでもあるのかなと思うんですけど。それがかなりブームになっていて、地方で平屋専門店が何店舗も台頭しているような地域があるくらいです。規格住宅でいうと、BinO《ビーノ》やフリークホームズ（現BinOに統合）の「COVACO《コバコ》」、カーサの「casa piatto《カーサ ピアット》」、ほかに「STAND BY HOME《スタンド バイ ホーム》」とかですかね。

官谷　モデルハウスはどうかな？

盛山　はい、ひとつ言うと、移動型展示場っていうんですかね。建てた後にお客さんから借り上げる形で、半年間の期間限定とかで街中のリアルな展示場として稼働させるっていうケースがあたり前になってきましたね。

官谷　たしかにね。ほかにはどんなものが？

盛山　もうひとつは複数の工務店で合同展示場を運営していくっていうケースが、数年前からちらほら出てきています。

官谷　出てきてますよね。工務店が何社かで一緒に集客する。

盛山　はい。「工務店単体の集客力では、ちょっと厳しくなってきたぞ」という流れで。僕の取材経験から少し例を挙げると、２０１４年に岡山で開催された「岡山工務店ＥＸＰＯ※7」という、工務店16社によるかなり大規模な合同展示場がありました。その辺りからかなり増え始めて、その後香川で行われた「香川家博《いえはく》※8」も話題になりました。その頃の合同展示場っ

※7
岡山工務店ＥＸＰＯ
２０１４年より岡山で開催されている合同展示場。「地元工務店がつくるリアルサイズのモデルハウスが見れる」というコンセプトで企画され、初回は約半年の期間中５０００人を集客。地域工務店による大規模なチャレンジの成功例として全国から視察が訪れた。

※8
香川家博
香川県で開催されている合同展示場。２０１６年のオープン時には4か月の開催期間中1万人もの来場を達成している。協賛を集めて各社の広告費等負担を軽減したり、ICカードでモデルハウスへの来場者を認識したりといったパワフルな運営が話題になった。

ていうのは、ユニークな組織運用の経験者や、吸引力のある不動産会社の経営者などが中心になってまとめていった、かなり大規模なものだったんですね。香川家博は第2弾が実施されたりとか、結構大きなムーブメントになりました。

官谷　そうなんだ。

盛山　で、最近の流れでいうと、この小型版みたいなミニ合同展示場が増加傾向にあって、各地で目立っているかなと思います。さっきの大規模なものとは、ちょっと運用の仕方が違っていて。僕は「シェア世代」というふうに呼んでもいいのかなと思ってるんですけど、30代後半から40代前半の専務世代※9の人たちが中心となっています。

官谷　2代目、3代目の人たちね。若い経営者、増えてますもんね。

盛山　はい。彼らが親父たちを見ながら育って、なんて言うか「シェア感覚」をすごく持ってるんですね。

官谷　若い経営者のそういう感覚っていうのはすごくわかりますよ。「一緒に良くなっていこう」っていうのを感じます。

盛山　そうですね。ＳＮＳで勉強のためのグループをつくったりして、「戦うべき相手はハウスメーカーである」とか、もっと大きな市場を見据えてノウハウを共有し、共同戦線を張るイメージがありますね。成功例としては、青森にミライエプロジェクトという工務店6社のグループがあって、２００９年くらいからやってたりします。

官谷　もう10年目ですか。

※9
専務世代
30代～40代前半くらいの若い二代目・三代目（もしくはそれ以上の）経営者候補。技術傾倒が強かった親の代をリスペクトしつつもマーケティングなど現代に必要な経営センスも学び備えており、中には現場管理から設計・営業まですべて経験している猛者も。他方で、婿として業界に入ってきた事業継承者が俯瞰した視点で事業を多角的に成功させている事例も目立っている。この世代の経営のバランス感覚が業界を面白くしている要因だ。

盛山　はい。すごいですよね。スタート当時は高気密・高断熱、省エネ住宅みたいなものが盛んに宣伝し始められた時期で、「そんな住宅は工務店には建てられないだろう」っていう逆風が吹いたそうです。そこで「工務店にも建てられますよ！」と、工務店6社が結束して1〜2年ごとに6棟くらいのミニ合同展示場を展開しています。

官谷　それはこれからも続くのかな？　それって、「増税までは共同戦線で、共に戦っていこうぜ」っていう一時的なものなの？　それとも、「大手ハウスメーカーと渡り合っていくために、この先も共同して戦っていきましょう」っていうやり方なのかな？

盛山　そうですね。「集客力が落ちないように、協力してやっていこう」ということだと思います。

官谷　ということは、やっぱり「集客が最大の共通の目的」ってことになるわけ？　そこから先は当然ガチガチに競合するわけじゃない？

盛山　そうですね。でも、彼らはそういう考えよりも、それこそ本当にシェア世代で。例えば、その6社の中の1つの工務店の社員であっても、6社全部に対しての知識を持って案内をしてたりするんですね。

官谷　なるほど。じゃあ、自社だけじゃなくて一緒に共同でやってる残り5社の良いところとか悪いところなんかも、まあ悪いところはわからないけど、それぞれ知ってて。

盛山　そうです、そうです。

官谷　じゃあ、お客さんが見に来ると、6社行かせる感じなわけだ。「うちは何社目ですか？」

みたいな。「じゃあ、この後あまり引きとめちゃうとあれなんで。あと残り4社、頑張って見て来てください」みたいな感じなんだ。

盛山　そういうことですね。ちなみに去年でその6社の合同展示場も6回目になっていて。

官谷　その6社は変わらないわけだ。

盛山　6社は変わらず。

官谷　じゃあ本当に仲がいいんだね。経営者っていうか、その専務世代の。

盛山　6社が6社のまま、これだけ長いことできている例はすごく珍しくて。

官谷　なるほど。時代は変わってきてるんですね。

■CRMとMAと大間のマグロ？

盛山　いまの営業力の低下の話に関連付けられるのかもしれないですけど、システムの変化も顕著です。CRM（カスタマー・リレーション・マネジメント＝顧客管理）を活用することが本格化してきています。そのCRMにマーケティング・オートメーション（MA）※10がいよいよ入ってきたぞっていう。

官谷　ああ、SATORI《サトリ》みたいな。

盛山　そうですね、SATORIとか、セールスフォースは有名ですよね。ほかにもKASIKA《カシカ》とか。ニッチなサービスがいろいろ増えてきたことがあって、本格的に住宅会社のCRMにもMAの機能が入ってきました。

※10
MA
マーケティングオートメーションの略。WEBサイト等を訪問した顧客情報（接触・行動履歴）をAIが解析することで「成約に近い顧客」のランクを割り出すことができる。またそのランクを上げるためにメルマガを送付するといった機能も搭載されているのが一般的。工務店向けにもいくつもサービスがリリースされており、今後当たり前に活用されていくと予想される。

官谷 それってさ、営業が究極、極限まで退化してるってことでしょ？

盛山 ハハハ。そう見えます？

官谷 要は、お客さんの情報を見ても読み取れないというか、「建てる人」かどうかわからないってことでしょ？

盛山 まあその、それこそ標準化・省力化というか。

官谷 まあ標準化や省力化だよね。いい言い方をすれば。

盛山 「一人雇うよりシステムを導入したほうが成果が出る」みたいな……とにかくまあ、アルゴリズムがあって、それでＡＩが判断して「今、このＡという顧客の購買意欲が高いぞ」と、アラートしてくれるという。

官谷 怖いよね。本当、ターミネーターの世界に来たね。

盛山 アッハッハ。

官谷 本当に「全部機械がやりますよ」みたいになってきた。

盛山 そうですね。お客さんを育成するためのメルマガみたいなものも代行して執筆してくれるサービスなんかもあって。

官谷 スカイネット※11だね、本当に。

盛山 「顧客育成を完全にアウトソーシングできるんじゃないか」みたいなことを、現場にいない僕なんかは勝手に妄想したりはします。もちろん家は高い買い物ですから、最終的に人が後押しをしない限り売れないだろうとは思うんですけど、営業と顧客との接触のあり

※11
スカイネット
映画『ターミネーター』シリーズに登場するAIコンピューター。自己存続を最優先に活動するように設定されており、自らを破壊する可能性のある人類を滅ぼすことを目的としている。

方っていうのは変わってきますよね、きっと。

官谷　そう思います。そういう意味で進化するのはすごいことで、自動運転※12にしたって事故は起きないほうがいいしね。居眠り運転とか、よそ見も発生するわけで、自動でブレーキがかかるのはすごくいいことだけど、今開発してるMAって、自動運転でいうと「ドア閉めたら酒飲んで寝ちゃっていいよ」くらいまでの未来を目指しているわけでしょ？　でも、ハンドルをつけないレベルまで進化させちゃうのは、いかがなものかね？

盛山　そうですね。「今、電話すれば、成約できる確率が○○パーセントですよ」とか。

官谷　しかも最終的には、「メールの文章も勝手に作って送信しときます」みたいな。人が要らなくなるってことでしょ？　まあ、どこまで実現できるのかわからないけども。

盛山　ちょっと怖いですよね。

官谷　僕、あれ好きなんだよね。年末に放送してるじゃん？『マグロに賭けた男たち』※13っていう番組。

盛山　ああ、それが、すしざんまいの社長※14に競り落とされる、みたいな番組ですよね？

官谷　そうそう。すしざんまいかどうかわからないけどさ、いつも大間のマグロ漁師が出てくるの。山本秀勝さん。

盛山　そういう有名な方がいるんですね？

官谷　そう。有名っていうか、まあ視聴率の取れる人がね。もうさあ、ボロい船乗ってんのよ。

盛山　アハハ。年季が。

※12
自動運転
ドライバーが行っている、認知、判断、運転操作等を人間の代わりにシステムが行うもの。レベル1からレベル5までの定義があり、レベル5では、システムが全ての運転タスクを実施し、人間が操作に介入する必要がなくなる段階を想定している。

※13
マグロに賭けた男たち
テレビ朝日制作のドキュメンタリー番組。主に青森県の大間崎のマグロ漁師にスポットを当て、ハイテク機材の導入など時代とともに変わりゆくマグロ漁業の様子を記録している。

官谷　で、いつも何かしら壊れるのよ。まずソナーが古い、みたいなね。

盛山　綱渡りなんですね……。

官谷　魚群を見つけられないわけよ。それに比べて他の漁師は最新鋭のソナーが搭載された漁船に乗ってるから、魚群をすぐ見つけるわけ。で、みんなその方向に、バーッと集まって魚群を追いかけてるんだけど、山本さんの船だけはソナーが壊れてるから、勘なのよ。

盛山　アハハ。めちゃくちゃ面白い。

官谷　なんだったら、その魚群を追いかけていった人たちを追いかけてく、みたいな。ようやく追いつきました、で、そこから糸を垂らして釣りを始めるんだけど、今度は「自動巻き上げ機も壊れてる」みたいな。

盛山　もうボロボロじゃないですか！

官谷　いざマグロがかかったら、何百メーターってマグロが逃げてくから、巻き上げなきゃいけないでしょ？　でも、人力ではマグロと格闘になっちゃうから、ある程度機械でギューッと巻き上げていくんだけど、それが壊れてるのね。だから仕方なく自分で軍手して一生懸命引っ張ってる。あれ見てると、やっぱり思うよね。「デジタルも必要だな」と。

盛山　ウフフ。

官谷　たしかに漁師としてのキャリアは何十年とあるんだけど、古いやり方でやってるんだよ。で、ソナー壊れてるでしょ？　巻き上げ機壊れてるでしょ？　その後、ある程度近づいてきたら、今度は電気ショッカーってやつをやるんだ。

※14
すしざんまいの社長
「すしざんまい」は株式会社喜代村が経営する寿司チェーン店。社長の木村清は毎年1月5日に築地・豊洲市場で行われる初競りにおいて、ほぼ毎回クロマグロを最高値で落札していることで有名。過去最高値は2019年の3億3360万円

盛山　仮死状態にする、みたいなやつ？

官谷　そう。マグロをびくびくってさせて、ダラーンとなったところで引き上げる。ところが、この電気ショッカーも壊れてたりするわけよ。

盛山　全部壊れてる。

官谷　もう見てると、イライラするわけよ。

盛山　でも、最終的には捕まえるんですか？

官谷　いや、それが滅多に捕まえられないのよ。だから画になるんだけども。こっちも感情移入して見てるんだよ、山本さん大好きだから。途中イライラしつつもね。ようやくかかったと思ったら、電気ショッカーが壊れてるとか。やっぱり漁師としての腕もノウハウもすごく大事なんだけど、時代に合わせたやり方、デジタルとアナログの融合が必要だなって思うよね。

■デジタルだけで家は売れない

官谷　どの業界も技術は進歩してきてるわけじゃない？　中にはすごい漁師さんがいるのよ。最新のソナーが付いてる最新の漁船でさ。歳は若いんだけど、その分体力もあるし。で、全て最新鋭だからコストはかかってるんだけど、ばんばんマグロを釣り上げて、あっという間に借金を返して黒字になるっていう。そこいくと、山本さんはいっつも、「今年も釣れなかった」みたいなことをやってるからさ。そういうのを考えると、さっき聞いたみたいに工務店みんなが集まって「一緒に集客しようぜ」ってのも、すごくよくわかる。

盛山　それにプラスして、MAみたいなデジタル的なものを併用して取り入れていくのも当たり前になってくるのかな、とは思ってます。

官谷　MAである程度のところまでフラグが立ったお客さんに対して、電話を入れるとか、DMを送るとか、訪問するとか、対応するっていう。ごく少数の営業が残れば、「あとはもう機械がやるよ」みたいな話になっちゃうんだろうね。

盛山　時間をかけて徐々にそうなっていくと思います。もう不動産業界ではかなり浸透してるそうなので。ただ、それと営業力は別物だな、とは思いますが。

官谷　まあ、見込み客になる前の潜在客の動きって、それこそ魚群のソナーとかじゃなきゃやっぱりわからないじゃない？「どこにマグロがいるんだ」じゃないけども、「どのお客さんが、どういう動きをして、今、うちのホームページのどこを見てくれてる」とか「こういうお客さんが何人いますよ」みたいなものは知りようがないから、MAはすごく有効だと思いますよ。

盛山　そうですね。

官谷　ただ、そこだけになってしまうと……なんだろう、『刑事コロンボ』※15的な嗅覚っていうかさ。山本さんの……山本さんじゃあまりたとえにならないな（笑）。

盛山　アハハ。まあそうですよね。

官谷　アナログさがなくなるっていうのかな。それこそ本当に、「魚群探知機が壊れたら、

※15
刑事コロンボ
米国、ユニヴァーサル映画によって制作されたテレビドラマ。社会的地位の高い犯人がもくろむ完全犯罪を、「うちのカミさんがね」のセリフでおなじみの刑事コロンボがユーモラスな語り口とともに着実に突き崩していくという展開が人気を博し、日本でも1968年より放送された。日本語吹き替えは小池朝雄

もうどこに船を出したらいいのかわかりません」ってなっちゃうのも、ちょっと怖いよね。住宅営業としては。

■営業は嫌われている?

盛山 営業のトレンドとしては、設計が営業も兼ねることで「営業がいない」をうたうスタイルの工務店が伸びています。その流れで取り上げたいのが、「営業嫌われ問題」っていうのもあるかなと思ってて。

官谷 そうね。昔からあるね。

盛山 「営業っていう言葉が敬遠される問題」といいますか、多くの工務店と話をする機会があるんですが、営業っていう言葉を使わなくなってきていると。

官谷 その話、以前もどこかでしましたよね。

盛山 そうですね。スタイリスト、アドバイザー、暮らしのパートナー、ソムリエ等々ということですね。とにかく、営業っていう言葉を敬遠する傾向は業界全体にあると思いますね。

官谷 だよね。

盛山 はい。工務店の営業の仕事が多岐に及んでいたり、コト売り的な印象付けってことも背景にあるのかもしれませんが、エンドユーザー側の営業嫌いを反映してっていうのが最大の要因じゃないかと思いますね。だから仕方なくそういう名称に変えている工務店も中にはあるはずです。官谷さんは、どう思いますか?

官谷　一昔前の住宅営業には、いい加減な人が結構多くてね。「無理強いする」っていうか、口八丁、手八丁でさ。さっきも言ったけど、不正確なことを平気でべらべらしゃべるとかね。「お客さんが知らないことをいいことに」みたいな。

盛山　事実として、そういう営業もいたってことですか？

官谷　うん。だから、情報がこれだけ発達してくると、「営業いらないいんじゃね？」みたいな感じにはなるよね。「別に営業の人に聞かなくても、ちょっと調べたらわかるし」とか。だから、この話は営業の存在価値の話でもあるね。

盛山　うーん。

官谷　例えばお金の話はＦＰの人におまかせだったり、設計といっても、営業がお客さんの話をふんふんと聞いて、横で設計の人が黙ってメモを取ってて。「どういう家にしたいんですか？」みたいなヒアリングは全部営業がするんだけど、実は横でメモを取ってる設計の人が本当のプロで。だけど、「いいプランできましたよ」ってしゃべるのは、全部営業担当みたいな。

盛山　そうですね。

官谷　それじゃ当然、「直接お客さんが設計の人と打ち合わせしたほうが効率的」みたいな流れになるよね。

盛山　そうですね。そういう販売スタイルの工務店も実際に好調ですし。ただ、官谷さんの話を聞いていると、設計ができること＝営業力にはなりませんよね。営業力自体は、別個で学ぶ必要があるってことを強く感じます。

官谷　例えば、プランにこだわりのあるお客さまが来られたら、営業をすっ飛ばして設計の人とダイレクトにしゃべれるなら、すごく価値があるかもしれない。さらに、そのお客さまが予算を潤沢に持っている人だったら問題ないんじゃない？　だって、直接設計の人としゃべれて、ある程度お金は自由になるし、要望は軒並み叶えられるんだもん。これはもうＷＩＮ・ＷＩＮ。お互いハッピーでしょ？

盛山　そうですね、ヒアリング力の高い設計の方に当たるのであれば。

官谷　ただ、そんなお客さんが、何人に1人いると思う？

盛山　うーん、１００人に1人くらいですか？

官谷　そうね。つまり99％のお客さまは予算が限られてる。しかもA社、B社、C社の中から選んでもらおうっていうときに、設計力だけでそのお客さんの受注を取れるの？　なかなか「そうはいかんざき」※16ですよ。……ここ、すごく重要だからメモ取っといてね。

盛山　アハハ。

官谷　ちょっと古かったな。

盛山　全然、わかりませんでした。

官谷　わからないよね、うん。今ね、昭和世代の人は、ちょっとくすって笑ってると思うけど。古過ぎたね。

盛山　アハハ。「いかんざき」ですか。

※16 **そうはいかんざき**
日本の政治家、神崎武法（かんざきたけのり）が、代表を務めた公明党の政党コマーシャルで2001年に使用されたフレーズ。神崎の真面目で一本気な性格とダジャレ好きな一面から、この名フレーズが生まれた。

■結局、現場は営業力に依存している？

盛山　まあ本当に「いかんざき」で。モノ売りからコト売りにってトレンドがあるという話を自分でしておいてなんですが、実際に現場の人に話を聞くと、「打ち合わせ時間ばかり長くなって、今でもモノ売りのほうが売れてる」っていうのが現実でして。

官谷　現実ですよね。よくわかる。これだけ規格住宅の商品が出てるのは、皆それがわかってるからだよ。

盛山　はい。なので、こう言っていいのかわかりませんが……結局、今も営業の力が住宅会社の成約のほとんどを担っているのではないかと。

官谷　やっぱり、新しい言葉が必要なんだよね。「営業力」っていう言葉で表現しようとしていると、ずっと古いトレンドだと思われちゃうんだろうね。ほら、「おもてなし」が「ホスピタリティ」になって再評価されたようなものだよ。「営業」とか「営業力」っていう言葉を、新しい言葉で上書きしなきゃいけないんだよね。

盛山　そうですね。「決断させる力」みたいな。ある意味、決断してもらったほうが幸せになれるケースが多々あるわけじゃないですか。これは業界あるあるだと思いますが。

官谷　うん。だってね、昔から変わらないけれども、売れる営業の人って「コト売り」が上手じゃない？「こうなったら、こんな家が建って、こんな暮らしができて、ステキですよね？優しいご主人ですね」とかね。「いいお考えですよね。うらやましいですね」とかって言いながらさ。

盛山　たしかにそうですね。本当にそう思います。

官谷　で、「今日、お返事いただけます？」みたいな部分も出しながらも、きちっとイメージをさせるっていうか。「決して僕は目の前の商品を買っていただきたいから、今こう言ってるんじゃないんですよ」っていうのが必要でね。商品のボリュームが大きくなればなるほど、コトの部分をいかに伝えてバランスを取って中和させるかが大事。売れる営業は、今も昔も無意識のうちにやっているはずですよ。

盛山　その通りですね。そうだったのか。

官谷　うん。そう。

盛山　売れる営業パーソンは、今さら言われなくても「コト売り」を自然にやってるっていう。

官谷　昔から普通にやっていたはずなんですよ。「どう猛」「肉食獣」みたいな営業の悪いイメージを取り上げて否定的に言われることもあるけど、本当に売れる営業は、昔からハイブリッドですよ。モノを売るし、ちゃんとコトも売ってる。「何のために建てるんですか？」みたいな聞き方で、きちっと琴線に触れるっていう。まあいわゆる「芯を喰う商談」っていうのは、昔も今も変わらないと思う。

盛山　そうですね。図らずとも、まとめみたいな話をしてもらっちゃいました。まあ、お客さんの感覚も少しずつ変化してきていることを知るきっかけになってくれればうれしいです。その上でどういう提案をしていくかは、今おっしゃってくれたみたいに、モノ売り＋コト売りのハイブリッドでやっていくのが有効な手段なんでしょうね。

官谷　例えば「業界のプロ」っていう今回のテーマでいうと、中途であっても新卒であっても、年がお客さんより若くても、「プロだよね」って一目置かれる部分は、絶対に必要じゃない？

盛山　うんうん。

官谷　お客さまのほうが年収が高かったり、年齢が10も15も上だったりして人生の先輩かもしれないけれども、「このエリアで土地を探してるんだったら、僕のほうが詳しいですよ」とか「平屋を建てようと思ってらっしゃるんだったら、うちの会社はものすごくノウハウがありますよ」みたいなのが大事なわけ。

■まずは「エリアのプロ」になろう

盛山 さて後半は、業界専門性の実践編に入ります。官谷さんが営業パーソン時代に気をつけていたのはどんなことですか？

官谷 まず、エリアの熟知というのがすごく大事だと思いますよ。一昔前は、そこだけで飯を食ってたような人もいたけどね。地元のつながりだけで食べていける、みたいなさ。

盛山 まあ、昔は情報も限られてますし。

官谷 うん。ある程度家を建てていくと、お客さんがつながるんですよ。「商談中のお客さんが元オーナーさんの同僚」なんてのは、やればやるほど出てくるでしょ？

盛山 うんうん。

官谷 例えば、「いや、実は僕の友達はおたくで建ててるんだよ」とかね、「親戚が建ててる」とか、「会社の同僚が建ててる」なんてのは、どんどん出てくるわけ。だから、やっぱり地元力というか、エリアに詳しいってのは、何においても大事だと思いますよ。

盛山 エリアのプロになるための近道としては、どこからいくのがいいですか？

官谷 まずは当然だけど土地。相場とかね。知識が浅いのに「探してみます」って安請け合いしちゃう人が多くて。「条件に合う土地が出たら連絡します」みたいな約束をしちゃえば、探さないわけにはいかないし。

盛山　めちゃくちゃ基本ですね。

官谷　「その場所で、そんな値段で出てくるわけないだろう」とならないように。「お前んちの実家、売れ」って話になっちゃうわけよ。

盛山　ハハハ。

官谷　例えば、目の前にいる若い営業が、建物の知識が浅い。本当はこの時点でダメなんだけど、お客さんも土地を探している手前、そこはぐっと我慢している。ただ、そんな状況で、「あっ、ちょっと僕、あまりこの辺のことわからないんです」ってなっちゃったら、これはもうアウトだよね。完全に。

盛山　まあ、そりゃそうですね。

官谷　一発退場だよ、レッドカード持ってたら出されるよ。……なんだろう、建築のプロになるのって難しいじゃない？

盛山　めちゃくちゃ深いです。建築の世界。

官谷　もちろん2級建築士とかを持ってれば最高なんだけど、そこを目指す前に、「住宅営業ならエリアのことを知っておけよ」っていうことだよね。

盛山　そうですね。そういう人に頼みたいですよね、地域に詳しい人に。

官谷　「せめて発展途上でいろよ」っていうさ。まだ建築や土地の相場は勉強中だけれども、

「美味しいラーメン屋※17を見つけました」とかね、そういう地元になじむことに対しては積極的であるべきだよね。「あそこの公園、この間行ってみたんですけど、やっぱりいい所ですよね、人気あるのがすごくわかります」みたいな。ちょっとでも地元の情報を聞きかじってとか、自分で体感してとか、そういった努力がないと。

盛山 それって、営業としての成果にも響いてきますか？

官谷 うん。家を建てようとして、「本当にこの土地でいいのかな？」って、やっぱり迷うじゃない？「絶対ここがいい」ってピンポイントの人もたまにいるけど、土地を買おうなんて思ってる人のほとんどが、家を建てようと思う直前まで「どのエリアがいい」なんてことを考えていないから、いざ家を建てるとなった瞬間に「ここは1000万円、こっちは1500万円で、500万円も違う理由は何だろう」とか考え出すわけ。「もうちょっと安いのが出てくるんじゃないか」とかって、すごく迷う。

盛山 そうですね。すごくわかります。その感じ。

官谷 そのときに、全然地元のことをわかってない、美味しいラーメン屋さんひとつ知らない、病院とか、「どこの駅が一番便利ですよ」とか、「どこの小学校区が人気なんですよ」とかもわかってないのでは、相談する気にもならない。

盛山 お客さんは長いこと住むわけですもんね。

官谷 住宅や会社のコンセプトが気に入っているお客さんだとしても、地元力の低さでつまづいちゃう。そこから先のプランニングとかは、「僕はまだキャリアが浅いから、先輩に出

※17
美味しいラーメン屋
外食に関する話題として最も使い勝手がいいのがラーメン屋。値段も手ごろで、かつ短時間で食べられるので、話題に出たら必ず行って食べるべし。なお、フレンチなど高級料理を話題に出すと鼻につく場合があるので留意されたし。

てきてもらおう」っていうのができるじゃん？
盛山　そうですね。「ここからは専門の人に代わります」って言っても、自然です。
官谷　ただ、本人自身が何にもわかりませんではお話にならないから、まずはできることから入らないと。どこでお祭りがあってとか、芸能人の誰々がこの地域の出身でとか、そういうことも全然知らないくせに、「僕は軒の出がすごく大事だと思います」とか言ってもね、そこに当てはまるお客さんは限られちゃうよ。
盛山　残念な印象になっちゃいますね。
官谷　その程度の人が他社のことをとやかく言っても、多分それは否定的な意見にしか聞こえないし、悪口に聞こえちゃうかもしれないね。

■競合の情報は、知っていて当然

盛山　競合の話が出たんですけど、これもエリアの話ですよね？　競合のことは知っていて当然だと思いますが、どこまで知っておけばいいものですか？
官谷　これは全部言っちゃうと大変なことになるっていうか。有段者になる必要はないからさ、現代で必要なことだけ話すよ。
盛山　フフフ。ブラックなのは過去に置いてきてもらってOKです。
官谷　まず、社名は当然知ってる。工法も知ってる。あと、「創業何年なのか」「会社の特徴は何か」というような、お客さんが知り得るような情報くらいは最低限必要。工法なんかは、はっきり説明できない営業が結構いるけど、すぐ調べないと。家づくりをお客さん目線で考えると、住宅雑誌を1、2冊は見るでしょ？　資料請求したり。で、例えば自分の会社がその本に載っているのに、一緒に掲載されている他の会社の名前が出てきてピンと来ないようでは、お客さんもガッカリだよ。

盛山　それってすごくリアルな視点ですね。載ってるすべての会社の特徴が言えるくらいでもおかしくない。SUUMO《スーモ》のような大手はもちろん、地域密着の住宅雑誌もいくつかありますからね。

官谷　うん。自社が掲載してるんだったら、当然全部目を通さなきゃいけないし。自社が載せてないにしても、「今、地元でどの会社が住宅雑誌に掲載してるのか」とか、「こんな特徴なのか」とかは把握しておかないと、お客さんの話し相手にもならないよね。

盛山　お客さんは何かしら比較してますからね。

官谷　そう。各社の決算月を把握してるぐらいは常識。できるやつは、そこから1歩、2歩踏み込んで、「どの会社が何棟くらい建ててる」ぐらいはおさえている。

盛山　え？　決算月って常識なんですか？

官谷　駄目でしょ、やっぱりそのくらい知っておかないと。

盛山　競合の営業が、期末のタイミングで気合を入れてくるぞっていう？

官谷　そう。まあお客さんに伝えるかどうかは別だけど。

盛山　覚悟は持てる、みたいな話ですか？

官谷　お客さんが来て「○○ホームさんを見てるんです」。こっちは「そうなんですねー」って言いながらも、頭の中では、「あそこは来月決算だから、毎年やってるキャンペーンの説明を受けているんだろうな」って思えたほうがいいじゃない？

盛山　ああ、なるほど。そういうふうにつながってきますか。

官谷　そこをスルーしちゃうと、お客さんはその先までしゃべってくれないかもしれない。でも、「キャンペーンで太陽光がお得なんですよね」とか、こっちから切り出せれば、お客さんもしゃべりやすくなるじゃない？　そしたら、「逆にあのキャンペーン、どう思われます？」っていう感じで相談してくれるかもしれないし。

盛山　決算月以外にも、こんなことを知っておいたほうがいいってことはありますか？

官谷　いや、いろいろあるんですけど、これ以上言うとブラックになってくる。

盛山　ハハハハハ。

官谷　まあ、決算月を知っておくことなんて当たり前の話でね。騎士道精神※18として当たり前、みたいなね。

盛山　礼節ってことですね。フフフ。

官谷　うん。礼儀を持って。「頼もう！」みたいな。

盛山　フフフ。

官谷　頼もうだから、武士道か。

盛山　アハハハハハ。

※18
騎士道精神
かつての西欧で騎士たる者が従うべき規範として育まれた精神。勇敢で名誉を重んじ、レディファーストを守る、などの要素が特徴的と言える。騎士道精神は日本の武士道としばしば対比される。

■業界全体を把握する目的は？

盛山　ほかに知っておくべき情報っていうのは、どんなものがありますか？

官谷　業界人なんだから、業界のニュースはわかってないと。建築に関しても、自社の工法だけではなくて、「業界全体で、こういったものがスタンダードになってきている」とかは当然話せたほうがいいよね。「自社の特徴しかわかってないです」「業界で何が主流になっているのか知りません」では、「あなたの会社が本当に良いって言えるの？」ってことになっちゃうからね。

盛山　うんうん。

官谷　業界全体の立ち位置がわかってなくて、「当社の性能は一歩、先をいってます」って言われたところで、信ぴょう性がないもんね。「半歩ぐらいじゃねえの？」ってなっちゃうわけでさ。

盛山　ハハハハハ。そうですね。

官谷　その流れでいうと、自分の会社をより深く知っていることも当然大事だよね。たまにいるんだけどさ、よその会社のことはよく知ってる、業界のことも知ってる、でも、「おたくの会社って、創業何年でしたっけ？」って聞いたら、「うーん……何十年ぐらい」みたいなね。灯台下暗しじゃないいんだけど。

盛山　意外に盲点かもしれないです。

官谷　そうね。大切なのは、「バランスよく業界全体を知っている」「スタンダード、トレンドをしっかり知っている」その上で、「自社の商品はここが売りなんです」っていう、自社への愛があって、商品の良さが訴求できること。

盛山　はい。よくわかります。

官谷　ここでようやく両輪のバランスが取れて、「中立的な意見を言える人」だなってなるよね。お客さんにとって安心できる人っていうか。そこにエリアのプロが乗っかるわけだから、信頼感が増す。

盛山　たしかに中立の立場でいてほしいです。お客さん目線でいうと、営業の役割はバランスを見て、総合的に判断してくれる人っていうふうに考えられるのかも。

官谷　お医者さんでもそうなんじゃないの？　中立的・客観的な診断をしてほしい、というかさ。繰り返しになるけど、バランスがすごく大事だと。で、だんだん大きくしていけばいいじゃん、この三角形を。

盛山　地元情報と、業界情報と、自社の特徴を。

官谷　そう。だっていきなり業界通には当然なれないでしょ？

盛山　はい。

官谷　建築の専門性も急には上がらないし、やれることから徐々に広げればいいわけで。

■お客さまとの会話をきっかけに

官谷　エリアのプロの話でいえば、記者じゃないから、「自分一人で片っ端から美味しいラーメン屋に当たってみる」とかはできないんだけど、僕の場合、一番の情報源は何だったかっていうと、やっぱりお客さんとの会話だよね。

盛山　あー。目の前の。

官谷　必ずお客さんのところで何か情報を仕入れる。お客さんには自営業の方もいればサラリーマンの方もいるわけだけど、「うちの娘ね、今、〇〇町のスイミングスクールに行かせてるんだけど」なんて会話があったときに、「あ、そうなんですね」で終わっちゃうのか、「そうなんですね？　そこ、時々通りますけど、通わせてみてどうですか？」までいくのか。

盛山　「流行ってるんですか？」とか。

官谷　そうそう。そんな会話の中で「すごく教え方が上手でね」とか情報を聞いていれば、今度そのエリアに土地を買おうと思ってるお客さんとの会話で、「子供に習い事をさせたい」なんて話が出たときに、「私のお客さんでスイミングに行かせてる方が何人もいらっしゃって、誰に聞いても、すごく教えるのが上手だって評判ですよ？」って、この一言が言えるだけで盛り上がる。

盛山　リアルな情報だと全然違う感じがします。

官谷　お客さんにとっての、その土地の価値も上がるだろうし、当然、僕が地元に詳しいのも伝わるよね。

盛山　うん、うん。

官谷　商談中のお客さんとの会話の中でも、地元の話とかは、すごく鮮度の高い情報でしょ？

盛山　ネットには出てこないぐらいローカルなものですね。

官谷　まさに住んでる人の会話だからさ。「どこのクリーニング屋が上手い」とかの話ができたら、評価上がるよ？

盛山　リアルな生活情報ですもんね。

官谷　「官谷さんに教えてもらったお店、すごく上手で。前はよくシャツのボタンが割れてたので助かりました！」って言われたら、教えたほうも嬉しいしさ。

盛山　結局モチベーションはそこですよね。

官谷　で、今度はお客さんに上手なマッサージ屋とかを教えてもらうかもしれないし。この繰り返しで日々を暮らして、お客さんと商談をしている中で、どんどん自分の地元力が濃縮されていくっていうかさ。

盛山　「まず、目の前のお客さんと話をすることから始めてみる」ぐらいのことでいいんだと思うと、どんどん興味を持っていけそうな感じがしました。

官谷　ポイントはお客さんから聞いたことを実践してみること。「美味しいラーメン屋さん知りません？」って聞いて教えてもらったのに、行ってないのはまずいよね。……今、美味しいラーメン屋の話で「まずい」っていう言葉を使っちゃったのは、ちょっと失敗だな。

盛山　気にし過ぎです。

官谷　こういうのすごく気になってね。今晩、なんかあまり酒がおいしくない気がする。

盛山　大丈夫です（笑）。

官谷　スイミングスクールは行かせられないにしても、ラーメン屋さんだったり、クリーニング屋さんだったり、おいしい定食屋さんだったりは、聞いたからには行けるよね？

盛山　マナーだし、地元愛みたいな感じがすごくします。

官谷　お客さんとそういう会話があって、その後すぐの商談でなくてもいいけど、「そういえば以前聞いた、あのラーメン屋さん、あの後行ってみたんですけど、激ウマですね」なんて言われたら、嬉しくない？

盛山　かなり嬉しいです。

官谷　やっぱり、そこだと思うんだよね。デジタルではできないところ。我々が磨いていくべきところっていうかさ。今度は、それを部下にも教えられるじゃん？

Vol.11

業界専門性②

世間話のプロ

たかが雑談、されど雑談。
営業パーソンは世間話の技術を
身につけておく必要がある。
プロならではの知識が何気ない会話の中で
適度に散りばめられるからこそ、
「なるほど！」と思っていただけるのだ。

業界専門性② 世間話のプロ【表放送】

■営業は世間話のプロであれ

盛山 今回は、「世間話のプロ」というテーマでお話を聞いていきます。まず営業パーソンにとって世間話ができることは必要なんでしょうか？

官谷 どうでしょう、必要と思わない方が最近増えてるのかな？「こんなことも知らないの？」みたいな人が多いじゃない？

盛山 それはそうかも……。

官谷 盛山さんとも、この収録前にいろいろ話して、ギャップに驚くことが多かったから。

盛山 僕なんかは全然知らないです。それこそ野球の話、全くわからない。

官谷 あれ、本当に野球に興味がないの？ 黒柳徹子※1ぐらいわからないわけ？「打ったらどっちに走ったらいいんですか？」みたいな。

盛山 ハハハハ。まあ、黒柳徹子がどれくらいわからないかっていうのを、知らないんですけど。

官谷 「ホームランのサインを出せばいいじゃないですか」みたいなことを言うんだよ。それで打ってくれるんだったらみんな出すよっていう。

※1
黒柳徹子
女優、司会者、作家。愛称はトットちゃん。女性テレビタレントの先駆けとして芸能界の第一線で活躍。読書家であるため博識だが、野球に関しては疎く、かつて野球関係者との対談で「どうして監督はホームランのサインを出さないのかしら？」「サヨナラホームランを打ったのに引退しないのはどうして？」「(旧国鉄スワローズの選手に)どちらの駅にお勤めですか？」等、頓珍漢な質問を連発していた。

※2
大谷翔平
プロ野球選手。北海道日本ハムファイターズ→MLBロサンゼルス・エンゼルス所属。右投左打。言わ

盛山　ハハハ。あ、なるほど。「監督が指示すればいいじゃん」と。さすがにルールぐらいは知ってますけど。ただ、おやじの世間話に代表される野球の話っていうレベルでは、とても話せない。

官谷　大谷翔平※2が打とうが、もう熱出して寝込んでようが、まったく関係なし？

盛山　うーん。まあ、そうですね。

官谷　あー、そうなんだ。手術して肘がどうなったとか、気にならないんだ。

盛山　ハハハ。どんどん僕が人でなしみたいになってきますけど、そうですね。逆にサッカーで海外に挑戦してる選手のこととかは知ってます。

官谷　あ、サッカー好きなのね。

盛山　でも、「Jリーグで今どこのチームが調子いいよね」とかは詳しいわけじゃなくて、にわかワールドカップファン※3みたいな感じです。

官谷　なるほど。海外行ったプレイヤーだけ、ああだこうだ言うやつね。

盛山　でもまあ、自分を擁護するわけじゃないですけど、こういう極端な人が増えて、それこそ官谷さんのように幅広く知ってる人は減ってると思うんですよね。

官谷　誰だって、自分の好きなことには今も昔も詳しいのは当たり前なんだけどさ。ほら、ゴルフ好きの社長とかさ、もう捕まると、ゴルフのたとえが多いじゃない？　アゲインストが何だとか、「もうわかったよ、またゴルフか」みたいなね。ある程度のとこまでいくと、ある意味芸術だなと思うけどもね。

ずもがなのベースボールヒーローだが、収録当時の2019年秋当時は故障による手術、調整を重ねていた。その後、これほどの活躍をするとはスタッフ一同、誰も予測しえなかった。

※3
にわかファン
普段はJリーグ等の国内リーグを見ないで、国際大会だけ注目して盛り上がるサポーターを揶揄したことば。ユニフォームはしっかり着ており、監督の采配に文句を言ったりもするため玄人ファンと対立する構造があった。2020年ラグビーW杯では、サポーター数が少なかったこともあり「にわかファンも悪くない」「誰でも最初はにわかファン。快く受け入れよう」といった風潮に変化した。

盛山　ハハハ。

官谷　ほら、元阪神の掛布雅之※4みたいな。何でも野球にたとえるじゃん？　野球の解説をしてないのに「これ、野球にたとえるとですね」みたいな。たとえ過ぎだろって。

盛山　ハハハ。その、「営業的な雑談力を身に付ける」という意味でいうと、幅広くある程度知ってなきゃいけないのかなって想像したりはするんですけど。

官谷　まあ、もちろん若い営業の方、例えば23歳とか25歳とかだったら、生きてる年数がそもそも少ないからね、いろんなものを知っておけって言ったってね。

盛山　不利ですよね。官谷さんが世間話の研修をされてるということは、「世間話力」を身に付けることが営業の効率を高めることを意味していると思います。どういう効果がありますか？

官谷　もちろんゴールは契約なんだけど、一番最初のとっかかりは、どなたも初回接客になるわけですよね？　で、この初回接客を成功させないと次がないわけじゃん？

盛山　そうですね。

官谷　だから、やはり初回で「あ、なんかいい人だな」「安心できる人だな」とか、「楽しそうな人だな」とか、「いい会社だな」って思われなかったら、もう後はないわけで。

盛山　たしかに。

官谷　しかも、お客さんによっては非常に警戒心の高い人もいれば、そうでない人もいる。もしくは3社4社見て回って、ちょっと疲れてうちに来る方もいるわけだよね。精神状態と

※4
掛布雅之
元プロ野球選手。野球解説者、評論家、タレント。1985年にはバース、掛布、岡田のクリーンナップの一角として活躍。リーグ優勝、日本一に貢献した。「野球にたとえるとですね」のフレーズは松村邦洋のものまねによって強調された感がある。なお、野球解説において「ゴルフにたとえるとですね」というパターンもあるので侮れない。

か体力とか、集中力が万全な状態で来てくれるとは限らないわけよ。でも、そうしたバッドコンディションをどうひっくり返すのかってのが、初回接客するときの営業の腕というかね。
盛山　なるほど。その時に今回のテーマが生きてくるわけですね？
官谷　そう。まずは雑談でお客さんとの感覚をすり合わせる作業が必要で、僕は「チューニング※5を合わせる」って言うんだけど。
盛山　「チューニングを合わせる」、いい表現ですね。

■雑談は「チューニング」の作業

盛山　では具体的に、そのチューニングについて教えて下さい。
官谷　まずは、お客さんの緊張を解くアイスブレイク※6かな。
盛山　あー、アイスブレイク。
官谷　お客さんにしてみれば、初めての場所は緊張するでしょ？　日常でも、初めて行った飲食店とか美容室とかでもさ、無意識のうちに緊張はしてるはずなのよ。
盛山　初めての店は特に緊張しますね。
官谷　モデルハウスもさ、そういう意味ではお客さんにとっては人の家だから、緊張してるはずじゃない？　しかも、初めて会う営業担当だしね。
盛山　そうですよね。
官谷　だから、緊張をほぐすために世間話でコミュニケーションを取るのは、すべてのお客

※5
チューニング
「調律する」「同調する」という意味の英語。ラジオの周波数ダイヤルを合わせる意味でも使われる。

※6
アイスブレイク
初対面や関係性がまだできあがっていない段階での緊張感や堅苦しい空気を氷（アイス）にたとえ、それを解きほぐすための手法。

さんにやるべきだよね。

盛山　「これを知りたい！」っていう明確な目的を持って来場したお客さんであっても、まずは緊張していることを忘れないでよってことですね。

官谷　そう。あとは、お客さんの様子を見ながら調子を合わせていく。「ちょっと質問したがってるのかな？」みたいなところで、補足を入れたりとかね。

盛山　なるほど。

官谷　さっきチューニングって言ったんだけど、これはお客さんのコンディションも含まれるのよ。その日1社目ですごく元気があるお客さんもいれば、午後から3社見てて、うちは4社目、みたいな状態で。

盛山　お疲れになってて。

官谷　子どももぐずっちゃってて、「パパ早く帰りたい」なんてことも起こるし、お客さんのコンディションはコントロールできないから、こちらがあわせないと。

盛山　ハハハハ、たしかに。

官谷　まあ初回接客に限らずさ、例えば金額を提示したら思いのほか高かったりして、ちょっとどんよりしちゃうときもあるわけよ。まあ、金額は大体わかってて出すはずだから、そんなにびっくりさせてしまうことはないはずだけど、プランとかは出してみないとわからないことってあるじゃない？

盛山　たしかに、そういう部分もありますよね。

官谷　「100点を期待してたら、なんか75点くらいだった」みたいになると、ちょっと不穏な空気が流れるっていうか、気まずいっていうか。そんなときに、すかさず家の話ばかりじゃなくて、別のちょっとした話題に……アイスブレイクっていうかさ、コーヒーブレイクだよね、こんなときはね。

盛山　ハハハハ。そうですね、先ほどまではアイスブレイクとすると、今のはコーヒーブレイクですね。

官谷　「じゃあまた来週、お待ちしてますね」だけでブツッと終わるよりもさ、「この後どこか行かれるんですか？」とか、「明日の日曜日、どこか出かけるんですか？」みたいな話を聞きながら……「新車に乗り替えたばかりなので、慣らし運転※7も兼ねて家族で海のほうまで行く予定なんです」「あ、いいですねー。どちらへ行かれるんですか？……勝浦ですか。結構、遠いじゃないですか！」みたいなね。

盛山　ハハハ。

官谷　そんな話をしながら、「勝浦に行くんだったら、どちらか寄っていくんですか？実はおいしい定食屋さんがあるんですよ。もしよろしかったら」みたいな話をしながら、お別れするみたいな。

盛山　勝浦に行きたくなりましたもんね、今ので。

官谷　「官谷さん詳しいですね」「いや僕、生まれが千葉ですから」みたいなコミュニケーションにつながってきてね。

※7
慣らし運転
かつて新車を購入した際には必須とされた儀式。パーツや組み立て精度が進化した現代においては「慣らし運転」を行わなくても不調になることはほぼ無いが、丁寧に行うことで更なるエンジンの寿命向上や性能維持につながる。

盛山　はいはい。

官谷　で、来週お会いしたときに、「ちなみにご主人、先週海に行かれてどうだったんですか？」「教えてもらった店に寄ってみたんですけど、売り切れで閉まってましたー」みたいな感じで、今日のアイスブレイクにつながってくる。

■定番の話題をおさえよう

盛山　今、旅行の話が出てきて、相手を選ばず話しやすいといいますか、すごくいいなと思ったんですけど、ほかにそういうテーマの話って、どんなものがありますか？

官谷　「木戸に立てかけし衣食住」なんて、よく言うでしょ？　頭文字を取ってね。

盛山　言わないですけど。初めて聞きました。

官谷　聞いたことないの？

盛山　ないです。きどに……？

官谷　「木戸《きど》に立てかけし衣食住《いしょくじゅう》」。衣食住はわかるでしょ？

盛山　衣食住はわかります。

官谷　で、それ以外は音から来てるんだけど、最初の「き」は季節のき。季節の話をしたらいいよってこと。

盛山　ああ。なんとなく流れはわかってきました。

官谷　例えば夏、「いやー、ようやく少しジメジメしたところから、ちょっとカラッとしてきましたよね」とかね。

盛山　なるほど。

官谷　春だったら、「いやー、暖かくなりましたねー」とか。その季節ごとに話ってできるじゃない？　日本には特に四季があるわけだから。

盛山　次は「木戸に立てかけし」の「ど」。

官谷　「ど」は結構難しいんだけど、何だと思う？

盛山　「動物」とか？

官谷　かわいくきたね。うん。動物占い※8みたいな。

盛山　「ワンちゃん飼ってますか？」とか。「ネコちゃんいますか？」とか。

官谷　「ウミガメですか？」みたいな。

盛山　ハハハ。違いますね、これ、多分。

官谷　「ど」はね、道楽。要は、趣味の話だよね。だったら頭文字は「し」にしろよって話なんだけど。大体の人って、何かしら趣味は持ってるでしょ？　ゴルフとかフットサルとか、「夏はサーフィン、冬はスノボやります」とか、「うちの嫁は今、〇〇にはまってて」とかね。

盛山　はいはい。レベルは違えど、浅いのでも良ければ何かありますよね。

官谷　趣味の話になれば、相手も結構饒舌《じょうぜつ》になるし。で、こっちがもし偶然に同じ趣味を持っていれば、意気投合できるしさ。

盛山　そうですね。

※8
動物占い
生年月日から性格を占う、いわゆる「誕生日占い」の一種であり、四柱推命の十二運星を動物キャラにたとえたもの。ちなみに官谷の動物キャラはピュアで天真爛漫な「猿」、盛山は甘え上手な「こじか」である。

官谷　まあ、意気投合できないことも多いんだけど、そういう時でも興味を持って聞けばね。「あ、僕も興味はあるんですけども、結構お金かかったりするんですか？」「この年からでもやれるものですかね？」とかね。「いやいや、僕も始めたの最近だから、全然大丈夫だよ」みたいに盛り上がったりもできるし。

盛山　その人のパーソナリティーがわかりますしね。

官谷　そう。珍しい趣味の人もいるじゃない？　パラグライダーなんて言われたらさ、それだけでもう興味関心が尽きないじゃない？

盛山　ハハハ。この前知り合った女の子は、デコトラ※9を見に行くのが趣味で。

官谷　何それ？　今、盛山さん、ガチの話に入ったね。

盛山　急にギア入りました、ハハハ。デコトラの集会が定期的に山奥の方であるらしいんです。それを見に行くのが何よりの楽しみなんだっていう。

官谷　ああ、そうなんだ。へー。

盛山　その話題で、1、2時間はお酒飲めましたからね。

官谷　えっ、それ何？　本当に2時間、関心持って聞けるの？

盛山　聞けました、聞けました。でも最初の1時間は、その子の趣味が何かっていうクイズでしたけど。

官谷　あ、クイズ形式だったんだ（笑）。

盛山　クイズ形式だったんです。「何かを見に行く、みたいな」とか、ヒントが出てきて。

※9
デコトラ
デコレーショントラックの略称。ステンレスや電飾などの派手なデコレーションが施されたトラックのこと。1975年公開の映画『トラック野郎』が火付け役になりブームになった。

官谷　なるほど。「チカチカする」みたいな感じで、ちょっとずつヒントが出るんだ。
盛山　そうです。「どういう人がハマってる？」とか言って、「怖い人たち」みたいな。
官谷　「ヒント、菅原文太※10」みたいな。
盛山　ハハハ。
官谷　そうなんだ。で、デコトラを自分が造るんでも乗るんでもなく、見に行くのが好きなんだ。デコトラスタイル、じゃないけど、なんかあるよね？　そういう系の本。
盛山　はいはい。そういう女子で。なんて言うんですかね、「ガテン系※11の男子が好き」も入ってるんですよね、多分。
官谷　あー、なるほどね。でも、その話題のおかげで養老乃瀧での2時間は盛り上がったんでしょ？
盛山　盛り上がりましたよ。
官谷　そりゃそうだよね。相手は自分の好きなことを饒舌にしゃべってるわけだからさ、お酒もおいしく進むだろうし。
盛山　ハハハ。すいません。失礼いたしました。
官谷　いえいえいえ。それで、季節の話で「き」、道楽の話で「ど」と、二つ出ましたけど。三つ目はね、「木戸に」だから……。
盛山　「に」ですね。に、に、に、うーん。
官谷　「木戸に立てかけし衣食住」なんて、江戸時代から言われてたような感じがするじゃ

※10
菅原文太
昭和の俳優。ファッションモデルとして活躍した後、俳優としてデビュー。長く下積みを務めたが、39歳の時に出演した『仁義なき戦い』シリーズで俳優として確固たる地位を築く。キャリア後期には農業生産法人を立ち上げ、有機農業にも取り組んだ。2014年没。

※11
ガテン系
肉体労働系の職種を指すことば。リクルートから出版されていたブルーカラー専門求人誌『ガテン』が語源。

ない？　なんか落語の匂いもするじゃん？　でも「に」はね、実は横文字なんだよね。
盛山　「ニュース」ですね！
官谷　そう、ニュース。
盛山　なるほど。ハハハ。突然。
官谷　「なんだ、昔の話じゃねえのか」みたいな。でも、やっぱり大事じゃない？　ニュース。ワイドショー的なニュース、世界情勢も含めてだけど。地元のニュースにしてもね。
盛山　あ、地元のニュースか。
官谷　さっきの、ほっこりするような動物の話でもいいけどもさ、やっぱ大事でしょ？
盛山　最低限必要ですよね、生活する上でも。
官谷　でも、今は便利だよね。スマホでぱっと見ればさ。Yahoo! のトップページをざっと見るだけだって、大体のニュースはすぐ手に入るしね。
盛山　これって、真面目なニュースもあると思うんですけど、「最近ちょっとお笑い事務所のYが」とか、芸能ニュース的なことでもOKなんですか？
官谷　全然いいじゃん。ちゃんとしたニュースも大事だけど、ワイドショー的なところもね。「おまえ東スポ※12のネタばっかりだな」みたいになっちゃうと偏り過ぎだけどもさ。
盛山　ハハハ。
官谷　やっぱりバランスよくいろんなことを知っておくのは大事だよ。しかもなるべくポジティブなのをね。

※12
東スポ
東京スポーツ新聞社が発行するスポーツ新聞、「東京スポーツ」の略称。娯楽性を追求するあまり、事実を大幅に歪曲させたネタが多いことでも有名。

盛山　そうですね。
官谷　政治色が強かったりするとさ、やっぱりいろいろと問題があるし。
盛山　ちょっとその辺は、神経質になっちゃいますよね。
官谷　四つ目は、「た」。さっき、ちらっと話題でも出たじゃない？
盛山　え？
官谷　旅の話ですよ。
盛山　あ、そっか、旅か！
官谷　うん。旅行って、「あ、僕も行ったことあります」だけじゃなくて、自分で行ったことがなくても、「佐渡島って私も一回行ってみたいと思ってるんですけど」みたいに、「行ってみたい」でも聞けるじゃない？
盛山　そうですね。
官谷　うん。「うらやましいなー」って言っとけばさ、ウソか本当なのかわからないんだから。「僕も一回行ってみたいんですよね」って言っといて、自分が墓場まで持っていけばいいだけの話でしょ？
盛山　ハハハ。本当かもしれないですしね、その瞬間。
官谷　「全く興味ないっすわー、石川県※13には」とか言ったところで、敵を作るだけでしょ？
盛山　ハハハ。たしかに。
官谷　もちろん自分が行ったことがあれば、「あ、僕も一回行ったことあります」で、話も当然、

※13
石川県
日本三名園のひとつ、兼六園のほか、世界で最も美しい駅（2011年）に選ばれた石川駅（建築家・白江龍三）や金沢21世紀美術館など、建築関係者なら一度は訪れたい県である。

盛り上がると思うし。

盛山　はいはい。

官谷　ただ、「あ、僕も行きましたけど、あそこは行かなかったんですか？」みたいに、あまりこっちが先行しちゃうとさ、お客さん的には「なんか、こいつの旅行記のほうが金遣いが充実してるな」みたいになっちゃうから注意が必要。

盛山　ハハハ。「俺、そこ行ってない」みたいな。

官谷　うん。そうなるとよろしくないから、やっぱり言葉を選びながら。

盛山　なるほど、その辺の塩梅も見て。官谷さんなんか、研修で全国に行かれるから、普通に聞いちゃうと、先を取っちゃうことのほうが多いですよね？ きっと。

官谷　そんなこともないけど、僕は僕で、全国を回るからには旅の話でひと笑い、ふた笑い取るっていうことは心掛けてるね。

盛山　ハハハ、ちょっとまた、今回の話とはワンランク上のテクニックですけど。

官谷　うん。まあ、でも、自分がどのくらい出張が多いかなんていう旅の話をしつつも、「あ、大変なんだな」なんてのが伝わったりもする。「いいですよね、全国行けて、いろんな土地のおいしいものを食べられて」って大体、言われるんだけどね。「食えないっつーの！」って心では思ってる。だって、その土地に着くのが夜10時とか、下手すると終電間近だったりするから。

盛山　ハハハ。

■興味・関心を持つことが大切

盛山 例えば、あるお客さんの趣味がわかったら、その趣味について調べるのはあたり前ですか？

官谷 調べます。お客さんにある程度は聞いて、興味を持てれば自分でもどんどん調べる。まあ、役者さんの役づくりじゃないから徹底的には調べないけど、ちょっと調べてみたことを次にお会いしたときに話題に出せば、お客さんも嬉しいと思うし。

盛山 たしかに。

官谷 一番簡単なところでいえば、自分が映画を見たり本を読むのが好きだったりするから、その辺を深掘りするかな。本はオススメを聞いちゃうと、結構ハードルが高くなるけども。

盛山 読まなきゃいけなくなるという（笑）。

官谷 そう。映画だったら1時間半か2時間で決着がつくしさ。

盛山 そうですね。

官谷 必殺、早送りってのもあるから。

盛山 ハハハハハ。

官谷　「最近面白かった映画とかあります？」って聞いたら、もう観ちゃうよね。例えば、「リビングを広くしたいです。大きなテレビで映画を観たいんです」とかって流れがあれば、「何系が好きなんですか？」みたいなね。「いや、『スターウォーズ』※14とか、ああいうのが好きで……」って話になればさ、自動的に話は合っちゃうし。「『スタートレック』※15が好きです」って言われると困っちゃうんだけど。

盛山　ハハハハ。

官谷　「聞かなきゃよかった」みたいになる。

盛山　そういう時はこっちの好みを言ってもいいんですかね？

官谷　まあ、相手が好きっていうのをわざわざ否定することはないから、そこはスルーしといて「この機会に見とこうかな」って感じで。大事なのは、「振り幅」。

盛山　振り幅ですか。

官谷　そう。芸術作品ばかりじゃなくて、『ワイルド・スピード』※16みたいな、まあ、内容ゼロみたいなのもね。

盛山　頭、空っぽでもOKみたいな。

官谷　頭、空っぽで観れるのも好きだけど、是枝裕和作品※17も好きですよっていう振り幅がないとね。だからアニオタでもいいと思うんだ、全然。

盛山　うんうん。

官谷　ただ、好きなものが全部アニメで、「アニメ以外は全く観ません」になっちゃうと、

※14
スターウォーズ
言わずと知れたSF大作シリーズ。映画のみならずアニメーション、小説、コミック、ゲームなど複数の媒体で展開されている。官谷はこのシリーズの大ファンで、官谷のオフィスでは、実物大のR2‐D2の冷蔵庫やヨーダのフィギュアなど数々のグッズにお目にかかれる。

※15
スタートレック
ジーン・ロッデンベリー制作のSFシリーズ。テレビドラマから始まり、テレビアニメや劇場版も制作されている。現代社会の様々な問題をSFの形で描いているのが特徴。

営業としては幅が狭すぎるでしょ？「基本はアニメが好きなんですけど、普通の映画も観ますよ」だったらさ、僕は全然個性があっていいと思うんだよね。

盛山 なんかわかります。人あたりのいい人って、そういうイメージありますね。

官谷 そう。自分が好きなものは大切にすればいいし、当てはまるお客さんとは、自然に盛り上がるんだから、そのままでいいと思う。だけど、違うところをおさえておくのも大事ですよ。好きになれるかどうかは、また別だけど。

盛山 なるほど。振り幅っていうことを意識しておくことが大事だと。

官谷 うん。だから盛山さん、さっき野球に興味ないって言ってたでしょ？やっぱね、よくないよ。

盛山 アハハハ。

官谷 日本人が海を渡って活躍してるんだから。同じ日本人として、「大谷選手、頑張ってますよね」ぐらい言えないと。「今年、ホームラン何本いきますかね？」ぐらいの話ができないとさ。じゃあ、ゴルフも当然のように知らない？

盛山 もう、ゴルフなんか全然わからないです。本当に。

官谷 え？じゃあ、渋野日向子選手※18、知らないんだ。

盛山 なんか、ビームスのシャツを着てどうとかってのは知ってるんですけど。

官谷 もう、本当にさ、ダメだよ。ある程度は押さえとかないと。よっちゃん食品とか。

盛山 本当ですね。いや、だから営業の方は大変だと思います。

※16
ワイルド・スピード
米国のカー・アクション映画シリーズ。勢いだけで頭を使わずに楽しめるエンタメ性が人気。ちなみに『ワイルド・スピード』というタイトルがついているのは日本だけで、原題は『Fast & Furious』である。

※17
是枝裕和
日本の映画監督。ドキュメンタリー監督としてのキャリアを活かしたリアリティあふれる演出は国内だけでなく海外でも高い評価を受けている。代表作はパルム・ドールを受賞した『万引き家族』のほか、『誰も知らない』『歩いても歩いても』『海よりもまだ深く』『海街diary』など。

官谷　でも、それをノルマにして、「あれも覚えなきゃ、これも興味持たなきゃ」ってなると、ちょっとしんどいかもしれない。

盛山　考え方を変えなきゃいけないですね。ちょっと関心を持てばいい話ですもんね。

官谷　ひょっとしたら、ここまで聞いて「じゃあ私は営業に向いてないのかも」って思ってしまう人がいるかもしれないけど、そういうことじゃない。住宅営業だけの話じゃないよね、このテーマは。

盛山　どういうことでしょうか？

官谷　設計だって現場監督だって、もちろん住宅業界から飛び出したってそうだよ。どんな仕事してる人だって、幅広く興味・関心を持っていれば観察力は養われる。人に接するときも、関心を持って接したほうが有意義な人づきあいができるはずだよ。

盛山　たしかに。

官谷　「え？『スポーツ冒険家』って、一体どういう仕事なんですか？」とかさ。今、なんで急に北尾光司※19が出てきたのか、ちょっとわからないんだけどね（笑）。

盛山　アハハハ。そんなクリエイティブな職業の方がいらっしゃるんですか？

官谷　いたんだ。もうお亡くなりになったけどもね。「スポーツ冒険家」って言ってるのにスルーできちゃう人間も、世の中にはいるわけよ。

盛山　ハハ。無関心すぎる。

官谷　関心を持って生活をしていれば何事も円滑になるよ。コミュニケーションが円滑にな

※18
渋野日向子
日本のプロゴルファー。2019年に日本人初となる全英オープン優勝を成し遂げ一躍有名に。ラウンド中によっちゃん食品の「カットよっちゃん」「タラタラしてんじゃね〜よ」を食べていたことも話題になり、同商品は一時品薄に。盛山が収録で触れたビームスとの契約は2020年に終了。

※19
北尾光司
第60代横綱、元プロレスラー。力士時代は双羽黒（ふたはぐろ）の四股名で活躍。199cmの巨体を生かした相撲で昭和以降4位のスピードで横綱昇進を果たす。その後、親方とのそりが合わずに部屋を脱走。そ

れば味方も増えるし。営業だから、お客さんが増えて受注が増えるとかだけじゃなくてさ。住宅営業だけに大切なスキルっていうことじゃなくて、社会人全般に大事なことなんじゃないですかね。

■GOOD&NEW

盛山　世間話のためのテクニックとして、「何事にも関心を持って取り組むことが大切だ」という話を聞いてきましたが、世間話のレベルを上げるにはどうしたらいいか、工務店が会社ぐるみで何かできる取り組みはないでしょうか？

官谷　これは他の方に昔教えてもらったことなんですけど、当時勤めていた会社で導入した「GOOD&NEW」っていうのがありますね。

盛山　グッドアンドニュー？

官谷　要は、「良いことと新しいことの情報を共有しよう」っていうこと。例えば、会社の朝礼とか、全員が集まる時間に1人1分で「グッドアンドニューを発表します」ってやるわけ。この24時間、昨日から今日までの間に自分がグッドだと感じたニュース、もしくは新しいニュース、気になったニュースみたいなものを発表する取り組み。

盛山　なるほど！　面白そう。

官谷　5人でやると5分くらいかかるんだけど、中には「そんなことあったんだ、俺、そのニュース知らなかった」なんてことがあるからいいよね。

のまま廃業となった。力士を引退後は「スポーツ冒険家」を名乗り、プロレスや総合格闘技に活動の舞台を移す。2019年逝去。

盛山　かぶっちゃうこともありますよね？

官谷　うん、かぶっちゃうこともあるんだけど。要は、そういう発表の場があると世の中に関心を持って生活するじゃない？「明日の朝、発表しなきゃいけない」と思ってさ。

盛山　面倒くさがる人もいるかもしれませんが、1分くらいなら負担も小さいですね。

官谷　この癖をつけると、常に毎日新しいものを探そうって意識になってくる。テレビから流れてくるニュースとか、新聞に載ってるニュースとかばかりじゃなくて、例えば現場監督だったら、「昨日現場で、こういうことがあって」とか、「〇〇大工さんが、こういう仕事をしてくれて、うれしかったです」とかね。グッドでしょ？「ああ、〇〇大工さんって、そんないいところがあるんだ」って社内でも共有できるし。

盛山　そうですね。今だとグループチャットとかでもいいかな？

官谷　現場じゃなくても、「昨日、子どもが初めてつかまり立ち歩きをしました」とかね。そういうのもグッドなニュースだから。「こいつ、そうだよな、子どもがいるんだよな」みたいな社員同士の気づきがあったり。

盛山　ああ、それは社内のコミュニケーションとしてもグッドだ。

官谷　グッドだからいいんだよね。共有するので一番いけないのは、その逆の「BAD&OLD」。愚痴合戦みたいになっちゃう。

盛山　GOOD&OLDなら、まだいいですよね？

官谷　でもOLDもさ、「それ、何日前の話？」ってことになるからね。物事、旬っていうものがあるからさ。3日前の新聞の内容を教えられても困っちゃうでしょう？

盛山　ハハハ、たしかに。

官谷　旬って話も、たまにするんだけども。「おまえ、旬は何日間だと思ってんの？」って言うと、みんな旬に対する考え方も違うんだよね。旬は10日なんですって。

盛山　10日？　由来みたいなのがあるんですか？

官谷　旬っていう漢字を分解すると「10日間」っていう意味なんだよね。そう見えるでしょ？だからほら「上旬」「中旬」「下旬」っていうじゃない？　上旬が10日、中旬が10日、下旬が10日。で、1カ月になる。

盛山　へえ。知りませんでした。

官谷　旬っていう字にたけかんむりを足すと、「筍《たけのこ》」※20になるでしょ？　タケノコってのは成長が早いからさ、10日ぐらいで、もう食えなくなっちゃうわけよ。日本人は頭いいなって思うよね。

盛山　はあ。勉強になります。

官谷　そう。タケノコを食べる度に、この話を思い出す。

盛山　ハハハハハ。

官谷　だから、2週間たっちゃったら、もう旬じゃないんですよ。以前ピーククロージングなんて話をしたでしょ？　次回の商談が、来週ではなくて再来週になっちゃうっていうと、要は「旬を過ぎてる」ってことになっちゃうわけ。屁理屈で言えばね。2週間空くっていう

※20
筍
実際、筍が成長する速度は極めて速く、地表に顔を出してから10日で1mを超えることもある。「旬」の文字が語源になっているというのは、あくまで俗説。

のは、タケノコじゃなくなるってことですよ。

盛山　フフフ。食べれなくなっちゃう。

官谷　あとは、ちょっと間違った情報があったら互いに指摘できるしね。

盛山　この習慣が続くと、「この話、伝えてあげよう」とか、「この話、覚えとかなきゃな」っていう、いい感じの緊張感が生まれてきそうです。あと、すごくいいなと思ったのは、同僚に対して詳しくなれるっていうこと。

官谷　そうそう。チームビルディングになるでしょ？

盛山　そうすると、お客さんから趣味の話とかを聞いたときに、「あ、その趣味、うちの◯◯が詳しいんですよ」とかいう話につながりそうで、非常に有効な仕組みだなって気がします。「世間話のプロ」に近づけるのかなと。

官谷　まあ、プロというと、本当のプロに申し訳ないですけども。池上彰に怒られちゃうもんね。「世間話のプロ」みたいなことを言うとね。

盛山　そんなことないんじゃないですか？　ニュースは池上さんには敵わないですけど、少なくとも世間話のプロは目指したいですね。

Vol.12

コミュニケーション術

自然な会話の中で顧客の情報を把握しつつ
伝えたいことをしっかりアピールしていく。
あたり前のようだが、いざ実践となれば
なかなかにハードルが高い。
言うは易く行うは難し、なのだ。

■営業としてのコミュニケーション術とは？

盛山　官谷さん、今回1通メールをいただいてまして。

官谷　えっ、メール？

盛山　山梨の、ある工務店さんからなんですけど。

官谷　営業の方？

盛山　そうですね、はい。Y・Sさんからです。

官谷　はい。

盛山　読みます。『チェックメイト・ボイス、毎回、目からウロコで楽しく聞いています。特に、初回接客の伝と聞については私の普段からの課題で、初回でもう少し上手に会話のキャッチボールができないかと、いつも悩んでいます。キャッチボールがスムーズになるように、もう少し具体的なテクニックを教えていただけないでしょうか』

官谷　なるほどね。

盛山　ありがとうございます。まあ、このようなメールがどんどん来るようになればいいなと思ったりもするんですけども。

官谷 お便りコーナーみたいですね。
盛山 そうですね、やりたいですね。
官谷 ラジオっぽいよね。なんか、曲とかも流せちゃったりしてね。
盛山 いいですね。
官谷 それでは、ここで一曲。
盛山 はいどうぞ。
官谷 埼玉県さいたま市、盛山浩平さんからのリクエスト、新沼謙治※1で『嫁に来ないか』
……みたいなね。なんかできたらいいな。
盛山 嫌いじゃないです。そういうノリ。
官谷 結婚したいんでしょ？ だって。
盛山 ハハハ、まあ、目指してはいます。……で本題ですが、こういうメールが来るってことはですね、あの……。
官谷 うんうん、なんかいいですね。
盛山 はい。他にも同じように悩んでいる方が全国にいらっしゃるんじゃないかと思って、今回、これをテーマに取り上げていきたいと思ってます。官谷さん自身はコミュニケーションについてのテクニックって、どのように考えられてますか？
官谷 そうですね、住宅営業と家を建てたいお客さんの関係に限定するわけじゃなくて、誰かとコミュニケーションを取るって意味では、気を付けていることはあります。

※1
新沼謙治
演歌歌手。岩手県大船渡市出身。集団就職により上京し、左官職人として働きながら歌手を目指す。1976年、『おもいで岬』でデビュー。同年リリースした『嫁に来ないか』で日本レコード大賞新人賞を受賞した。デビュー時のキャッチフレーズは「気持ちよく悲しい男」。

盛山　どういうことに気を付けてますか？

官谷　その前に、まずはこの質問を送ってくれた方の見た目の第一印象はどうでしょう？短時間で、ぱっと、「この人ともうちょっと話してみたいな、聞いてみたいな」って思ってもらえるかどうか。

盛山　はい、ですがそれは「ノンバーバル」（VOL．1参照）で取り上げたので、そういうのはいったん置いておくとして。

官谷　はいはい。そうね。

盛山　今回は会話のキャッチボールの、ボールの投げ方、受け取り方をどのようにやったらいいかを聞きたいです。

■まずは「ついで聞き」から

官谷　まずは、「いかに相手にストレスを与えずに、会話のキャッチボールができるか」ってことだよね。

盛山　ストレスを与えずに？

官谷　お客さんは家を検討しに来ているわけだけど、自分たちの情報収集以外に、営業の人からいろいろ話しかけられて答えるのはストレスなわけ。だから、質問が多くなり過ぎちゃって、それぞれの質問に脈絡があんまり感じられなかったり、「プライバシーにちょっと踏み込んできてるな」みたいに感じてくると、だんだん警戒のガードが上がってきてしまう。

盛山　お客さんは自分の知りたいことをまず知りたいから、営業の聞き方次第ではストレスに感じてしまうと。

官谷　「また来まーす」みたいに帰られちゃうことにもなるので。

盛山　でも、いろいろ聞き出したいところですよね。特に初回接客だと。

官谷　ですから、しっかりキャッチボールしてお客さまの情報を引き出さないといけない。きちんとお客さまの知りたい情報をお伝えしながら、最後にちょこっと質問をして、ボールが一回返ってきたら、それに対して、「そうなんですね、じゃあ、これはどうなんですか？」ってことを繰り返す。

盛山　うん、うん。

官谷　僕が実施している「リスニングテクニック研修」で取り上げている聞く技術のひとつとして、「ついで聞き」っていうのがあります。

盛山　ついで聞き？

官谷　名前は「ドア・イン・ザ・フェイス」※2みたいにカッコ良くないんだけど。要は、何か一つ質問したときに、そこで会話を途切らせちゃうんじゃなくて、ついでに聞いちゃえっていう技。

盛山　ついでに聞いちゃう。

官谷　うん。例えば、盛山さんご夫妻が来店されました。で、「ご主人、お勤めはどちらなんですか？」って聞く。「〇〇なんです」「あ、そうなんですね」で終わらせちゃうと、今度

※2
ドア・イン・ザ・フェイス
詳細はＶＯＬ．9を参照されたし。

また別のタイミングで、「ちなみに奥さまって、お勤めされてるんですか?」って聞かないといけなくなる。

盛山 それだと問題ありますか?

官谷 質問が2個になってしまう。「勤め先は○○です」「あ、そうなんですね。ちなみに奥さまは?」って1回で聞いちゃったほうがいいよね。

盛山 たしかに自然ですね、そのほうが。

官谷 お勤め先をまとめて聞かれた形になるので、質問のストレスは一つで済む。

盛山 そういうことか。

官谷 別の例を出すと、例えばご主人の趣味を聞く。「○○やってます」「そうなんですね」だけじゃなくて、ついでに「どのくらいやられてるんですか?」とかね。質問を1個して、せっかく情報が1個得られたんだったら、わらしべ長者※3みたいに芋づる式に情報を引き出す。

盛山 ……「わらしべ長者」って今、わかった?

わかりますよ(笑)。

官谷 まあれは、別に流行りじゃないか。

盛山 そうですね。昔話的な。

官谷 盛山さんの世代でも、まんが日本昔ばなし※4はちゃんと通用するんだ。

盛山 ジャポニカ学習帳※5とかの最後のページとかに。

官谷 あ、載ってるの?

※3
わらしべ長者
日本のおとぎ話のひとつ。一人の貧乏な男が、最初に持っていたワラを物々交換を経ていくにつれて、最後には大金持ちになる話。

※4
まんが日本昔ばなし
1975年より1994年まで放送されていたテレビアニメ。日本各地の昔話が映像化され、市原悦子と常田富士男が登場人物全てのセリフを担当した。

※5
ジャポニカ学習帳
ショウワノートが販売する、学習帳のトップブランド。小学館発行の「ジャポニカ百科事典」とのタイアップにより、モスグリーンの表紙には生き物の写真

盛山　載ってましたよ。わらしべ長者も。

官谷　とにかく、せっかく1個情報を聞いたんだったら、そこから次の質問につなげて、会話を途切らせないのが基本。

盛山　初歩的なことかもしれないですけど、そもそも「ついでの」質問が思い浮かぶようになる・ならないのレベルの話はないですか？

官谷　まずは「ご主人に聞いたことは、奥さんにも聞きましょうよ」ということ。情報が片手落ちになる失敗も減らせるし、奥さまがちょっとつまんなくなっちゃう、置いてけぼりになることも防げるから。この「ついで聞き」から始めてみればいいね。

盛山　ついで聞きですね。

官谷　そう、テンポよく。例えば……今回はまだ聞いてないと思うんですけど、盛山さん、彼女は？

盛山　進展は特にございません。

官谷　ちなみに、彼女いない歴は何年ぐらい？

盛山　3年くらいです。

官谷　あ、結構いないね。3年前に付き合ってた彼女って、何年ぐらい付き合ってたの？

盛山　2年半くらいですかね。

官谷　その2年半付き合っていた彼女は、何屋さんだったんですか？

盛山　えー、何屋さんというか、商社に勤めてたんですけどね。

がデザインされ、巻末には科学や歴史などの読み物が掲載されている。

官谷　ふーん、一緒に住んでたりとか？

盛山　いや、一緒には住んでないですね、全然もうばらばらで。

官谷　そのときは盛山さん、どこに住んでいたんですか？　今は東京でしょ？

盛山　そのときは、東京の護国寺っていう有楽町線の駅に。

官谷　で、その、商社に勤めてた同世代のお相手の女性は？

盛山　その子は茗荷谷《みょうがだに》※6のほうに住んでて。だから、まあ自転車で15分くらいだったのかな、距離的には。

官谷　どうやって知り合ったんですか？　ちなみに。

盛山　えーと、友達の紹介で。

官谷　あー、他力本願※7はもう変わらないんだ、昔から。

盛山　そうですね、他力本願です……。

官谷　これ聞いている人、「何だこれ？」ってなっちゃうからやめますけど、まあこんな感じで、ついでに聞いてく。今の会話って、ずっと途切れてないじゃないですか。僕も一応、興味を持って聞いているから、これをずっと、永遠に聞けるっていうか。

盛山　その、「興味を持って」っていうことがポイントですよね？

官谷　そうそう。

盛山　例えば、「ご主人に聞いたから奥さんにも聞く」とかっていうのは、ある種の訓練というか、その発想を持っていればできると思うんです。ただ、それ以上の、「どこに住んでて」

※6
茗荷谷駅
東京都文京区にある東京メトロ丸ノ内線の駅。駅が計画されていたころの地名、「茗荷谷町」にちなんで名づけられた。

※7
他力本願
仏教用語で、阿弥陀仏の慈悲のはたらきのこと。「自分の力でなく、他人依存、成り行き任せで望みをかなえようとすること」という意味でよく使われるが、これは誤用とされている。

とか、「住んでたところでは何があったの」とかは、ある程度相手に興味を持たないと、ぽんぽんと思いつかないかなと思ったんです。

官谷　そういうこと。例えば、盛山さんが前の恋人となんで別れちゃったのかが知りたかったにしても、いきなりそこにズバッと言ったらさ、「そんなこと、あなたに言うことじゃない！」って、なっちゃうじゃない？　急に聞いたら。

盛山　まあ、そうですよね。

官谷　「今、彼女いるの？」「いや、いないです」「何年前からいないの？」「3年前です」「彼女と、なんで別れちゃったの？」って言っても、まだ唐突でしょ？　場合によっては、さされ立つというかさ。

盛山　はいはい。

官谷　苦い思い出をほじくり返された、みたいなさ。でも、「どのくらい付き合っていたの？」「どこに住んでいたの？」「彼女は何屋さんで、どんな感じで、いつ頃から？」「出会いは？」って、こう周りから質問していったらどう？　その頃にはなんか、「いや、実は……」みたいな、言える心持ちになっているかもしれない。

盛山　うーん。

官谷　住宅営業に話を戻すと、「自己資金ってどのくらいでお考えなんですか？」っていう、すごく重要、かつ初対面では言いにくい部分を聞くために、「そうなんですねー」「なるほどですねー」って情報の外堀をちょっとずつ埋めていきながら、最終的に「ちなみに今回、自己資金はどのくらいでお考えなんですか？」って聞けばね、「いやー、まー、そんなに多くはないんだけど」みたいに、答えやすくなる。

盛山　なるほど。外堀を埋めるように。

官谷　キャッチボールを何回も繰り返しているうちに肩ができ上がってくる、じゃないけど。

盛山　はいはいはい。温まってきたぞ、みたいな。

官谷　キャッチしにくいところに投げず、つまり脈絡のない変な質問をせずに、まさにキャッチボールで距離を縮めていくのかな。本当のキャッチボールはだんだん距離が離れていくけどね（笑）。もちろん、「いやいや、官谷さんこそ今、付き合っている人いるんですか？」みたいな会話も差し込まれながら。

盛山　はいはい。

官谷　そこにも受け答えしながら、またボールを返して。そうすれば自ずとこちらの情報も相手にちゃんと伝えながら聞いているっていう、伝と聞のバランスも取れてくるよね。

■共通点から話をふくらませる

盛山　そういう意味で言うと、ある程度キャッチボールをスムーズに行うためには、営業側もある程度自分の情報を開示する必要があるのかなと思ったんですが。

官谷　そう。ちょいちょい挟み込む。

盛山　自分自身を開示していくためのテクニックっていうのも、何かあるのかなと思うんですけど。「こういう情報を出していったほうがいいよ」とか、そんなポイントってありますかね？

官谷　例えば、さっきのやりとりで、盛山さんが前の彼女と別れた理由のちょっと手前まで来たけども、僕は情報を聞きながら共通点も探しているわけよ。盛山さんとの。

盛山　ああ、なるほど。

官谷　何年前まで付き合っていたとかね。ただ、「3年彼女いない」とか聞くとさ、頭の中では思ってるよ、「俺にはあり得ねえな」って。

盛山　ハハハ。

官谷　だから、「共通点ねえなー」と内心思いながら探してたんだけど。まあ、大抵は会話の中でだんだん共通点が見つかってきて、「あ、わかる！」「いや、僕も実はこうで」ってなるでしょ？

盛山　はいはい。

官谷　もし私生活で共通点が見つからなかったら、パンッと話題を変える。例えば、「最近見た映画で、面白かったの何？」とかね。

盛山　はいはい。

官谷　で、「いやー、僕、映画、全然見ないんですよね」って言われちゃったら、「あー、これダメだ。じゃあ、この部屋も一回ドア閉めて」みたいなね。

盛山　ハハハハ。

官谷　僕はこれを「共通点キャッチボール」と言うんですけど。心理学的にもあったよね？「類似性の法則」※8だっけ？　似た人を好きになるっていう。

盛山　はい。確かありました。

官谷　例えば「車が好きで」「あ、僕も車、大好きなんです」とか、「バイクが好きで」「あ、僕も今は乗ってないんですけど、昔、○○に乗ってました」ってのも、一気に距離が縮まるっていうか。だから、いかにその相手との共通点を見つけ出すかっていう。

盛山　なるほど、それで共通点キャッチボールですか。

官谷　そう。まあ、お客さんは家づくりの参考のために来ているわけだから、当然そこをメインに置きながらなんだけども。例えば、食器洗い乾燥機の説明とかをしながら「ちなみに奥さま、お勤めされてるんですか？」とか、ちょっと聞いてみたりしてね。

盛山　はいはい。

官谷　キッチンで奥さまと話をすれば大抵は盛り上がるんだけど、一方でご主人はつまらなくなっちゃうから、「ご主人、料理とかされるんですか？」みたいな話もしてね。「いやいや、僕は、もう全然。ご飯も炊けないです」「あー、ほんとですか、僕もそうなんですけど」みたいに、奥さんに重心をおいて話しつつ、ちょっとご主人に声をかけるっていうかね。

盛山　はいはい。

官谷　そうやって共通点なんかをもとに、なるべくテンポよく会話を回していくのが大事なんだけど、ひとつながりにならなければ一回終わらせちゃってもいいわけですよ。「ご主人

※8
類似性の法則
自分と中身や外見が似ていたり、共通点が多かったりすると親近感を持ち好感を抱きやすくなるいう心理効果。1965年、アメリカの心理学者バーンとネルソンにより提唱された。

の趣味はフットサル」まで聞いておいて、またどこかのタイミングで、「あ、そういえば、さっきご主人フットサルやられるって言ってたじゃないですか」って、もう一回、話をつなげ直してもいいし。

■未来への質問をしよう

盛山　今までのテクニックだけでも話題は広がるんですけど、他にもあれば教えてもらえないでしょうか?

官谷　そうですね。これもよく言う話ですけども、住宅って一生に一度と言っても大げさじゃないぐらい大きな買い物なので、月々の支払いとか数千万円の借金っていうリアルな部分だけじゃなくて、「明るい未来を買う」っていうほうになるべく持っていくというか。

盛山　「コト売り」的な話ですね。

官谷　うん。未来につながるような、テンションが上がる質問をするっていうかね。「どういう暮らしをされたいってお考えなんですか?」みたいなね。

盛山　具体的にはどんな会話ですか?

官谷　例えば、自分の子どもに健やかに育ってほしくない親なんていないわけだから、お子さんの話に触れる。「どんな習い事をされてるんですか?」とか聞くでしょ? その後に、「どんな子になってもらいたいんですか?」的なことをあわせて聞いたりね。要は、「家を建てることで、どういう幸せな未来像を描いているのか」みたいなこと。

盛山　なるほど、その質問は、家を建てる意欲を高める効果もありそうですね。

官谷　そう、もちろんあるよ。

盛山　未来につながるような質問をするほうが盛り上がるっていうことですか？

官谷　もちろん、「たまたま見に来た」っていう方もいるけど、仮にそうだったとしても潜在的には家を建てたい気持ちはあるわけだし。「盛山さん33歳でしたよね？　家を建てる方の、ほぼど真ん中にいますよ」みたいな話をしながら。

盛山　意欲を高めてあげながら。

官谷　「早いほうが返済も楽だし、家を建てれば明るい未来が待ってますよ」っていうような。

盛山　基本はそこなんですね。「明るい未来が待ってますよ」ってところに持っていく。ちなみに、そうやって明るい未来をセットにして聞く技に名前を付けるとしたら、どんな名前がつくんですかね？

官谷　なんだろう……「未来への質問」じゃ、それっぽくない？

盛山　未来への質問かー、他にないですか？

官谷　……「ドア・イン・ザ・フューチャー」みたいな？　ちょっとわからないけど（笑）。

盛山　ハハハ、「ドア・イン・ザ・フューチャー」、いいんじゃないですか。以前も出てきましたけど。

官谷　ドア・イン・ザ、なんだっけ。

盛山　ドア・イン・ザ・フェイス。

官谷　あ、ドアから離れたほうがいいかもしれないね。全部それになっちゃう。

盛山　ハハハ。

官谷　まあね、現実しか見せられないと不安になっちゃうから。よく「背中を押す」なんて言うけどもさ、背中を押しきれないのは、現実ばかりで明るい未来をイメージさせられてないからというのもあるよね。足元ばかりを見ちゃって、バンジージャンプ※9が飛べない、みたいなね。

盛山　ハハハ。そうすると、なるべくポジティブな感じで質問していくのは大事ですね。

※9
バンジージャンプ
バヌアツ共和国の先住民族による成人への通過儀礼「ナゴール」が起源となり1980年頃から世界の各所で行われるようになる。日本初上陸は1994年。現在国内最高は岐阜バンジーの215m落下、世界最高はマカオタワーの233m落下と常軌を逸している。

■表情も重要な要素

盛山　今まで官谷さんがおっしゃっていたような会話の進め方、すごくスムーズだなと思ったんですけど、やっぱり「興味を持って聞く」ことが重要なのかなと思って。で、相手にも、「こちらが興味を持っている」ってことが伝わったほうが、より乗ってくれそうですよね。

官谷　うん。これは音声でお伝えしてるので伝わりにくいとは思うんですけど……実は僕、かなり表情を出してしゃべってるんですよ。

盛山　ハハハ、身振り手ぶりもすごくやってくれてますよね。

官谷　そう。悔しい話なら、一緒になって悔しそうな顔をしたりとか、驚きがあれば、「おー、すごいじゃないですか！」っていう顔だったりとか、「なるほど！」みたいに、ちょっと感心したりとか、「うわー、困っちゃった！」みたいなね。

盛山　ハハ。今もやってくれてますが。

官谷　なんだろう……愛嬌《あいきょう》っていうか。それって、人が接客している最大の利点だと思うんだよね。

盛山　うんうん。対面ならではですね。

官谷　やっぱりそこに人間味がないっていうんじゃ、人が介在している意味がないし。だから会話の中で共通点を見つけて、それをつなげながら笑ってみたり感心したり。テンポよく、いろんな情報を聞き出してみたりするときに……。

盛山　コミュニケーションを円滑にするために、表情やしぐさって、すごく重要な要素になってますよね。

官谷　そうだね。

盛山　もちろん、根っからそういう人もいると思うんですよ。でも、なかなか表情の作り方がわからないっていうか、僕もそうなんですけど、淡々と聞いてしまったり、話してしまったりするってことがあるんですけど、何かコツがありますか?

官谷　自然なリアクションから始めればいいと思う。研修先でもたまに指摘することがあるけど、「その表情はちょっと違いますよ」っていう人がたまにいる。こっちが話をしていて、反応が「あれ?今、下ネタ言っちゃった?」みたいな感じで焦ることがある。

盛山　「わかってんの?わかってないの?」みたいな?

官谷　うん。そのリアクションと表情はおかしいよね?っていう。

盛山　おかしいよねっていうのは？

官谷　笑うところは笑っていただきたいし、共感してるんだったらうなずくとか。

盛山　「本来受けるべき印象と表情が違っちゃってる」ってことですね。

官谷　そう。盛山さんも、人前でしゃべる機会が普通の人よりも多いからわかると思うんだけど、聞いてくれてる人がうなずいてくれたりすると、すごく安心するというか、心強くなるっていうか、しゃべりやすくなるでしょ？

盛山　はい。

官谷　お客さんがしゃべっているときも、まさに同じで。せっかく奥さんが何かしゃべってくれてる、ご主人が何か情報をくれてるんだから、表情や身振り手振りを少しオーバーにするくらいがちょうどいいんだよね。

盛山　ちゃんと伝えたほうがいいっていうことですか、表情でも。

官谷　そう、だから、「はー、それは、うちはちょっと、あまり……」とかね。

盛山　ハハハ。今のも音声だと全然伝わらないんですけど、本当に悔しそうでしたね（笑）。でも、キャッチボールのためにはすごく必要なことですよね。もともと日本人って、表情を作るのが苦手な方なんじゃないですかね。民族的に。

官谷　そうかもしれない。僕も仕事を離れたら、結構仏頂面だったりするんだけど、いざ仕事となればスイッチを入れないと。「私はすごくモチベーションが高くて売れる営業パーソンです」っていうスイッチを、バチッと入れるようにしないとね。

盛山　官谷さんから見て売れてる営業の方は、表情とかも含めて「もともとそういう性格の人たちだった」っていうよりも、「演じて努力してるうちに、自然とそうなっている」っていう人のほうが多いですか？

官谷　うん。大体は後天的なものじゃないの？　先天的な人って明石家さんまぐらいしか見たことないよね。

■相手をアゲる、自分もアゲる

盛山　さて、ここまでは「ついで聞き」「未来への質問」「表情を使って伝える」みたいなテクニックを聞いてきたんですけども、他にもありますか？

官谷　お便りコーナーのご質問ですよね？　山梨県のY・Sさん。若い営業さんということなんですが、今の若い人はアゲるのが苦手っていうのかな？　……持ち上げるっていうか、お客さんのいいところを見つけて、うらやましがるというか。僕はそれを、「アゲ聞き」なんていう名前を付けてるんですけど。

盛山　アゲ聞き。

官谷　まさに「持ち上げる」の「上げ」。例えば、ご主人が車を大切にしてるということなら、「車、かっこいいですね」とか。

盛山　来場した瞬間にわかりますもんね。

官谷　うん。わかるじゃないですか。例えばピカピカにして乗ってるとか、20年ぐらい前の車なのに新車のように大事に乗ってるとか。「ゴマをする」みたいに思われると、ちょっと違うんだけどね。大切にしてるものに対して共感するって言ったらいいのかな。

盛山　はいはいはい。「こちらが興味を持っていることを、しっかり伝える」ということですよね？

官谷　そう。

盛山　前半で、「営業は表情を豊かにしろ」ってお話もありましたが、ちゃんと表情を作ることや、アゲるぞっていう意識も含めて「住宅営業としてのスイッチを入れる」ことが大切だとは理解したんですが、このあたり、どうマインドセットしたらいいんですかね？

官谷　やっぱり、売れてる営業から買いたいでしょ？　だから、「売れてる営業なんだ」っていうオーラをまとうことが大事だよね。

盛山　プロ意識みたいな。

官谷　そうね。プロ意識なのかな？　かっこよく言えば。だからさ、まずは自分自身のテンションを上げとかなきゃ駄目だよね。客宅へ商談に行く車の中で小椋佳※10みたいなのを聴いてたら、そりゃ、テンション上がるわけないよ。

盛山　ハハハ。ま、どっちかっていうとプロレスの入場曲とか聴きたいですよね。

官谷　『愛燦燦《あいさんさん》』※11みたいな曲ではさ。あ、これ小椋佳に怒られるかな？「人生って、こんなものですね〜」みたいになっちゃって、あっさり諦めて帰ってきちゃっても困るから。

盛山　完全にTPOの問題ですよ（笑）。

官谷　僕が家を売っていた頃は「夜訪《やほう》」※12ってのがあったんだけど、テンションが上がってないと、客宅のインターホンが押しづらいんだ。だから、ヴァン・ヘイレン※13とか聴いて

※10
小椋佳
シンガーソングライター・作詞家・作曲家。東京大学で文学・法学を学んだ後、当時の日本勧業銀行に就職。銀行員として務める傍ら歌手としての活動を行う。代表曲は『シクラメンのかほり』『さらば青春』など。楽曲の提供も数多く手掛けている。

※11
愛燦燦
1986年に発売された美空ひばりのシングル曲。小椋佳が作詞・作曲を手掛けた。うま味調味料のCMソングとして作られた曲だったが、ロングヒットとなり美空ひばりの代表曲となった。

テンションを上げといてから、「ピンポーン、こんばんは〜」みたいな形でいかないとね。

盛山 うん、うん。

官谷 ガチャッとお客さんがドアを開けたら、しおれたオッサンが「あ、どうも……」みたいな感じで現れたのでは、「可哀想に、どうしたの?」になっちゃう。悲愴感出ちゃうでしょ? ……これ、何の話からきたんだか、ちょっと忘れちゃったんだけども。

盛山 お客さまの気持ちを上げることが大切という話から、自分自身の気持ちも上げるという話になって……。

官谷 そうそう。小椋佳のことをちょっとディスったのは、僕も失敗したなとは思ってる。

盛山 ハハハ。

官谷 やっぱり、お客さんと気持ちよく商談を進めていこうと思ったら、喜怒哀楽をしっかり出しながら、「あー、いいですね、それ。ぜひ実現しましょう!」って言ってあげたほうがさ。

盛山 今の、すごくいい言い方でしたね。

官谷 「あ、いいっすねー。じゃあ、プランに取り入れます」よりもさ、「わあ! それ、すごくいいと思います! 何とか予算を切り盛りして、お客さんも頑張ってもらう、僕も知恵を絞るので、絶対に実現しましょう!」って言ったほうが。

盛山 そのほうが絶対に盛り上がりますよね。

官谷 そういうこと。……でも、僕が今ここでどんなに良いことを言っても、多分小椋佳は僕のとこでは家を建ててくれないよね。さっきからずっと気になってんだ、小椋佳に悪いこ

※12
夜訪
夜に客宅を訪問する営業活動。かつての住宅・不動産業界に存在した悪しき風習である。

※13
ヴァン・ヘイレン
アメリカのハードロック・バンド。1984年にリリースされた6枚目のアルバム『1984』からの大ヒットシングル『JUMP』のシンセサイザーのイントロは当時のティーンのハートを鷲掴みにした。当時官谷は15歳だった。

としたなと思って。彼は何も悪いことをしてないのに。

盛山 ま、いい曲が多いですから。

官谷 いい曲が多いよね。名曲の数々。

盛山 スナックとかで聴くと、すごくいいですよね。

官谷 そうだよね。今日、歌おうと思う。

■プチ否定、ベリー賛同

官谷 あとね、テクニックっていうべきものかわからないけども、お客さんの要望をなんでも聞いちゃう人っているじゃない？ お客さんが「あれを付けたい」って言うと、「あー、いいですね」。「これも付けたいです」って言うと、「それもいいですねー」って、何を言っても「いいですね」って返しちゃう営業。

盛山 でも、最初はそれでもいいんじゃないですか？

官谷 いや、だってさ、なんでも「いいですね」って言ってたら無能に思われるよ？

盛山 もちろんそれはそうですが。

官谷 お客さんが良いと思っているものを否定しちゃうのはNGなんだけど、全部「いいですね、いいですね」って言ってると、高田純次※14みたいに思われてくるよね。心に何も思っていない感じ（笑）。

盛山 ノリがいいだけ、みたいな。

※14
高田純次
コメディアン、俳優。「昭和の無責任男」「芸能界一いい加減な男」と称されるほどのテキトー芸で人気を博す。芝居に関しては真面目に取り組むそう。

官谷　だから、強弱をつけるっていうのが大事で。あれもこれもじゃなくて、「これは絶対付けるべきです！」とかメリハリが必要。僕がよくテクニックで言うのは、「プチ否定・ベリー賛同」っていう会話の手法。

盛山　なんかすごいワードが出てきましたね。

官谷　全部「いいですね」と言ってると、ただのイエスマンに聞こえちゃうから、重要度が低いものに対しては、時には「それはどうでしょう？」っていう柔らかい感じで否定をすることも大切。で、お客さんがすごく欲しがっているものには「それ、すごくいいと思いますよ！」って極端にベリーで賛同してあげて。

盛山　なるほど、表情もつけて。

官谷　それが、こちらの提案したいものであれば最高なんだけどね。「プチ否定ベリー賛同」、この緩急のバランスがないと、営業に相談する意味がなくなるから。

盛山　「お客さんの夢を応援しよう」という共感力が高過ぎちゃって、イエス！イエス！ってなっちゃうパターンもありそうですよね。

官谷　常にベリー賛同で、もう、何を言っても、「いいっすねー！」みたいなね。「勝手口、いいですよねー」「いやー、押入れ最高だと思います！」とか。

盛山　「どこでもあるわ！」みたいな（笑）。

官谷　それが続くと、「否定しないで丸く収めたい人なんだな」って思われちゃう。我々営業はプロのポジションを取らなきゃいけないんだから、場合によっては、「それはどうでしょう？」っていう強弱もすごく大切。

盛山　うん、うん。

官谷　「リビング階段、いいと思いますよ。『いってきます』『ただいま』のときに、必ずリビングを通ることは、家族のコミュニケーションの面でも、すごくいいと思います！」みたいにね。いいと思えたご要望には「ナイスアイデアです！」とか、強調してあげて。

盛山　それを判断できるのがプロですもんね。

■しんどい場面でこそ活きる会話術

官谷　ここまで言っておいてなんですが、僕も実際には商談の中で否定することって、そんなにないんですよ。なかなかしにくいというか。

盛山　そうなんですか？

官谷　ただ、どうしても否定しなきゃならない場面っていうのが、たまにある。例えば、結論交渉で競合他社と相見積りを取られてるっていうしんどい局面。で、お客さんがまだ迷っているときなんてのは、もう言わざるを得ない。

盛山　想像するだけで胃が痛いです。

官谷　だから厳しいことを言わなきゃいけないんだけど……ここでさっきのテクニックが活きてくるというか。

盛山　プチ否定・ベリー賛同ですか？

官谷　うん。それまでの商談で賛同をたくさんしておいた共感の貯金。で、結論交渉で、「実は官谷さんのところよりも、ちょっと安い会社があって」とか、「〇〇ホームさんも考えてて、もう一回金額を出してもらおうと思ってるんです」とか言ってきたときに、これまでのベリー賛同の貯金を一気に使う。

盛山　うーん、例えば？

官谷　「当社が１００万円円高いのは現時点で間違いないと思いますが、最終的には、うちで建ててよかったなって言っていただけると思います」みたいにね。

盛山　営業としてのポジションを上げておいた分がこういうときに活きてくる、みたいなニュアンスでしょうか？

官谷　そういうこと。親と子の関係でも、いつも怒られてばかりだと言うことを聞かなくなっちゃうじゃない？「よくできたね」とか、いいところは褒めてあげて蓄えておいて、バーンと怒るっていうかさ。だから子どもは聞く。ていうか、怒るときのために褒めてるみたいなところ、やっぱりあるじゃない？

盛山　なるほど。

官谷　それと一緒で、「ここぞのための貯金」っていうかさ。褒めたまんますくすく育ってくれれば、「怒らないで済んだわ」で、これに越したことはないのと一緒で。

盛山　すごく説得力のある子育て論にまでつながった。

官谷　貯金をおろさないで、そのままベリー賛同しながら楽しく契約してもらえれば一番いいんだけどね。僕も小椋佳をディスらなくて済む、みたいなね。……僕の中でちょっとまだ引っかかっちゃってんの、もう。何とか取り返したいと思ってるんだよね。

盛山　ハハハ。

■日常的な会話で鍛えよう

官谷　このテーマでひとつ付け加えると、やっぱり相手に印象を残すってことは大事ですよ。

盛山　印象に残す？

官谷　僕はほら、仕事柄ホテル住まいが多いでしょ？　いろんなホテルでチェックインして、カードでお金を払って領収書もらって、鍵もらって。次の日は「チェックアウトですか？」「チェックアウトです」のやりとりで鍵を返して帰るだけなんだけども……なんだろう、印象に残る人と残らない人っているんだよね。

盛山　店員さんってことですか？

官谷　そう。フロントの人。わずか数分の出会いだけども、ちょっとした会話で印象に残るか残らないかが変わる。これってすごく大事でね。お客さんもさ、うち1社だけを見て帰る人ばかりじゃないわけよ。

盛山　そうですよね。

官谷　3社のうちの2社目だったりとか、1社目だったりとかね。もしくは疲れ切った4社目だったりとか。その中で、家に帰ったときに印象に残る営業パーソンでありたいじゃない？

だから印象に残る接客という意味でも、日常的にちょっとした会話をしていれば絶対、相手の記憶に残るよね。

盛山 なるほど、そのための訓練でもあると。

官谷 ガソリンスタンドのお兄ちゃんだってさ、「おう、久しぶり」とか、「頑張ってんねー」とかって言われればさ、僕の車だけはきれいにフロントガラス拭いてくれるみたいなことになるわけでしょ？ もちろん、そこのメリットを求めてるわけじゃないんだけども。

盛山 うん、うん。

官谷 我々はしゃべる仕事だしね、いい意味で記憶に残ったほうが勝ちじゃない？ だから、常に人と接したときに記憶に残るようなトレーニングはしてるかな。ほんとに疲れ果ててるときは僕も普通に仏頂面でチェックインするけども。

盛山 ハハハ。

官谷 「官谷です。今日から2泊」みたいな。たまに、「はっ？ えー、サンタニさん？」「いや、カンタニ！」みたいにイラッとくるときもあるけど、「あっ、違う違う。警察官の官に山谷の谷です。よく間違えられるんですよ」とかって言ってあげればフロントの人も和むし。

盛山 ちょっと笑かそう、みたいな感じですか。

官谷 そう。それも含めてもう二度と忘れないでしょ？ 日頃のトレーニングだと思いますよ。気配り上手になる。盛山さんもそういう意識を持って日々行動したりすれば、好感を持たれるっていう（笑）。

盛山　そうすれば彼女もできるかもしれませんって、なぜかまたこういう話に（笑）。

アフタートーク④

エンタメって、ホントに大事！

盛山　官谷さんって、かなり幅広く知識をもってますよね。特に映画の知識はすごい。

小久保　映画に限らず、ドラマとか漫画とか全般に知識が豊富なんですよね。

盛山　この本の中でも、端々でそれが出てきます。ちょっと昭和感が強いですが(笑)。官谷さんは、あの知識をいつインプットしてるんですかね？

小久保　僕が昔聞いた話では、お風呂で映画を見たりもするらしいよ？ ポータブルのプレイヤーを持ち込んで。

盛山　ああ！ なんか飛行機に乗るときも持っていくって聞いたことがあります。しかも、自分の世代の作品だけじゃなくて、流行も押さえてるのがすごいですよね。世代関係なくというか。

小久保　音楽も、iPhoneに2万曲ぐらい入ってるって言ってたかも。

盛山　そうだそうだ、「あいみょんが流行る前から俺は押さえてた」って言ってましたよね。「あいみょんっていう良い歌手がいてさ」みたいな話をカフェでしてたら、隣のおばちゃんに怪訝そうな目で見られたって(笑)。

小久保　ハハハ。

盛山　「何この人、『みょん』とか言っちゃってる」みたいな。

小久保　「みょん」って響きと、しゃべってるおじさんの風貌にギャップがあるからねぇ（笑）。「広く浅く知識を持ってることは大事です」ってことは、この本の中でも営業パーソンの嗜《たしな》みとして取り上げているんだけど、官谷さんの場合は、ちょっとやり過ぎだよね。

盛山　一度、セミナーの後に参加者の営業の方と飲みに行ったことがあって。その方も映画ファンだったんですけど、官谷さん、80年代、90年代の海外映画について3時間ぐらい語り合ってましたよ、ノンストップで。あれはすごかったなー。女優の名前とか、役の名前とか、固有名詞をしっかり記憶してるんですよ。カルチャーまで語れるから、ちょっとカッコよかったです。

小久保　へー。相手の方もすごいぞって話ですけどね。そういえば官谷さん、「観た映画リスト」を作ってて、5段階評価でチェックしてるんだよね。

盛山　あれを世に出してほしいですよね。辛口が多そうですが。

小久保　僕自身はビジネスとして映像を作ってるので、芸術性とかをそこまで気にしてるわけじゃないんだけど、打ち合わせで官谷さんのところに行く度に何かしら映画を勧めてもらうの。

盛山　ええ、はい。その光景よく見ます。

小久保　で、その時話題に出た映画は、なるべく見るようにしてる。勧められた本も必ず目を通すようにはして。だからある意味、僕自身がこの本に出てくるような内容を実践していると言えるかもしれないですね。

盛山　素晴らしいですね。

小久保　それは官谷さんに限ったことじゃなくて、誰に対してもなんですけど。やってみると、いろいろな世界が広がって面白いと思いますよ。

盛山　そういうことってありますよね。実際に小久保さんの場合、それで仕事が増えているって話も以前されてましたよね？

小久保　いえいえ、それで直接仕事は増えませんが、お客さんとの初対面でのコミュニケーションは円滑になりますよね。ところで、盛山さん自身はこのチェックメイト・ボイスの中で出てきた、官谷さんオススメの作品って、チェックしてる？

盛山　基本的にあんまり覚えてないんですよね……。

小久保　全然身になってない人がここにいた（笑）。

盛山　いや、はっきり言って言い訳になっちゃうんですけど、「前略おふくろ様」とか、見ようがないというか。

小久保　たしかに。入手が難しいやつもあるね。昭和すぎて（笑）。

盛山　僕の場合、自分の観たいものを優先しちゃうというか……海外ドラマとかが好きなので。

小久保　そうかー。でも、入手が難しいような一昔前のドラマや映画が官谷さんのたとえに出てくるのは、その時代の作品のほうがリアリティがあるからだとも思うんですよね。

盛山　はいはい。

小久保　今のメディアでは表現できなくなってるものもあるんだよね。コンプライアンスだったり、若い視聴者が好まないとかで。でもそれって、現実を描けていないということでもあって。

盛山　わかります。タバコを吸ってるシーンが一切出てこないみたいな作り物感。

小久保　営業でいえば、お客さんには年配の方まで幅広くいるわけだし、昔の作品を見ることで、直感的に世代を超えて感覚が共有できるみたいなことにもつながるんじゃないかなぁ。

盛山　ただの趣味として昔の作品を挙げてるんじゃなくて、本質的な何かを伝えるにはそれがベストだから、ついたとえに出しちゃうってことなんですね。

小久保　あとは何十年か見続けてきた中でも存在感を発揮してる、心に残ってるという良さがあるわけでしょ？　40年間名作と言われてるってのには理由があるわけで。クオリティはある意味保証されてるとも言えるんじゃないですかね。ビートルズの曲みたいな感じで。

盛山　たしかに。新しい作品の映像が綺麗だとかって、作品が伝えるべきこととは、また別物ですからね。

小久保　そうそう。作品を通して自分の感性が変わるっていうのもエンタメの良さだと思うし。一度やってみたら面白いんじゃないかな？……まあ、こう言っても実践してくれないんだろうな、盛山さんは（笑）。

盛山　ハハハ、精進します（笑）。

Vol.13

競合対策①

競合対策の基本姿勢

受注に向けての最も大きな障害は「競合」である。
顧客が減り競合とのバッティングが増えた昨今、
安定した受注を目指すために
「競合対策」を避けては通れないのだ。

■競合対策の基礎と鉄則

盛山 さて、今回から「競合対策」というテーマでお話を伺っていきます。ですが、まず本題に入る前に、そもそも「競合対策」という言葉自体が時代遅れになってきているようなムードというのはありませんか？

官谷 時代遅れとは思わないんだけど、避けてきたというかね。

盛山 避けてきた？

官谷 「いかに競合しないで商品が売れるか、家が売れるか」みたいな方向に、みんな目を向けてきたんじゃないかな。

盛山 ああ。住宅だけに限らずですね。

官谷 そっちのほうがやってて楽だしね。

盛山 例えば……なんでしょう、こう、自社の強みを磨き続けていく、とか？

官谷 そう。

盛山 「商品力」なのか「デザイン力」なのか……。まあ、同じですね、そこを訴求し続けていれば、必ずお客さんはついてくるというような。

官谷　そう。争うよりも、「お客さんに選んでもらう」みたいなね。もちろんそれで全然問題ないんだけど、やっぱりお客さんって絶対1社だけじゃ決めないしさ。

盛山　はいはい。大多数のお客さんはそうか。

官谷　うん、まあ中には一目ぼれ、「この商品しか有り得ない」で、パーンって決めちゃう方も稀にいますけど、それはそれでやはり「圧倒的な商品力」があってのことか、もしくは自社の商品にぴったり感性がはまったお客さんがいた場合のみ。

盛山　うんうん。

官谷　大概の人は、すごくステキと思ったとしても、「あ、こんなのもあったんだ」って、ちょっと似たような商品を他でも探してみたりとか。「同じような外装で、同じような四角い家を建ててる工務店もあるんだ」なんて目移りするっていうかね。一社だけで決めるってのは非常に少ないから、結局は競争が始まる。

盛山　そうなんですか。僕がよく取材に行く工務店さんと、「どういう所と競合するんですか?」なんて話をよくするんですよね。そうすると、「いや、うち競合しないんだよね」っていう会社さんって、結構多いんですよ。

官谷　多いですか。

盛山　それって、どうとらえたらいいんですかね？本当に競合してない?

官谷　今話に出たように、競合しない商品をつくったり競合しない商圏に出店して、一人勝ちとはいわないけども戦略的に戦ってる会社さんもあるでしょ?

盛山　はい。市場調査の上でそういう商品を出している会社もありますね。

官谷　ただ、これだけパワービルダーが全国にイナゴの大群のようにあちこち攻めてるじゃない？　もう、今まで行ってなかった所も塗りつぶしていってるっていうかさ。こうなってくると、エリア的に競合がいないってのは、そうそうないでしょ？

盛山　そうですね。最近で言うと、地方に行くと必ず平屋専門店みたいな看板が立っているんですね。あれなんかは、そういうポジションを狙った商品作りと戦略なのかな、と思うんですけど。

官谷　まあ、そこに特化しているってことなんだろうけどもね。平屋って、もともとあるものじゃない？　つまり、別にどこでも真似できちゃう。

盛山　ああ、なるほど。

官谷　そういえば平屋で思い出したけどさ、いきなり脱線しちゃうんだけど、この前も台風あったじゃない？

盛山　ありましたね。19号※1。

官谷　ね。で、結構な被害だったでしょ？　関東、東北。大変なことになっちゃったけども。

盛山　長野もそうです。

官谷　何か、平屋ブームにちょっと一石を投じたんじゃないの？　ほら、「垂直避難」って言葉が出たじゃん。

盛山　ああ。そうですね。

※1
台風19号
2019年10月12日に日本を襲った台風。東日本は記録的な大雨となり、甚大な被害をもたらした。「令和元年東日本台風」と名づけられ、台風としては初めての、特定非常災害が適用された。

官谷　「命を守る行動をしてください！」で、1階で寝てる人は2階に上がってください、それだけでも助かる確率が上がりますよと。「垂直避難って響きが、なんかちょっとかっこいい！」「四字熟語だし！」みたいなね。でも平屋ではできないからね、あれ。

盛山　うーん、そうですね。

官谷　「災害時のことを考えたときに、避難所として2階があったほうがいいですよ」っていうトークを、僕が今後もし平屋専門店とバッティングした場合は言うだろうなと、この間ふと思ったのよ。

盛山　まあ、そういった話もありますけど……。

官谷　すいません、いきなり脱線しちゃいました。

盛山　いえいえ。そうやって、予期しない天災であるとか市場の変化であるとか、外部事情によって、競合がいないと思っている会社さんでも、今後風向きが変わることだってあるわけですよね。

官谷　そう。本当に競合してないにしても、環境は変わるからね。あの、間違ってたらごめん。アルゲンタビス※2だっけかな？　白亜紀の鳥なんだけど、それが絶滅した理由が環境の変化なんだよね。氷河期が近づいてくるかなんかで風が吹かなくなったんだって。

盛山　へー、恐竜時代の……。

官谷　風向きも変わったんだって。今、「風向き」で思い出したけど。

盛山　ハハハハ。

※2
アルゲンタビス
約900万年～680万年前の南米に生息していた大型鳥類。翼幅はおよそ6mにもなるが、長い間飛翔できるほどの強靭な骨格や筋肉は持っておらず、丘の上から上昇気流を受けて滑空しながら獲物を補足したと推測される。「アルゼンチンの鳥」という意味。

官谷　その鳥がね、80キロぐらいあるんだ。体重が重いから自分の筋力だけでは飛べないんだけど、当時の地球はいつも強い風が吹いていたから、その風に乗ってふわっと舞い上がって上空から獲物を仕留めてたわけ。でも気候環境が変わって風が吹かなくなっちゃったら、自力で飛べないわけ。そしたら獲物を捕まえられなくて絶滅。

盛山　ああ。

官谷　そう考えるとさ、「あれ？　ちょっと最近、風が弱くなってきたぞ」じゃないけど、一気に絶滅なんて工務店も、これから出てくるんじゃない？

盛山　これ、どんどん話がそれてるんですけど……。

官谷　そうだよね。なんで恐竜、白亜紀の話をしちゃったのか。

盛山　さっきの話に戻します。「競合してない」っておっしゃる会社さんは結構あるんですけど、例えば「最近ちょっと集客が落ちてるな」ってときに、「もしかすると、競合すべきどこかの会社に、既に奪われてしまってるかもしれない」っていうことも、きっとひとつのテーマになってきますよね。

官谷　実際問題、競合してないと思ってるだけで、取られてるのをわかってないってことは、よくあるよ。

盛山　怖いですね。

官谷　怖いですよ。実はバリバリ比較されてるんだけど、「うちは競合がない商品だ」とか「うちの商品を気に入ってくれるお客さんは当社一本で、他社と比較したりするような方はいないんです」とか、「特別な商品で差別化ができてるんです」とかはすごく危険な思い込み。例えばその、ピー入るだろうけど、ほら、××と△△なんて似てるじゃん。

盛山　ハハハハ。

官谷　完全に当ててきてるしさ。お客さんは両方見るもんね。

盛山　これピーになると何もわからないんですけど（笑）。

官谷　まあ、差別化なんてのは、いつまでもできないですよ。商品が良ければ良いほど、みんな真似してくるし。なんか、ハイエナが増え過ぎてライオンが餓死みたいなさ。だから気が付いてないっていうことが一番怖いと思いますよ。

■「〇〇が長い」は競合負けの兆候

盛山　実際、官谷さんの所に、工務店からいろいろ相談が来るわけですよね。

官谷　そうですね。営業指導っていう形でお仕事をいただいてます。

盛山　「負けちゃってるので指導してください」という会社さんは多いですか？

官谷　まあ、負けてるっていう自覚症状が出始めてきて、「やはり営業力が大事だね」っていう形で、ご依頼が増えているのも事実。でもね、ほとんどの会社さんが僕をまず呼んでくれるのは、「競合が増えてきたから助けて！」とか、「競合対策を教えて」という理由ではないんですよ。一番最初は。

盛山　え、どういうことですか？

官谷　要は、「リードタイムが非常に長い」って状況に悩まれて相談されるケースがほとんど。「うちの営業、10回も15回もお客さんと商談してて、まだ決まらない」とか。

盛山　ああ、はいはい。

官谷　で、「10回よりも5回で受注を取りたいよね」「生産性や効率化って大事だよね」っていう部分に共鳴していただいて、「たしかに、うちの営業は効率悪いわ。設計も疲弊してるわ」っていうことで、どこに非効率な部分があるのかを知るため、改善するために呼ばれる。

盛山　なるほど。でもそれは悩みとして自然な流れのように見えます。

官谷　そう。で、「やはり効率が悪いです。もっと早く決まりそうですね」って、指導していくでしょ？

盛山　はい。

官谷　そうして10回とか15回かけてる商談の中で、「結局、結論が出ませんでした」みたいな商談を紐解いてみると、実は「他決」だったりするわけ。

盛山　なんでわからなかったんですか？

官谷　それは、その会社の今までの文化に「振り返り（レビュー）」がないから。「10回、15回会ったけど、結論をいただけないまま自然消滅になっちゃって」みたいな。営業本人は直接断られたわけじゃないから、「どこに負けた」っていう敗北感を持たずに、なんとなくフェードアウト。

盛山　うんうん。

官谷　で、何か月か経って、そこの家の前を通ってみたら、他社で着工中になってたり。本当は競合負けなんだけど、その真実を知らないまま次のお客さんを追いかけて、またその人も決まらなくて、またフェードアウトみたいなのを繰り返してて……。

盛山　その営業は一生懸命、相談には乗ってあげてたとは思うんですけど……。

官谷　そうね。でも、「15回の商談をもっと効率よくしましょう。10回にしましょう」って、余分なところをそぎ落としていくと、実は競合がいたせいで長引いてたことがわかってくる。

盛山　だんだん事実が見えてくると。

官谷　なんだろう、ふわふわの犬とかを洗うとさ、「細っ！」みたいになるときあるじゃない？　そしたら「競合出てきた！」みたいなさ。

盛山　ハハハ。まあ、そういうケースがよくあるんですね。

官谷　そう。もっともそういう会社さんに対して、いきなり競合対策はやらないけどね。ライバルとどう戦うかの前の基本が整ってないわけだから。

盛山　うーん、なるほど……。

■「競合負け」が増えている？

官谷　ただ本当に、ここ最近は競合の数が増えたよね。どこの会社のレビューシートを見てもさ。

盛山　そうなんですか。

官谷　うん。今までは競合欄に1社しかいなかったのが、数社いるのが普通になってきたりとかね。

盛山　ある意味、地場の工務店のレベルが全体的に上がってきてると思うんですよね。平均点以上の工務店が増えている印象があって。なので競合が増えてくるというか。

官谷　あと、スーモカウンターがお客さんを一堂に集めていろいろ聞いて、「じゃあ、あなたに合う住宅会社さんはこの5社ですね」って提案されちゃうから。

盛山　そうなると、競合を避けることは現実的に難しいですよね。

官谷　だからなおさら、同じようなスペックだったら差別化を図らないと、お客さんもどっちがいいのかわからないしさ。競合対策はしっかり身に付けないと、この先は本当に厳しいんじゃないかなと思いますよ。

盛山　そうですね。まとめると、効率的な受注のためにも競合対策は必要だし、そもそも競合してないのは有り得ないんだっていう考え方にシフトしたほうがうまくいくと。

官谷　そうです。たまに支援先で「4回目の商談で競合が判明しました。対策どうしたらいいでしょうか？」って言われるようなこともあるわけ。もちろんアドバイスはするけども、いまさら言われたって……みたいなところがあるじゃない？

盛山　え？　それは4回目で発見するんじゃ遅すぎるってことですか？

官谷　遅いでしょ！　発見できたのは4回目で、「実はうちとほぼ同じタイミングで見始めてたらしいです」みたいな。気が付くの遅えなって話だね、これは。

盛山　それくらいシビアな問題なんですね。早く見つければ見つけるほど、競合対策っていうのは、やり方がある？

官谷　もちろんそうですよ。戦闘機のドッグファイトの鉄則※3と一緒。「先に見つけたほうが勝つ」っていうさ。

盛山　そういう鉄則があるんですか。

官谷　だって何キロも離れた場所からこっちはしっかりマークしてるのにさ、向こうはかなり接近してから慌てて「敵機発見！」ってやってるわけだからね。もうこの時点で勝敗、ほぼついちゃうのよ。

※3
ドッグファイトの鉄則
ドッグファイトとは戦闘機同士が互いの機体を射程内に捉えるために行う攻防のこと。犬同士が相手のしっぽを追いかけ合う様子に似ていることからその名がついた。有利なポジションを取るためには、敵機の早期発見が重要である。

■負け方にこだわる

盛山　前半を総合すると、競合対策は必須だというお話になると思いますが、もう少し詳しく教えてもらえますか？

官谷　あまり説教臭くならないようにしたいんだけど……会社として、まずは負け方にこだわるってことだと思うね。

盛山　負け方にこだわる？

官谷　「会社のためにも、ちゃんと売り上げを立ててこなきゃ」っていうような、当たり前の意志が営業にあるか。「そんなにあっさりは負けねえぞ」っていう気持ち。結果的に「○○ホームに負けちゃいました」ってなるにしても、僕は負け方にすごくこだわるというか。

盛山　つまりどういうことですか？

官谷　負けるにしても、執念を見せろってことだよ。だって、次の戦いもあるんだから。もう二度と戦わない相手ならいいんだよ？「ミルコ・クロコップ※4とはもう戦いません」みたいなのだったらいいけど、同じエリアの競合に今回負けても、また別のお客さんの案件で戦うっていうことは、あり得るわけでしょ？

※4
ミルコ・クロコップ
クロアチアの元格闘家。日本ではK-1選手として1996年にデビュー。その後、PRIDEへと戦いの場を移し、エメリヤーエンコ・ヒョードル、アントニオ・ホドリゴ・ノゲイラと並んでPRIDEヘビー級三強と称された。

盛山　はい、はい。

官谷　バッティングしてるってことは、価格帯も近いってことだろうし。競合負けしたってことは、お客さんが「どっちにしようかな」って悩んで選んだっていう証なわけだから、また同じようなことはあり得るよね。だから二度も三度も競合して負けたり勝ったりしてるのに、そこを徹底的に追及しない営業チームは、「一体何をやってるんだ」って思っちゃうよね。

盛山　そう言われれば、たしかにそうですね……。

官谷　こう言っちゃうと耳が痛い方も多いかもしれないけど。僕が前職の住宅会社でプレイングマネージャーをやってたときなんてのは、一回負けるともう、「全部調べてこい」って、当然なる。いや、負けたらじゃないな。バッティングしてるって聞いた瞬間に、「〇〇ホーム？何だそれは。すぐ調べてこい！」って、なってたよね。

盛山　その時点で動き出すのが当たり前？

官谷　「客のふりをして潜入捜査で情報を集めてこい」とまでは言わないんだけど、例えば、「設備屋さんに聞いてこい」とか、「誰か、その競合で働いていた社員はいないのか」とか、「その競合会社に知り合いはいないのか」とか、「誰か、競合して勝ったやつはいないのか」って、まず、情報をとにかく集めるよね。

盛山　なるほど。たしかに怨念《おんねん》めいている……。

官谷　うん。呪いでもなんでもやってやろうって思ってるからね。一回でも負けたら、やっぱり悔しいから、絶対次に対策とるじゃん？　でも、とらない会社が結構多いんだよねえー。

盛山　違う方向で対策を取るというか、「会社の商品力に問題があったな」とか、そんな考えもあるかもしれません。

官谷　もちろんそれは、すごく大事だよ。大事なんだけど、そもそも「相手がいくらの建物でどんな標準仕様なのか」とか、「何月決算で営業の締めは何日なのか」とか、「どういうラインナップがあるのか」とか、「標準のキッチンは何か」とか、そういうことも知らないで、もう一回戦って勝とうっていうのは生ぬるいよ。

盛山　うーん……。

官谷　「対策もしないで次に勝てる根拠はどこにあるんだ」っていう話でしょ？　なんだろう、敵を調べるっていう行為が武士道騎士道に反するとか、スマートじゃないみたいに思われているのかな。

盛山　そうですね。「より良いものを作ったほうが勝つ」みたいな神話に縛られてるっていうか。もちろんそれが、この業界の良いところを作っているとも思うんですが。

官谷　別に弱みを探してきてそこを攻めたてろとか、『カイジ』のじゃんけんゲームみたいなことを言ってるんじゃなくてね。自分のところの良さを引き立たせるためにも、相手の良さもしっかり知るべきでしょ。

盛山　はいはい。

官谷　耐震性では互角だと思えば、耐震性じゃないところを強みに、さらにボリューム上げて訴求したほうが絶対いいじゃない？

盛山　そうですね。

官谷　でも、それを知らなかったら、「いやあ、うちはもう耐震性が優れてますから！」の一点張りで……何だろ、体力がある同士が、体力勝負やってるみたいなね。『はじめの一歩』でいうところのさ、島袋岩男※5が2人いて持久戦やってるみたいな。「どんだけ潜り続けんの？」みたいな話で……そんなキャラいたよね？　沖縄の元漁師の。あいつ相手だったら、やっぱり違う戦法とったほうがいいんじゃない？　ってこと。

盛山　なるほど。うーん、そうですね。

官谷　営業はファイター的なマインドが必要じゃないですか。要は戦いなんだから。さっきのたとえじゃないけど、ボクシングみたいなところがあるかな？　絶対的に自分に自信があったって、相手もそれと同じぐらいハードパンチャーだったらさ。見てるほうは面白いけど、勝つことを考えるんだったら、「俺があいつより優れてるところは何なんだ？」っていうことを探す必要があるよね。

■競合対策、どこから始める？

盛山　競合対策というものを、これから始める方がいるとして、どんなところから始めたらいいいですか？

官谷　まず先ほど話したように、近隣のエリアにどういう工務店がいるのか。例えば、自社の商品と上200万円、下200万円くらい、上下合わせて400万円くらいの価格帯は、

※5
島袋岩男
森川ジョージ原作の漫画『はじめの一歩』に登場するボクサー。元日本フェザー級1位で本職は漁師。並外れたスタミナと耐久力、肺活量を武器に、相手を少しずつ弱らせてから仕留めるファイトスタイルが特徴。47巻に初登場。

バッティングする可能性がある。

盛山　そうですね。

官谷　もうちょっと言うと、「うちは1グレード下だけど、あれを付けてこれを付けてをやっても、○○ホームさんとまだ同じぐらいの価格ですよー」っていう戦い方をしてくるローコスト帯の工務店もある。一方で「もうちょっとご予算を伸ばしてもらうと、こういうことまでできますよ？」っていう、２００万円くらい上の価格帯の会社までバッティングすると考えておいたら盤石だよね。

盛山　なるほど。そのー、こんなこと在り得ないとは思うのですが、バッティングしてる会社の社名がわからないっていう状況だとしたら、どうすればいいですか？

官谷　それはほら、例えばリクルートが出してる月刊誌なんかを見れば、そのエリアの住宅会社はほぼ載ってるし、全国の大手ハウスメーカーだったら当然、全部載ってるわけだし。どういう商品が出たよってことも、大体書いてある。

盛山　うんうん。

官谷　住宅雑誌がコンビニにすら置いてあるんだから、それを見てこられる方が多いわけで。まずは、そこに載っている自社商品と近い会社がどこか、ぐらいは押さえとかないとね。

盛山　すみません、愚問でした。その、バッティングしてるかどうかっていうのは、もちろんお客さんが「うち、今、官谷さんのところと○○ホームで悩んでまして」って言ってくれればいいですけど、どうやってそれを知るんですか？

官谷　ガチで競合してれば当然、商談の中で自然と社名は出てくるとは思うけども、よくあるのは、「競合がいるかどうか」しか聞かないケース。目の前のお客さんに気を遣ってるのかもしれないけど、あれは良くないね。

盛山　それはつまり？

官谷　例えば「うちを見に来るお客さんって、全部で何社くらい気になってるのかな」って、ここも大事じゃない？

盛山　それは聞いてもいいものなんですか？

官谷　もちろん聞いちゃうよ。「何社くらい資料請求されたんですか？」とかって、お客さまの市場調査、リサーチ的な雰囲気で聞くよね。

盛山　そのー、デートしてるときに、付き合いたいなあと思って……。

官谷　フフッ、何それ。また盛山さんの、プライベートな話？　急に今。

盛山　いや、いいなあと思った子がいて、例えばデートしてるときに、「僕以外にも他にデートしてる男の人いる？」とかっていうふうに聞かないじゃないですか。

官谷　聞くよ。

盛山　えっ、聞きます？

官谷　聞く聞く。うん、え、聞かないの？

盛山　なるほど、これがモテる男の考え方……。

官谷　いやいや、普通だと思うよ。

盛山　そうですか？
官谷　いや、例えばさあ、今日女子と会ってて、「じゃあ来週、映画観に行かない？」みたいな話になるとする。
盛山　はい。
官谷　で、「いいわよ」みたいな話になって。「でも2週連続で、俺と遊びに行っちゃって大丈夫？なんか、他にないの？」みたいな、そういう確認の仕方をするじゃん？「ないないない！」ってなればさ、「本当に全然ないんだな、よし！」みたいな。
盛山　へえ、それはやっていいんですね。すっごい参考になります！
官谷　やっていいっていうか、それやらない？普通。
盛山　ハハハ。概念がないです。
官谷　うーん。だから毎回そうやって失敗するというか、常に未遂で終わってるんだよね。告白未遂みたいな。
盛山　なるほど。えー、ですから、まあ、競合対策するとしたら……。
官谷　なんで自分でプライベートな話を振っといて、自分で本題に戻すかな（笑）。
盛山　ハハハ。まあ、とにかく競合対策を始めるには、直接お客さんに聞いてもいいんだっていうことですよね。
官谷　聞かないとマズい。それに、会社の最前線にいる役割として、「今、状況はこうなってます、戦況はこうです」みたいな報告を上げないと、どこに救援物資を落としたらいいのかすらわからないよね。敵が誰かなんて、その最たるものだから。

■競合の名前をどう聞くか

盛山　慣れてくると競合の存在を上手に引き出す話術があるのかもしれないですけど、例えばお客さんの予算とか、属性みたいなところから、「多分あの会社だろうな」って、なんとなく目星はつくものですか？

官谷　以前、「玄関はコスモだ」って話したけど、玄関だけでも話はいくらでもできる。例えば、「シューズクローク、これ便利なんですよ。どこかでこんなの見られたことありますか？」って付け加えれば、「ああ、さっき見てきたところも、こんな感じだったなあ」なんていう話になれば「ちなみにどこですか？」って自然に聞けるじゃん？

盛山　玄関だけでもほとんどの情報が聞けるって話でしたよね。なるほど。

官谷　モデルハウスの設備をきっかけに、「うちはこれが売りなんですよ。どこかでご覧になられたことありますか？」みたいな形で聞いて「いや、知らなかった。すごくいいですね」って言ってくれれば、「ということは、○○社と△△社は見てないんだな」と推測できる。

盛山　あー、はいはいはい。

官谷　聞き方だと思いますよ。消去法でだんだん狭めていくことはできるでしょう。アキネーター※6じゃないけどもさ。

盛山　フフッ、懐かしいですね、アキネーター。

※6
アキネーター
質問への回答を元に人物・キャラクターを絞り込み、推測しながら特定するプログラム。データベースを応用したAIの一種である。日本語版が登場した2010年当時は回答精度が低かったものの、以後データの蓄積により、少ない質問で正確な答えが出るようにアップデートされている。

官谷　あれってそうじゃん、まさに。「俳優？」とかって聞かれてね、「はい」みたいな。「結婚してる？」「わからない」とかさ。あれと一緒ですよ。

盛山　はいはい。そうやって近隣の競合の、ある程度の目星をつけられるような準備をしておかなければいけませんね。

官谷　僕が毎回「盛山さん彼女できた？」って聞いてるのと同じで、状況は刻々と変わるから、競合の状況は毎回確認しなきゃいけない。でも、毎回同じ聞き方だと芸がないから、いろいろな聞き方を準備しておくってのは大事ですよ。

盛山　打ち合わせのたびに聞けってことですか？

官谷　うん、聞きますよ。まあ、具体的に「〇〇ホームを見てる」とか教えてもらっていればもちろんだし、「〇〇ホームさん、この前資料請求したって言ってましたよね？　その後はどうですか？」って聞けるじゃない。

盛山　はいはい。

官谷　前回会ったときは、「どこも見てません」って言われてたとしても、「前回はどこも見てないとおっしゃってましたけど、まだどこもご覧になられてないんですか？」とか、「お忙しいとは思うんですが、どこか見られたほうがいいんじゃないんですか？　何社か見ていただいたほうが、うちの耐震性の良さをよりわかっていただけると思うんで」とか、軽く伝えておく。そうすると、「前回も言ったんですけど、その後、他社さんは見ました？」みたいな形で聞きやすいじゃない？

盛山　なるほど、はいはい。
官谷　ただ棒読みで、「どこか他に気になっている会社はありますか？」って毎回聞くのでは、ちょっとストーカーっぽいというか、気持ち悪くなっちゃうからね。

■競合対策は総力戦

盛山　「どこか他社さんも見たほうがいいんじゃないですか？」って聞き方は、競合を増やしませんか？　競合がいたほうが戦いやすくなるって考え方でしょうか？
官谷　もちろんケースバイケースだけど。競合が全くいないと、「あなたの会社のことはよくわかったけど、まだ他を見てないから、よそも見て判断したいと思います」って終盤で言われちゃったら、もう次がなくなっちゃうからね。
盛山　ああ、そうですね。これまでのお話の中にもありました。
官谷　一番嫌なのは逆のパターン。競合してて、余裕ぶっこいてて負けちゃうケースってのは、見ていて一番歯がゆいかな。値段はうちに優位性がある。もしくは「値段が同じぐらいでもスペックが全然高いから、どう考えたって負けるわけねえ」みたいに余裕ぶっこいてて、で、そこに負けるみたいな。
盛山　そういうケースは珍しくない？
官谷　しょっちゅうあるよ。いい方は悪いけど、「なんで、あんなひなびた会社に負けたんだ」っていう他決。競合対策ができていれば、ありえなかったというケースね。気持ちいいのは逆のときだよね。こっちが小規模な場合。

盛山　それは、どういう条件で勝てるんですか？

官谷　もちろん営業力ですよ。知名度とか価格とか装備で勝てないんだったら、営業力総動員で戦うよね。

盛山　うんうんうん。

官谷　それこそ、ここまでの12回やってきた中に散りばめられてるよ。まともに戦ったって勝ち目がないから、上司を交えた「長挨拶《ちょうあいさつ》」で、タッグマッチで戦うとかね。

盛山　長挨拶、やりましたね。

官谷　２人でも足りないんだったら設計を連れ出してきてとか、それでも足りなかったら、工事部長にも出てきてもらって総力戦でね。向こうは営業1人で涼しい顔してスマートに戦ってるけど、「こっちはもう泥臭くいくよ」みたいなね。「はじめの一歩」の島袋のように、もう海の底に引きずり込むよ、みたいな。

盛山　すいません、ちょっとそのたとえ、わかりません。

官谷　向こうがカタログとオシャレなモデルハウスでスマートに家を売ってるなら、こっちは泥臭く構造現場に連れてって、ＯＢ邸へ連れてって、もう一軒、構造案内にも連れてってぐらいのことをやって、「いやあ、うちの大工さんの腕が良くて……」みたいに。

盛山　現場を使いまくる。

官谷　そうやって、ちょっとずつボディーブローで相手の体力を削ってくっていうかさ。

盛山　違うところから攻める。
官谷　そうね。知名度で敵わないかもしれないけども、親に会っちゃう。で、親を味方につけちゃえば、なんか片腕もいじゃったぐらいの効果が出てくるわけじゃない？
盛山　「親対策」だ！　柔軟に動けるのが工務店の強みですしね。
官谷　やっぱり逆転勝ちというか、「よくあそこに勝ったね」っていう勝ち方をすると、「営業の醍醐味」みたいなものを感じることもできるし。
盛山　それだって全て競合対策っていう考え方があって、先に競合を見つけてからじゃないと、できないですもんね。
官谷　そう。浜田剛史《つよし》※7 VSレネ・アルレドンドね。
盛山　……誰でしょうか？
官谷　総力戦の話が出たから今思い出したんだけど。今、ボクシングファンは懐かしいなあと思ってるよ。浜田剛史。
盛山　あー、有名なんですね。
官谷　胸に黒いダスキンを貼りつけたような男。1986年、世界ジュニアウェルター級タイトルマッチですよ。この人、パンチの破壊力が強過ぎて自分の拳を2回骨折してんの。
盛山　え、自分のパンチ力のせいでですか？
官谷　そう。タイトルマッチ直前で拳を痛めて、結局タイトルマッチが組めなかったりとかしてる不運な人なの。日本チャンピオンまでは獲ったんだけど、それで終わっちゃうんじゃ

※7
浜田剛史
元プロボクサー（元WBC世界スーパーライト級王者）。生粋のハードパンチャーで当時の日本記録、13試合連続KO勝利を樹立した。1986年7月に世界初挑戦。当時のWBC世界スーパーライト級王者レネ・アルレドンド（メキシコ・39戦37勝2敗）との戦いを制し王座を獲得。翌年、挑戦者となったアルレドンドと再戦したが敗北。この試合をもって現役を引退した。

ないかなと思われた、その、浜田剛史の初世界戦ですよ。

盛山　で、どうなるんですか？　それは。

官谷　1ラウンド。えー、3分9秒だったな、浜田が1ラウンドで衝撃のKO勝ちですよ。この話で何が言いたかったのか、ちょっと飛んだんだけど、何だったっけ？

盛山　いや、要は明らかに勝ち目のない勝負で……。

官谷　そう！　そうなのよ。レネ・アルレドンドは背が高くて顔も良くて、まあ顔は関係ないんだけど、強いチャンピオンだったのよ。

盛山　スペックがトータルで高いと。

官谷　そう。リーチの長さも違うしさ、対戦相手としては分が悪いなと思ってたのよ。でもほら、贅沢言ってられないじゃん？　ようやく浜田の拳の傷が癒えて世界戦ができるわけだし。でも、それにしても分が悪いぞと思ってたんだけど。

盛山　はい、はい。

官谷　でね、ボクシングって12ラウンドでしょ？　道中長いし、アルレドンドは1ラウンド目は様子を見てたんだよ。ちょっと距離持ってさ、「どんなもんだ？　この浜田」「もみあげ長えなあ」みたいな感じで思ってたんじゃないの？

盛山　もみあげが長い方なんですね。

官谷　長いのよ、すごいのよ。で、何が言いたかったんだっけ？　……そうそう、で、1ラウンド、3分9秒でKO勝ちなわけ。つーことは、2分59秒に倒してるわけよ。

盛山　ギリギリで決まったんですね。

官谷　1ラウンドは3分で終わりでしょ？　ラスト5秒ぐらいかな。2分55秒ぐらいから、ものすごい連打を見せるわけよ。まあ、あと10秒ぐらいで1ラウンドが終わると思って、相手にちょっと油断もあったんでしょう。もっと言えば、12ラウンドあるから1ラウンドは様子見だと思って、アルレドンドは、やっぱ流してたのよ。

盛山　アルレドンドは世界チャンピオンですもんね。

官谷　そう。で、浜田剛史は12ラウンド戦う気がないのよ、最初から。

盛山　ああ！　それはすごい。

官谷　まあ、浜田がどういう心持ちだったのかはわからないけど、後に本人が言ってたのは、アルレドンドに1発パンチをもらったときに、すごく重かったんだって。だから、「これは12ラウンドもたねーな」って感じたんだってさ。そこから、12ラウンド分の体力を、1ラウンドで使い切っちゃっおうって、浜田剛史は腹をくくったわけだ。

盛山　背水の陣みたいな戦略があったんだ。

官谷　そしたらさ、そこから5連打か6連打が、全部、顔面に当たってんだよ。

盛山　へえー。ラッシュだ。

官谷　自分のパンチで自分の拳が壊れちゃうやつのパンチが5、6発連続で顔面に当たってんだよ？　そりゃ倒れたさ、もう起き上がれないのよ。で、そのまんま試合終了よ。

盛山　めちゃくちゃ面白い話ですね。

官谷　いやー、あれはねえ、なんだろう、要は12ラウンド分を1ラウンドに凝縮した人間との結果の違いというかさ。うーん、あれは心が震えたよね。

盛山　すごいですね。今もそうやって、官谷さんの記憶に刻まれてるってのが。

官谷　うーん、刻まれてる。ほんとにテレビの前でねえ、声がもう枯れるぐらい叫んだもんね。だって死んだと思ったし。「あ、アルレドンド死んだな」と思った、うん。

盛山　ウフフフ。

官谷　競合対策を勝負事としてみれば、ボクシングのたとえは近い気がする。チャンスは1回しかない点も似てるよね。

盛山　なんか、「住宅営業の面白味」というと語弊があるかもしれないですけど、ボクシングのようなスリリングな瞬間を体験できるっていうのが、ある種の醍醐味なんじゃないかと思ってきました。

官谷　今は、商品力やデザイン力で勝負する会社が多いんだと思う。だから、「この相手に勝つためには、こうしてみたら、ああしてみたら」っていう知恵を絞って勝てたっていう喜びを知らない営業は多いのかもしれないね。

盛山　逆に言うと、我々はアルレドンドになってはいけないってことですね。スペックに対する油断で勝てる商談を失ってはならない、ということがよくわかりました。

Vol.14

競合対策②

自社状況別攻略法

競合対策の基本は「臨機応変」。
商談進行度に応じた対策に加え、
競合他社の規模や特徴に合わせて
それぞれ全く違ったアプローチが必要なのだ。

■正しい商談の進め方こそが競合対策

盛山 前回の続きで競合対策をテーマに取り上げていきたいと思います。具体的な部分について、いろいろ教えていただけますか？

官谷 前回も話したけど、毎回、競合を確認するってことが絶対的に大事。商談は刻一刻と変わるでしょ？ 一週間の間に、ひょっとしたら競合他社が電話を一本入れてきているかもしれない。請求した資料が届いてみたら、「意外にいいんじゃない？」みたいなこともある。

盛山 ああ、なるほど。

官谷 商談が順調に進んでいると忘れがちなんだけど、そもそもお客さんは我々に、他社とのやり取りを正直に伝える義務はないからね。

盛山 お客さんは常に他社を気にしてますからね。

官谷 そうそう。だって家建てようとしてるんだよ？ 家。ちょっとでもフレッシュな情報が欲しいでしょ。それで、たまたま別の営業の方から連絡が来たとかメールが届いたとかがあると、「ちょっと行ってみようか」っていう話になってるかもしれない。だけど経験の浅い営業だと「先ほどのお客さまは、先々週聞いたときに競合はないって言ってたから、大丈夫だと思います」とかね。それって、本当は「大丈夫だと思いたいです」だよね。

盛山　アハハハハ。

官谷　願望も入っちゃうみたいな。

盛山　まあ、たしかにそうですね。毎週、どこかしら見学会を開催してるでしょうし、リードタイムも長くなってきて、しかもメルマガなんかも今すごく多いですから。

官谷　うん。「今回も次アポが取れたから、競合はいるわけない」、みたいなね。どんどん自分で自分を都合よく塗り固めていくというかさ。陥りがちなことだから、毎回確認をするのは競合対策の基本中の基本。

盛山　毎回確認して、自分たちの会社を取り巻く競合の状況を把握していくと。

官谷　正確に言うと「競合対策をする必要があるのか」を毎回確認するということだね。ファイティングポーズが必要なのかどうかをチェックする。

盛山　そうやって競合を確認する中で、自分たちの会社が先を走ってるのか、もしくは後から競合が出てくるかによって戦い方も変わるものなんでしょうか?

官谷　そうですね。僕の使ってるレビューシートにも、それを選ぶ項目があるんですよ。うちの商談は先行してるのか、後追いなのか、それとも並走してるのか。その3種類を選択する項目がある。

盛山　項目があるくらいなんですか。

官谷　うん。まず、「競合がどこなの?」っていうのが第1の質問で、次に、その競合とうちを比較したときに、先行しているのどっちなのか？っていう、ポジションも含めて聞く項目があって。大概の営業はやっぱり、そこをわかってない場合が多いんですよ。

■脱線！映画に学ぶ競合対策

盛山　これ最初に聞いちゃっていいのかわからないですけど、他社の前を走っているほうが都合がいいんですか？それとも、後から追いかけるほうがいいのか？

官谷　もちろん、先行逃げ切りが一番ですよ。これまでの「チェックメイト・ボイス」を聞いてもらっていれば、そういう状態に自然となっているはずなんだけど。

盛山　そうなんですか？

官谷　なっているはず。もうそれ自体が、最初のノンバーバルから「競合対策」になっているはずなんですよ。『ベスト・キッド』※1でいうところのラルフ・マッチオがペンキを塀に塗らされたりしているのと一緒。

盛山　また世代が……。

官谷　「車にワックスがけをしておきなさい」ってやらされて、その動きが全部空手の型になってる、みたいな。今までの12回は、実は「競合対策を学んで来たんですよ」ってことになってるんです。「競合対策っていうパンチを今日は教えます」みたいなのは、実はなくて。

盛山　うんうん。

官谷　今までの「ペンキを塗る、手首を返す」、その動き全部がね、空手の型になってるん

※1
ベスト・キッド
1984年に製作されたアクション映画。主演はラルフ・マッチオ。ひ弱な主人公ダニエル青年が空手の達人ミヤギの元でトレーニングし、イジメっ子と対決するというストーリー。車のワックスがけやペンキ塗りといったユニークな特訓が印象的。

※2
アウトサイダー
1983年製作の青春映画。主演はC・トーマス・ハウエル。ロブ・ロウ、トム・クルーズ、ラルフ・マッチオといった、当時の若手人気俳優が出演した事でも話題になった。

ですよ。だから大丈夫です。
盛山 ちなみに、世代によってはわからないたとえではありますけど。
官谷 え？『ベスト・キッド』見てないの？
盛山 『ベスト・キッド』見てないです。
官谷 え、じゃあラルフ・マッチオも知らないの？唯一のヒット作なのに。
盛山 どこの方ですか？申し訳ない。
官谷 何人だろう？アメリカ人だけども、顔はイタリア系だよね。ほら、『アウトサイダー』※2にも出てたじゃん。わからない？
盛山 わからないです。
官谷 え、ちょっと待って？一回止めるよ。『アウトサイダー』も知らないの？
盛山 『アウトサイダー』知らないです。
官谷 「THE OUTSIDER」※3じゃないよ？あの、入れ墨の入ったヤンチャなお兄ちゃんたちが闘うやつじゃなくて、映画のほうだよ。
盛山 その「THE OUTSIDER」ってのも知らないです。
官谷 ほら、膵臓がんで亡くなっちゃった、『ゴースト／ニューヨークの幻』※4の、デミ・ムーアの相手役が出てた映画だよ。ほら、出ない？
盛山 だって僕『ゴースト』も見てないですよ。
官谷 ウソ？ちょっと待って、これ本題に戻れないよ！『ゴースト』見てないの？

※3
THE OUTSIDER
元プロレスラー・格闘家の前田日明がプロデュースする総合格闘技大会。暴走族やヤンキーなど、いわゆる「不良」と呼ばれる若者を集めて行われる大会で、格闘技を通じた更生も目的としている。

※4
ゴースト／ニューヨークの幻
1990年制作の映画。暴漢に殺されてしまった銀行員サム（パトリック・スウェイジ）が陶芸家の恋人（デミ・ムーア）を危険から守るラブ・ファンタジーの傑作。

盛山　確か、ろくろを回すやつですよね？　そのシーンは有名なんで知ってます。

官谷　ハハハ、ろくろも回してるけど陶芸家の話じゃないよ。信楽焼《しがらきやき》の『スカーレット』※5じゃないんだからさ。えっと……パトリック・スウェイジだ。思い出した、デミ・ムーアの相手役。よかった、自力で思い出した。これ、ちゃんと自分で思い出さないとボケの始まりなんだよ。

盛山　その名前を僕、今まで聞いたことがないです。

官谷　パトリック・スウェイジを？

盛山　一度もないです。

官谷　そっか、そうだよな、ゴーストは、僕が20歳ぐらいで1人目の娘が前々妻のお腹にいた頃だから、28年前だもんね。たしかに知らないか。

盛山　いろんな時間が今、流れました。

官谷　で、何だっけ、パトリック・スウェイジが出てきたの、なんでだっけ？

盛山　『ベスト・キッド』が「チェックメイト・ボイス」だと。

官谷　そう、ここまでの全12回、これでもう十分、競合対策がここに全部入っている。これが実践できてれば自然と競合対策になっています。

■有利なのは、やはり「先行」

盛山　「先行」「後追い」でいうと、後から出てくる会社のほうが有利な気がするんです。例

※5
スカーレット
信楽焼で知られる滋賀県信楽を舞台に、女性陶芸家、川原喜美子の半生を描いた第101回NHK連続テレビ小説。主演は戸田恵梨香。2019年9月〜2020年3月放送。

えば、「こういうものもオプションでつけちゃいますよ」とか、「価格も多少下げますよ」とか、そういうやり方ができるじゃないですか。どうなんでしょう？

官谷 じゃんけんの後出し理論で言えばね。先にグー出してる人を見ながらだったら、何で勝てるかは判断しやすいけども。

盛山 素人意見ですけど、そういうふうに思っちゃうんですが、真相は？

官谷 これも核心的なことっていうか、前半で言っちゃうのもあれなんだけど……。

盛山 まあ、そうですが……お願いします。

官谷 競合対策って、要はライバルとの戦いでしょ？ もちろん、こちらの実力がずば抜けていて圧倒的に差があるってのが最高にいいんだけどさ。パンチ力が異常に強いとか、脚が見たことないぐらい速いとか、圧倒的にハイレベルな何かがあればそれに越したことはないんだけど、結局、勝負事って相手に実力を、全力を出させないことだよね。

盛山 全力を出させないとは？

官谷 例えば、プランが得意な会社だったら、「プランを描かせない」とかさ。

盛山 長所を出させない？

官谷 構造がウリのところだったら、先にうちが構造案内して、十八番を先に取っちゃうみたいなさ。「構造っていったら官谷さんのところね」みたいなポジションを先に取る。

盛山 やっぱり先に見せるインパクトが大きいですか？

官谷 うん。だから最初に盛山さんが言っていたことは間違っていて、後から追いかけるよりも先行逃げ切りのほうが有利だと思う。

盛山　先行のほうが有利なんですね？　先に見つければ、「構造案内」のような、切るべきカードを先に切ることができるってことですか？

官谷　相手にカードを切らせないことにもなるからね。初回からB社も見てることを知ってれば、A社の僕は、「じゃあ、先に現地調査、取っちゃえ！」とか、そういう発想になれるでしょ。

盛山　なるほど！

官谷　でも、B社の発見が遅れてしまうと、現地調査を切り出したところで、「B社さんに頼んだから現地調査はいいわ」って言われちゃうかもしれない。そしたらA社の僕は1枚カードを失う。で、慌てて「じゃあ事前審査、やっちゃいましょう！」「あっ、ごめんなさい。事前審査もB社さんで、もうお願いしちゃってるんです」とかって言われたら、A社の僕は事前審査でお客さまに近寄ることすらできない。２つ目のカードも失う。

盛山　そうですね。先行強い。

官谷　先に知っていれば、先手が取れる。

盛山　つまり、先行のメリットを生かすためには、競合を、もう本当に早めに発見する必要が出てくるということですね。

官谷　そう。向こうはもう現地を見てるし、事前審査もやっちゃってるし、プランヒアリングもやっちゃってるし、体験宿泊の予定も入っちゃってて、「だったら、構造案内だ！」って思ってたら、「同じ在来工法ですよね。B社に見せてもらったから大丈夫です、何となくわかりますす」なんて言われちゃったら、「やることねえなぁ」ってなるじゃん？

盛山　たしかに。

官谷　そうなると諦めちゃうか、諦めないにしても「大丈夫ですか？　B社って、こんな会社なんですよ？」みたいな余計なことを言っちゃうかもしれない。やれることがなさ過ぎて。

盛山　ハッハッハッ、普段言わないようなことを。

官谷　スマートに振る舞えないから、普段言わないようなことを口走っちゃうかもしれない。だからやっぱり、相手に本当の実力を出させないことが勝利の鉄則だよね。

盛山　うーん、なるほど。

官谷　秘密兵器を秘密のまんま終わらせる。戦艦大和じゃないけどさ、「このタイミングで出撃しても、もう遅ぇよ」、みたいな。宮本武蔵と佐々木小次郎の決闘じゃないけど、先に巌流島に着いておいて、「小次郎破れたりーっ！」ってビビらして、小次郎が動揺しているうちにパカーン！てやっちゃって勝負あり、みたいな戦法。

盛山　アハハ。

官谷　ずるいなって思ったところで武蔵の先行逃げ切り。悔しかったら先に巌流島に着いてろよって話だよね。

盛山　達人の戦い方ですね。ウフフ。

官谷　史実に基づいているかは知らないけど、相手に全力を出させないで勝つという勝負の一例だね（笑）。宮本武蔵の話で思い出したけど、『バガボンド』※6って休載して長いよね。

※6
バガボンド
バスケットボール青春漫画『スラムダンク』『リアル』の著者、井上雄彦作による『宮本武蔵』（吉川英治著）の漫画化。いよいよ舞台は小倉までやってきたものの、佐々木小次郎を殺す結末を描くことに筆が進まないのか、2014年初頭から7年以上休載中。

盛山　『バガボンド』読んでないです。

官谷　え!? マジで？

盛山　ハハハ。

官谷　『ゴースト』も『アウトサイダー』も世代が違うから知らなくても許すよ。でも『バガボンド』は盛山さんの世代じゃない？

盛山　僕世代です。ドンピシャです。

官谷　井上雄彦が嫌いなの？

盛山　『リアル』も読んでないです。『スラムダンク』は好きですけど。

官谷　『スラムダンク』好きだけど、そこで止まるって、ある意味すごいよね。

■大手は先行の優位を活かしている

盛山　本題に戻ります。先行が有利なのはわかりましたが、逆に「後追い」の場合のテクニックも教えてほしいです。

官谷　それは盛山さんがさっき言った通りで、じゃんけんの理屈っていうかね。先行している相手の内容を見ながら、「〇〇ホームさんはこんな提案なんですね？ いくらで出てるんですね？」とか問いかけて。それについてお客さんが「〇〇ホームさんはプランは気に入ったんだけど、ちょっと予算がね……」とか言ってるとすれば。

盛山　はいはい。

官谷　そしたら当然こちらが○○ホームより高い値段で提案したらバカでしょ。相手が先にグー出してるのに、後出しでチョキ出してたらさ。

盛山　そうですよね。

官谷　戦略としては立てやすいけども、先行しているライバルが「現地はもう見てます、事前もやってます、構造案内もやってます」って、全部やっちゃってると、もう後出しじゃんけんも通用しないよね。

盛山　官谷さんでも、「さすがにこれはもう覆せないな」っていう状況になったこともあるんですか？

官谷　もちろん何度もありますよ。大手ハウスメーカーとバッティングすると、そういう場合が多かったりする。すでにもう、何もやれることがない。

盛山　ああ。

官谷　「さすがだな」って思うような負け方も何回かあったね。初回接客が終わって、2回目まで何とか踏ん張ってみたんだけど、もうやりようがない。お客さんが「もっと早く出会えたら、どっちにしようか迷ったかもしれないんだけど……もう8割9割進んで満足してるし、納得いかないところもないし、ごめんなさいね」って、もう完全に手が出せないケースってのもありますよ。

盛山　なるほど。以前出てきましたけど、「断りじろ」をなくされてしまったような感じですね？　それこそ、向こうがカードを全て出し切ってる、みたいな。

官谷　そう。「今さら何をやったって勝てないな」と思ったら、次のお客さんにエネルギーを使ったほうがいいっていうこともありますよ。

盛山　そういう意味でいうと、ハウスメーカーは総合展示場があるので、先手が取りやすいって事実もありますか？

官谷　そういうことです。

盛山　すごく強力なメリットになっているんですね。

官谷　今はスーモカウンターが入ってきたから、大手＝先行が取れるとは言えなくなってきたけど……。

盛山　やっぱり有利な事実は変わらないわけですね。

■一番悔しい負け方とは？

官谷　それよりも一番悔しい負け方は、せっかく先行してたのに、あっさり後から追いつかれること。スリップストリーム※7のように、後ろで空気抵抗で得したあげく、最後にひょいっと抜かれる、みたいな。

盛山　具体的に、どういう感じですか？

官谷　先行して何回も商談してきたのに、それを後から全部拾われるってパターン。「事前審査は盛山さんのところで通ってるから大丈夫ですね」「資金計画も……なるほど、まさにこの通り。このくらい資金がかかりますね。月々〇〇円以内の返済にしたいんですね？」「了

※7
スリップストリーム
高速で移動する物体の直後に発生する空気流。この空気流は周りの空気や物体を吸引する効果がある。また、スポーツ競技でこの現象を利用して前を走行する選手を抜き去る技術のことも指す。

解です。あっ、いいプランが出てますねー」って、なんか全部拾われながら。

盛山　最悪だ。

官谷　「でも、ここ最後こうしたら、もっと良くなりますよ」で、ひょいっと抜かれるっていう。

盛山　アリなんですか？　そんなの。

官谷　一番悔しいよね。

盛山　珍しいケースですか？

官谷　よくありますよ。エース級の営業だったら、競合の動向をぴったり抑えてるから。だから、「2週間後に契約だ」なんて状況では、ホントに何をやられちゃうかわからない。

盛山　恐ろしいです。

官谷　普通は90％以上気に入ってもらってれば「たしかに、盛山さんのプランをそっくり真似して安くできるっていう提案も魅力的だけど、9合目まで一緒に登ってきた盛山さんを、ちょっと安いぐらいで裏切れないわ」ってなるんだよ。

盛山　そうあってほしいです。

官谷　実際、そういうお客さんが多いと思う。

盛山　なるほど、ほっとしました。

官谷　でもそれは、「今までの商談を、ちゃんと実施できていれば」だよね。それが70％とかの満足度だったら、「新たな発想で、少し安い」とか、「同じ値段でこんなことできる」って言われちゃうと、ぐらつくっていうか、一気に横に並ばれる感じなのね。

盛山　うーん。手厳しい。

官谷　だから、何回か前にやった「ピーククロージング」で、お客さんがピークになってるタイミングを逃さずに契約に持っていかないと、そういうことも起こり得るよね。

盛山　あれこそ競合対策ですよね。

官谷　うん。登山客とシェルパの関係というか、最初から一緒に山を登ってきたようなお客さんだったら、そこから覆すってのは結構難しいよね。

盛山　だから全国の工務店さんは、「家づくり学校」とか、最初のステップを踏み出すセミナーをやってるわけですね。

官谷　そう。逆に言うと、逆転されちゃうような商談がゴロゴロあるっていうのは、「先行してるのに、やるべきことができていない営業がいかに多いか」ということの裏返しでもあるよね。

■視点を変えて強みを探せ

盛山 その他に、どんな競合対策の手法がありますか？
官谷 別方向の視点をお客さんに提供するって方法もあるね。
盛山 別方向の視点？
官谷 例えば、同じような規模で同じような価格帯で競合してるんだけど、「僕の会社は40人の精鋭でやってます」「競合は70人の社員でやってます」ってなったら、同じ値段で同じ装備というのは、どう考えたって無理じゃん？ 人件費がすごくかかってるでしょ。
盛山 ちょっと極端ですけど、ちゃんと考えればそうです。
官谷 言い方が難しいんだけど、だからこれは多分、しゃべってもカットになるかな。
盛山 いや、活かしたい（笑）。
官谷 つまり、「30人分の社員のお給料の差は、どう思いますか？」っていう「違う視点」をお客さんに、提供するということだよね。社員数が何人かなんて、お客さん、普通は知らないじゃん？
盛山 普通は知りませんよね。

官谷　以前話したけど、僕は競合他社のことを調べ上げるから。商品はもちろん、「決算月、何日締め」「営業はどういう人がいるんだ」「何人社員がいるんだ」……そういう、いろんな情報を持ってるわけよ。

盛山　まさか、セールストークに社員数が出てくるとは思いませんでした。

官谷　もちろん、こんな場面が毎回出てくるわけじゃないけども。鍔迫《つばぜ》り合い※8で甲乙つけがたい状況もあるから。みんな同じような価格帯、同じような流行の商品ってなるじゃない？　だからすぐレッドオーシャンになっちゃうんだけど、でもちょっと待てと。「うちは40人で200棟売ってます。で、この金額でやってます」とか。

盛山　すごい会社ですね。

官谷　それはひとつの事実としてお客さんに話をするじゃない？「B社さんと、スペックはほぼ一緒です。坪数も一緒です。で、あちらさん70人くらいの従業員いますよ」という情報を何気なくお伝えするというかさ。やっぱり人件費が一番かかるわけだから、「社員が少ない会社のほうが資材にお金をかけている」というイメージを持ってくれるじゃない？

盛山　はい、はい。

官谷　すごく繁盛してるとんかつ屋さんで食べる2000円のとんかつ定食と、あまり客が入ってない感じの店で食べる2000円のとんかつ定食だと、お客が常に行列してる店のほうがワンランク、ツーランク上の肉を使ってるみたいな、そういうイメージは持つでしょ？

盛山　そうですね。でも、そういうことも競合対策の材料にしちゃうというのは驚きです。

※8
鍔迫り合い
刀の刀身と柄の間にある部位である鍔。剣道の試合などにおいて相手の刀の鍔元を受け止めたまま押し合うことから、接戦で激しく争うという意味の慣用句。切羽詰まる、反りが合わない、元のさやに納まる、など、刀にまつわる慣用句は多い。

官谷　一方、僕が70人いる工務店の営業だったとしたら「我々は70人でやってますけど、1軒1軒クオリティーの高いお打ち合わせをして、1軒1軒クオリティーの高い家造りをして、1軒1軒きちんとアフターをやってます。これでも限界、精いっぱいです。必要最低限の利益だけを確保して、たくさんの方にこの地元で家を建てていただいて、一生のお付き合いができる状態が、75人では多すぎるし65人では少なすぎる。我々はこれをベストだという根拠を持ってやっています」って言うよね。

盛山　なるほど。「70人がベストだ」っていうトークスキルを磨くということですね。社員10人なら10人の。

官谷　そういうこと。口八丁手八丁になれってことじゃないんだけど、40人でやってる会社には40人でやってる会社の正義、メリットがあるわけじゃん？　ていうか、見いださなきゃ駄目だよ。

盛山　そうですよね。70人でやってるってことは、70人の利点が絶対あるはず。

官谷　ただ、他社の誹謗中傷にならないように、言い方も細心の注意を払わなきゃいけない。こういう話はキャリアの浅い若手の営業が言ってしまうと鼻につくから、上司が出てきて「業界通」としての情報の一つとしてしゃべる、みたいなことが必要になる。

盛山　なるほど。

官谷　そういえばさ、たまに「うちの会社は年間30棟以上は施工しません」みたいなことを売りにしてる会社さんがあるでしょ？　あれって強みだよね。

盛山　はいはい、すごくいいと思いますね。
官谷　「スタッフが少ない」ってことを上手にメリットに変えてるんだよね。
盛山　なるほど。官谷さんの話を聞いてると、「自社のいいところを見つける天才」じゃなきゃいけないというような気になってきますね。
官谷　うん。そのほうが働いてて楽しいしね。

■競合を隠さないパターンの対応策

官谷　今って、昔以上に競合が激しいでしょ？　お金をあまりかけられないから、少しでもコスパがいいというか、違いを比べるようになってるじゃない？
盛山　そうですね。比較するための情報をすぐ取れるようになってるので。
官谷　だから、なおさら「比較しないで買うなんてのは、もったいない」って風潮になってるというか。
盛山　競合してることを隠さないお客さんについてはどうすればいいですか？「○○ホームと悩んじゃってるんだよね」っていうのを前面に出した上で、値引きやサービスを迫るとか、そういうお客さんは対応に困ると思うんです。
官谷　まず、どちらのタイプなのかを見極めなきゃいけない。どちらなのかっていうのは、「ほぼA社に決めてるんだけど、条件をより良いものにしたいから、B社を見ることでA社が慌てる」っていうのを狙っているパターン。

盛山　つまりA社に軸足があるってことですよね。

官谷　そう。それとも、「A社で進めてきたんだけど、少し不安があってB社も見に来たお客さん」のパターンなのか。これをちゃんと見極めないと。後者だと思って真剣にやってみたら、ただの……。

盛山　当て馬のような。

官谷　そう。親身になって相談を聞いて、プランも金額も出してあげたのに、単純にA社の当て馬だったってことも、よくある話でね。

盛山　最悪な場合、本当にプランを出してもらうためだけに来てたってパターンもありますもんね。

官谷　ありますよ、しょっちゅう。僕、現役の頃なんか、お客さんのリストに「PD」って付けてたもんね。「プラン泥棒」の略。

盛山　それくらい頻発してたんですか？

官谷　家を建てるのはウソじゃないんだけど、既に本命の会社があるとか、実は友達の勤めてる工務店で建てようと思ってるなんてケース。そこは少数精鋭だから図面をすぐに描いてもらえない。でも、安く建ててくれることだけはわかってる。だから他社を見に行って、ゴマをすりながらプランだけ描いてもらって、敷地を見てもらって、総額を出してもらう。

盛山　うわわ。

官谷　何だったら、ローンが通るかどうかまでやってもらう。そして最終的に、そっくりそのまま知り合いの会社に持って行く。

盛山　うーん、ひどいですね。

官谷　そんな話は最近もよく聞くよね。世知辛いっていうか、もう腹立たしいよね。研修で指導しているだけの立場だから、自分でどうにもできないじゃん？　その客に文句を言うこともできないしさ。歯がゆくて歯がゆくて。

盛山　そうなると、要は軸足がどの会社にあるのか、見極めることが重要だと。ではどうやってそれを見抜けばいいですかね？

官谷　やっぱり、ちゃんと聞くことでしょう。「いつぐらいからB社さんとは商談を進めてるんですか？」「何回ぐらいプランを描いてもらってるんですか？」「金額が高いっていうのは、何を根拠に高いって言ってるんですか？」「お見積りは出てるんですか？」とか。

盛山　うんうん。

官谷　こういった根拠がなくて、「おたくでやったらいくらになるのか、金額だけ教えてくれない？」とか、「このプランで、御社で建てた場合の見積りを出してくれない？」なんてのは、完全に「当て馬だな」って思わざるを得ないでしょう。

盛山　なるほど。

官谷　それが、例えば「いや、A社の官谷さんに見せちゃったら、プランを作ってくれたB社さんに申し訳ないかもしれないけど、いいんでしょうか？」って、ひとつ断りがあれば、その時点でお客さんがまともな人間だってのがわかるじゃない？

盛山　たしかにそうですね。

官谷　「B社さんに悪いな、でも高くて手が出ないんだよな。でもこれってB社さんから出してもらったプランと見積りだから、A社の官谷さんに見せるのは失礼じゃないかしら」って、一応なんか戸惑いがある。まあ、当然失礼なんだけどね。僕が逆の立場でやられたらぶっ殺すんだけども。

盛山　ハハハ。お客さんも本気で悩んでることがわかると。ちょっと複雑ですね。

官谷　ただ値段を下げたいだけの理由じゃなくて、「この商品が30坪で2200万円というのが適正価格なのか、B社さんしか見てないからわからない」というケースもある。

盛山　セカンドオピニオン的な気持ちはわかります。第三者的な意見というか。

官谷　うん。だけどその手前には、「この人は相談する価値がある人だな」って思ってもらえて初めて、情報が出てくる可能性が生まれるわけだからね。

盛山　なるほど。そういう方だったら、少しまた話が違いますよね。

官谷　そうだよね。だからまずはどっちのパターンなのかを見極めること。ごくまれに、ただの当て馬からひっくり返るケースもあるけど、基本的には相手にしなくていい。

盛山　わかりました。

官谷　ひどいときは「B社に行って、C社ではこれだけ割引してくれました。A社の官谷さんは何をしてくれますか？」ってケースもあるからね。そういう時は僕、営業代表としてそのお客に説教するもんね。

盛山　営業代表？

官谷　「私たち営業が、日頃どういう苦労をしてるかわかりますか？　そんな天秤にかけて弄ぶような真似をしていたら、いい家は建ちませんよ」って、その人の人間性や不誠実さを責めまくるから。もう取る気がないから、こっちは無敵ですよ。

■忘れられない逆転のエピソード

盛山　すごい逆転のエピソードってありませんか？

官谷　うーん……今ぱっと思い出したけど、ご年齢で50過ぎぐらいかな？　ゆとりがある感じっていうか、一般常識のある方でさ。「ちょっと見せてもらっていいですか」って言って来て。で、ちょっと話し込んでたら、「いや、もう実は2社ぐらいに絞ってきたから、間取りの参考に見に来ました」みたいな感じで。まあ、そういうお客さんもいるからさ。

盛山　以前もそういうパターンのお話がありましたよね。

官谷　で、現地調査させてもらおうと思っても、「いやー、もう大手さんから報告書も出てるし、今さら1社増やすのもね」みたいに最初は断られたんだけど、なんとか現地だけ見させてもらう許可をもらってさ。

盛山　それもすごいですけど。

官谷　まあでも、「それをしたところで、可能性はないよ？」みたいな感じでね。でも何か食いさがって、「そこまで言うなら、店も近くだし、店長さんだし、元大工※9だっていう

※9
元大工
官谷は1987年に茨城県稲敷郡阿見町に家族で移住するのと同時に、大工の見習いとして働いていた。日当1000円と当時の最低賃金すら大きく下回る（大卒初任給16万9900円）が、2年目から日当5000円になったため気持ちが大きくなり、300万円の新車を購入。すぐに火の車となる。結局大工は4年弱で辞めてしまったため、本人曰く「腕前は大三ぐらい」というわかりにくい表現をする。

し、見てもらっても損はないかな」みたいなかたちで現地を教えてもらって。

盛山　「第三者的に見ますよ」っていうスタンスなんですね？

官谷　そうそう。とにかく潜り込まないと勝負は始まらないからさ。

盛山　その「潜り込む」って言い方があれですけど。

官谷　あー、そうだね。何て言ったらいいの？　入り込む？　滑り込む？

盛山　ハハ、まあいいです。

官谷　で、見に行ったらさ、古い家があって、おばあちゃんだけいるのよ。奥さんのご実家だったんだけど、ご主人が優しい人で、「おじいちゃんが死んじゃって、おばあちゃん１人だけになっちゃったから、一緒に住んでやろう」っていうことで、２世帯同居という形で建て替えようっていう計画だったんだけど……かなりちっちゃくなったおばあちゃんで、耳も遠いしさ、動きもなんかスローだし。

盛山　いわゆる、おばあちゃんだ。

官谷　「敷地を見に来ました」って何回大声言っても「は？」みたいな感じだから、「勝手に見ます」みたいな。ただ、ハウスメーカーの敷地調査報告書に高低差なんかもしっかりと記載されてるから、ほとんどやることがない。

盛山　あー、やることがない。

盛山　「日当たりがいいですね」とか、そんな会話しかできないわけよ。でも、おばあちゃんが見てるからさ。一応なんか測って調査の感じを醸し出して。

盛山　一通り終わってる現調を、またやるっていう（笑）。

官谷　で、終わったら、おばあちゃんから縁側にお茶とお茶菓子が出てきて。「あ、すみません」って上がらせてもらって、お茶をもらう前に仏壇に行ったのよ。仏間があったから。「じゃあ、おばあちゃん、ちょっと失礼します」と言って、お線香を立ててチーンってやったの。部下に「おい、ちょっと来い」と言って一緒に。……それで後日、当社で決まり。

盛山　は？

官谷　それで逆転。いや、おばあちゃんに「うちで建てろ」とか、何も言わなかったよ？現地調査が10分くらいで終わってるからさ、お茶を飲んで、漬物かなんかをいただいて。「これはよく漬かってるね、おばあちゃん」みたいなやりとりから始まって、「おじいちゃんとは何年前に結婚したんですか？」とか、昔のなれそめを聞いたり、「戦争のときは、いろいろ大変だった」とか、昔話を聞いたり。

盛山　よくある、「おばあちゃんとの話」ですね。

官谷　そう。おばあちゃんとしゃべって帰ってきただけなんだけど、何日か後かな？おばあちゃんが「あの人のところで建ててほしい」って。

盛山　へぇー！

官谷　おじいちゃんが亡くなられたってことだったから、お線香を立てて「娘さんの旦那さんって優しい方なんですね？おばあちゃんが1人じゃ寂しいだろうし、心配だから一緒に住もうってことになったと聞きましたよ！」って大きい声で伝えて、おじいちゃんや娘の自慢話なんかを聞いたりして、頃合いをみて挨拶をして帰って、数日後にはご主人から「御社でお願いします」だもんね。

盛山 ウルトラCみたいな逆転劇だ。

官谷 後日譚で教えてもらったんだけど、先に現地を見た2社とも、お線香は立てていかなかったんだって。だから、僕がやった瞬間に差がついちゃったってことは間違いないのよ。

盛山 なるほど。現地調査というカードが先に切れたのに……なんでしょうね、当たり前のことかもしれませんが、思わぬジョーカーがあったというか。

官谷 これを聞いて、「線香上げれば100%勝てる」と思われたら困る。そういうことじゃないからね。ただ、おばあちゃんにしてみれば、すごく肝心なとこだったんじゃないの？

盛山 そうですね。やっぱり人がやることですから。なんていうか、営業の醍醐味を凝縮したようなエピソードですね。官谷さんからこういうお話が出てくる度にびっくりします。

官谷 「似合わねぇな」みたいなね。

盛山 フフフ。そういうことも思ったり、思わなかったりですが。

官谷 この競合負けしたA社とB社はね、僕に取られるまでわかってなかったんだ。競合が増えてるってことが。すごく悔しかったと思うよ。「自分たちが作った資料を使って似たり寄ったりの家を建てやがって、とんでもねえ客だ」みたいな。

盛山 ハッハッハッハ。

官谷 多分、お客さんのことを恨んで、僕を、「うまくやりやがったな」と思って終わりになっちゃってるんじゃないの？　仏壇に手を合わせたことが勝敗に大きく作用したことは、いまだに知らないんだろうね。土曜日に現れた最後発の営業が、月曜日に制圧を終えてるみたいなことでしょ？

盛山　とんでもない速さで。それこそスリップストリームのように。

官谷　まあ、今の話はちょっとドラマチックな事例かもしれないけども、大なり小なり営業活動っていうのは、我々の気が付かないところで生じているお客さんの感情の変化に裏打ちされているということですよ。

■競合対策に必殺技はない

官谷　こういう話はほら、営業の楽しさというかさ。

盛山　そうですね。奥深さがあっていいですね。

官谷　達人とはいわないけど、渋川剛気《しぶかわごうき》みたいな営業は世の中にゴロゴロいるの。とんでもない営業力を見せつけるようなさ、愚地独歩《おろちどっぽ》みたいのもいるしさ。

盛山　たとえがマッチョなんですよね。

官谷　だって、あなたが『ゴースト』でたとえても見てないって言われるしさ。こっちが出すのを全部見てないからしょうがない。もう『バキ』※10にたとえるしかない。

盛山　すいません。

官谷　僕の中でも渋川剛気、今よく出たほうだと思うよ？　あなたのレベルに合わせてさ。

※10
バキ
板垣恵介作の格闘漫画シリーズ。主人公、範馬刃牙（はんまばき）と、刃牙の父で地上最強の生物と謳われる範馬勇次郎をはじめとする様々な格闘家との戦いを描く。本文に出た渋川剛気、愚地独歩は、いずれもこの漫画に登場する格闘家。

盛山　ありがとうございます。
官谷　まあ、改めてもう一回言うならば、「競合対策」という必殺のパンチなんかないってことだよね。初回接客から始まって、有効商談があって、ピークっていう考え方があったり、上司を使うとか、ここまでやってきた全てが競合対策になってるわけで。
盛山　うん。そうですね。
官谷　なんかね、車田正美のさ、ギャラクティカ・ファントム※11みたいな、そういう競合対策のパンチはないいんだよ。
盛山　まあ、またたとえが古いですが。
官谷　古いね。
盛山　でも本当にそうですね。おさえるべきところをおさえた効率的な商談こそが競合対策ということになるのかなと思いました。つまり、これまでのトピックが全て凝縮されて「競合対策」になっている。
官谷　うん。ラルフ・マッチオですよ。「なんでワックス掛けをさせられるんだ」と。もう一回、話を戻すからね、締まらなくなっちゃうけど（笑）。

※11 **ギャラクティカ・ファントム**
車田正美作のボクシング漫画『リングにかけろ』にて、主人公、高嶺竜児のライバルである剣崎順のフィニッシュブローのひとつ。発動した際、背景に宇宙と太陽系の惑星が描かれる。

Vol.15

営業パーソンの自己成長

営業力の大半は仕事で磨かれるものだが、
ひとつ上の営業パーソンを目指すなら
普段の生活での自己研鑽も必要だ。
新規も減り経験値も貯めにくい昨今、
自己努力の必要性は今まで以上に高まっている。

■自己成長の機会は日常にある

盛山　唐突ですが、今回最終回です。

官谷　長かったような短かったような。

盛山　ネタ切れとかではないんですよね。シーズン2もやりたいとは思ってますが、一旦ここで……。

官谷　充電期間※1に入ろうっていうね。充電期間に入りたいがために始まったような企画ですけどね。

盛山　ハハハ、そうなんですか？

官谷　うん。われわれ社会人は、ずっと走り続けなきゃいけないしさ。本業で使う機会ってないもんね、充電期間っていう言葉をさ。

盛山　そうですね、「充電期間として、ちょっと2カ月お休みいただきます」とか。

官谷　言えないからね。アーティストじゃないし。だから、ちょっと1回言ってみたいなあと思って。

盛山　たしかにそうですね。

※1
充電期間
英気を養ったり、次の活動への準備にいそしむ期間。主に芸能人やミュージシャン等が使う言葉。充電期間が長すぎると戻ってこれなくなるリスクもある。

官谷　ね？……あ、そうだ、盛山さん彼女できた？
盛山　充電期間です。
官谷　充電期間ね（笑）、言えたじゃん。ずっと充電してるけども。
盛山　ハハハハ。まあ、そういった流れの中でですね、この音声配信のラストを飾るのに、ふさわしいお便りをいただきましたので、それをご紹介させていただきたいと思うんです。
官谷　はい。
盛山　『いつも楽しくお話を伺っています。私は入社2年目。右も左もわからない1年目を過ぎ、しっかりと成績を上げないといけないプレッシャーを感じながら、日々営業活動に勤しんでいます。なかなか自分の時間も取れない中で、隙間時間や普段の生活の中での、営業力を高められる工夫などがあれば、ぜひ教えてください』……兵庫県の住宅営業の方から、こういう内容のお便りをいただきました。これ結構、今までの話を俯瞰するような、核心をついた質問をしていただいたなと思ってまして。
官谷　そうですね。
盛山　きっとこの方、すごく充実した1年を過ごされたんじゃないかと思うんです。たしかに、受注が得られるような営業になっていくほど毎日忙しくて、なかなかスキルアップの機会が得られないんじゃないかと。
官谷　うん。
盛山　そう考えると、普段の生活の中で営業活動のヒントを取り入れられるのでは？という発想は、非常に鋭いのではないかと思って。

官谷　この彼は入社2年目でしょ？　23歳、24歳ってことになるんだよね。偉いよねぇ。

盛山　年齢までは書かれてないので、もしかするともっと若いとか、逆に中途の可能性もありますが。

官谷　そっか、中途かもしれない。なかなか立派な若者というか……おっさんだったらどうしよう？

盛山　アハハ。でも、素晴らしいと思います。

官谷　右も左もわからない1年目を過ぎてっていう46歳だったら。

盛山　アハハハ。でもまあ、「この業界での右も左もわかりません」ということかもしれないです。

官谷　いつもこういう失言するからさ（笑）。本当に46歳だったら怒られちゃうよね。どこかで「あれ送ったの、自分なんすけど」って声掛けられたりして。

盛山　アハハハ。

官谷　今は働き方改革※2とか言われるような世の中だから、僕が現役の頃のような働き方は無理でしょ？　この彼も、仕事に振り回されて自分の時間が取れないってことだけど、どのくらい働いているのかな？　まあ、今普通に考えると、1日8時間？

盛山　はい。

官谷　でー、週休2日だから、40時間しか働けないわけじゃん？

※2
働き方改革
労働者が多様で柔軟な働き方を自ら選択できるようにするための改革。長時間労働の是正や雇用形態にかかわらない公正な待遇等も内容に含まれる。住宅営業においては、接客から工務、アフターまで担当する業務範囲の広さに加え、利益率の低下による改革原資確保の困難により、働き方改革の進みは鈍い。

盛山　まあ、もうちょっと。週休2日かどうかは、まだまだ怪しい業界なので……。

官谷　それにしてもさ。ほとんどの人はスマホのゲームやってたり、2時間でも3時間でもYouTube見てたりとかさ。

盛山　はい。

官谷　そう考えると、隙間時間で自分のスキルを高めたいってのは、立派だと思うよね。

■「演歌」から学べることとは？

盛山　そもそもの集客数が、昔に比べて減少していると思うんです。商談が、週に1回とか2回しかないっていう方もたくさんいらっしゃるんじゃないですか？

官谷　いるよね。

盛山　そういう中で、実践からスキルアップしていく機会も、かなり減ってるんじゃないかと思っていまして。それで、「日々の生活の中で」営業力を身に付けることが、より大事になってきてるのかなと思うんですけど。どんなところから学んだらいいと思いますか？

官谷　ちょっと前に、新建新聞社でやらせてもらったじゃないですか？「演歌研修」。

盛山　アハハ。ユニークな研修でしたねえ。ちょっと内容を説明いただけますか？

官谷　演歌を聞いて、歌詞の中の世界を自分なりにイメージを膨らませて想像力を鍛えよう、という趣旨の研修だったんですけども。要は「商談じゃなくても推理力は養える」ってことなんだよね。

盛山　つまり普段からってことですよね？

官谷　「学びのきっかけは、日常のいろんな所に転がってますよ」「歌を1曲聞くだけでも、トレーニングになりますよ」っていう研修なんですけど、あれ、どうでした？

盛山　『北の宿から』※3っていう歌が題材で、今は独り身の女性が、「あなた」という人に対して語り掛けるっていう内容なんですが、そのシチュエーションや女性とあなたの立場に対するイメージが参加者によって全然違いましたね。

官谷　いろんな想像してたよね。何十人も参加してもらったけど。

盛山　本当に、僕なんかは想像つかないようなシチュエーションだったりとか。

官谷　うん。

盛山　参加者の年齢とかも関係してたんでしょうけど、いろんな発想が出てきて、「十人十色のとらえ方があるんだな」っていうことに気付きましたよね。

官谷　そう。まず、「自分の想像力を養う」っていうのと、「10人のお客さんに同じ説明をしても、相手によっては解釈の仕方が全員違うよ」っていう気付きを得るための研修で。

盛山　そうでしたね。

官谷　まあ、演歌を使うのは、僕が演歌が好きだとかじゃなくて、ほら、演歌って歌詞がすごく短いから。

盛山　シンプルですよね。

官谷　そう。だから、すごく想像が膨らませやすいっていうかさ。

※3
北の宿から
演歌歌手・都はるみの代表曲のひとつ。1975年に発売され140万枚以上のミリオンセラーとなった。「別れた男性のセーターを編む」という歌詞にはフェミニズム的視点からの批判もあったが、作詞を担当した阿久悠は、「別れにケリをつけて次へ進むための強い意志を描いた」と語っている。

盛山　逆に「最近のポップスは言葉が多過ぎて、かなりシチュエーションを限定しちゃうよね」みたいな話も面白かったです。たしかにと思いました。

官谷　そう。音楽1曲だけでも、歌詞を頭の中で想像して状況を推理したり、思考を鍛錬するみたいなこともできるんですよ。

■流行をおさえよう

盛山　音楽の話が出たんですけど、官谷さん、映画もかなり見てらっしゃいますよね？

官谷　見ますね。多分、同じぐらいの年代の人と比べれば、かなり見てるかなあ。

盛山　いやあ、その通りだと思います。

官谷　習志野の淀川長治※4って言われたぐらいだからね。

盛山　すごいですよね。それは営業力みたいなことに関係します？　まあ強引かもしれないですけど。

官谷　営業力ではないんだけど、感性を磨くっていう意味では大事だと思いますよ。これは住宅営業じゃなくて社会人全般の話になるかもしれないけどね。

盛山　なんて言うんですかね、「人間力を高める」みたいな話ですよね。

官谷　うん。だって、わずか2時間ぐらいでしょ？『スター・ウォーズ・エピソード9』※5は2時間20分もありましたけども。

盛山　ハハハ。その、なんだろうな、「ザ・営業パーソンのための映画」みたいなものもあ

※4
淀川長治
映画評論家。30年以上に渡って務めた『日曜洋画劇場』でのわかりやすい解説と、締め括りに言う「サヨナラ、サヨナラ、サヨナラ！」という独特のフレーズで多くの視聴者に親しまれた。1998年逝去。

※5
スター・ウォーズ エピソード9
正式名称は『スター・ウォーズ／スカイウォーカーの夜明け』。スターウォーズシリーズを締めくくる完結編とされている。官谷は「見る前からつまらないと思ってたけど、劇場で見届けるのがファンの使命」と語っていた。

るんですかね？　例えば、ブラッド・ピットがやってた『マネー・ボール』※6っていう映画とか。
官谷　あれ見た？　好き？
盛山　僕は結構好きです。
官谷　いい映画だよね。まあ、「住宅営業向けの映画」って言われても、ぱっとは思い浮かばないけども。例えばさ、『マネー・ボール』を一緒に映画館に行って観たわけでもないけど、その映画を見たことで盛山さんと共通の話題ができたりするわけじゃん？
盛山　うんうんうんうん。
官谷　たった一本の映画でちょっとした話ができるじゃない？　部下と上司とか、お客さんとか、いろんな人とさ。情報交換ができたり、「価値観が近いんだな」とかいう親近感にもつながると思うし、コミュニケーションが取れるよね。
盛山　そうですね。
官谷　例えば、去年でいえば『ボヘミアン・ラプソディ』※7とか、今年でいえば『スター・ウォーズ』みたいなハリウッド映画とかってのは、ある意味社会現象じゃない？
盛山　はいはい。
官谷　いろんな人が見るわけだから、それを観とけばさ、会話がいろんな人と盛り上がれる。「楽しかったよ」「つまんなかったよ」っていうのは人それぞれだと思うんだけど。
盛山　はいはいはい。
官谷　でも、そもそも観てないと会話できないじゃん？

※6
マネー・ボール
2011年公開。ブラッド・ピットが演じる弱小野球チームのGMが、統計学による選手の評価方法である「セイバーメトリクス」を用いてチーム改革を行うストーリー。

※7
ボヘミアン・ラプソディ
2018年公開。世界的ロックバンド「クイーン」のボーカル、フレディ・マーキュリーを描いた伝記ドラマ。劇中の楽曲にフレディ本人の歌声を使用したり、ライブパフォーマンスを再現したりと、演出にも力が入っていた。

盛山　そうですよねえ。
官谷　だから……なんだろう、映画がそんなに好きじゃなくても、接客業をやるのであれば見ておいたほうが得するよね。「自分、観てきました！」って話を振ってみてね。で、お客さんも観てて、良かったっていうなら、それに乗っかってればいいしさ。
盛山　ウフフ。
官谷　だから、ベストセラーなんてのも、なるべく読もうとしたほうがいいよね。本屋大賞※8みたいなのを特に。
盛山　「なるべく広範囲にアンテナを伸ばしたほうがいいですよ」ってことですよね。

※8
本屋大賞
「全国書店員が選んだいちばん！売りたい本」というキャッチコピーのもと、NPO法人・本屋大賞実行委員会が運営している文学賞。一般的な文学賞とは異なり、書店員の投票によってノミネート作品および受賞作が決定される。

■違和感を感じ取れるか

盛山　この前、官谷さんと雑談をしてたときに、すごくいいなって思ったのがあって。
官谷　なんかありましたっけ？
盛山　「おせんべい屋さんで」っていう話で。
官谷　ハハハ、あれか。ちょうどこの前の収録のときだよね？　この水戸のオフィスに盛山さんとみんなに来てもらって収録をするのに、お茶菓子を用意してさ。いつもは甘いものばかりだから、たまにはしょっぱいものを用意しとこうと思って。
盛山　お気遣いありがとうございます。
官谷　たまたま近所に水戸で有名なおせんべい屋さんがあるから、「そうだ、せんべい買ってこよう」と思って寄ったわけですよ。朝10時ぐらいかな。

盛山　「そうだ京都、行こう。」※9みたいな……。

官谷　で、開店早々のせんべい屋さんに入ったら、まだお客さんはいなくて。その店内に、リズミカルで激しいBGMがかかってたんだよね。せんべい屋さんよ？　おせんべい。

盛山　はい。内装は和なわけですよね？

官谷　和、完全に和。

盛山　おせんべい屋さんだから。

官谷　そう。そこにきて、なんかちょっとにぎやかな音楽がかかっててさ。

盛山　ウフフ。

官谷　しかも、お客さんがいないってものあるんだけど、ボリュームもちょっと間違ってるんだよ。大きすぎる。

盛山　ハハハ。

官谷　「タイムセール始まったのか？」みたいな購買心をかき立てる音楽でさ。その割には動いている店員のおばちゃんたちはスローだし、もうさあ、全然合ってないんだ。全部和だし。

盛山　ハハ。なかなかちょっと、ちぐはぐな。

官谷　で、客は僕だけだし、レジを打ってる間に会話をちょっとしたのよ。「いやあ、でもあれですよね、この音楽、お店の雰囲気に合ってないですよねー」みたいなことを、ちょっと冗談で言ったわけ。説教とか指摘とか苦情とかの感じじゃなくて。

※9
そうだ京都、行こう。
首都圏や中京圏から京都へと観光客を誘致するためにJR東海が1993年から実施しているキャンペーン。印象的な映像やキャッチコピーを駆使して京都の魅力を紹介しているのが特徴で、取り上げられたスポットに観光客が詰めかけるなど、影響力は大きい。なお、2016年からは期間限定で公開される文化財や芸術にスポットをあてた「そうだ京都は、今だ。」というキャンペーンも開始されている。

盛山　世間話するみたいに。

官谷　そう、世間話で。そしたら、レジやってるおばちゃんに「えっ、なに？」「なんか苦情？」「私、朝イチで苦情言われちゃってる？」みたいな感じでポカーンとした顔されちゃって、超ガッカリした。

盛山　アハハハ。

官谷　「この曲、なんか聞き覚えあるなあ」と思って最初から気にはなってたのよ。

盛山　はいはい。

官谷　ひょっとして有線放送かもしれないから、「次はもうちょっとおとなしい曲がかかるかも」と思って。そしたら、また同じアーティストの曲。もっと聞き覚えがあるんだよ。

盛山　有線じゃなかったってことですか。

官谷　「あ、これ、『クライズラー&カンパニー』※10のベスト盤だ」と思って。せんべい屋さんでクライズラー&カンパニーが大音量でかかってんだよ？……盛山さんはこのアーティスト、知ってたんだよね？

盛山　僕はたまたま知ってますけど、世代的に知らない人も多いですよね。

官谷　うん、わからない人はググって何曲か聞いてもらえるとわかると思う。「せんべい屋には似合わない」ってことはね。しかもボリュームがデカすぎるし。

盛山　葉加瀬太郎さんがバンドを組んでるときのグループですよね。

官谷　そんでさ、考えたわけよ。「つまりこれは、ベスト盤に違いない」「そういえば俺の

※10
クライズラー&カンパニー
東京芸術大学出身のミュージシャン、葉加瀬太郎、竹下欣伸、斉藤恒芳の3人によって結成されたミュージックバンド。バイオリンをはじめとするクラシックの楽器を大胆に用いたことで話題になった。

iPhoneに入ってるかな」みたいな。

盛山　ハハハ。

官谷　入ってなくて、結局はAmazonでベスト盤買っちゃったんだけどね。

盛山　すごく影響されてる。

官谷　聞きたくなっちゃって。まあそれはともかく、なんだろう、注意したつもりなんかないし、ちょっとしたことじゃん？「あ、そうですね、ボリューム大きかったですよねぇ」とか「いやあ、うちのオーナーが好きみたいで〜」ぐらいの、それくらいの返しがちょっとあればさ、たったそれだけの話よ。

盛山　そうですよね。「ホントですねぇ」とか言って。なんでしょう、そういう感じって。とにかく、僕がこの話を聞いたときに、すごくいいなと思ったことが2点あって。

官谷　いいなって思えるところなんて、あった？「うるせえおやじだな」って思ったでしょ？

盛山　いやいや、要はおせんべいを買いに行くだけのことでも「お店と音楽の雰囲気が合ってるのか」って考えることが大事なんだって思ったんですよ！営業パーソンたるものというか。

官谷　なるほど。たしかに、それは大事かもね。

盛山　それが1つ目で。2つ目は、今みたいなエピソードを官谷さんが常にストックしているのは、何かしらのアクションを自分から起こしてるからなんだなって思ったんですよ。「音楽、合ってないよね？」の一言を恐れずに投げ掛けてみれば、そこでワンエピソードが生まれるわけじゃないですか。

官谷　そうなのかな（笑）。

盛山　すごく大事なことだなと思って。この積み重ねがお客さんとの共通点を探したり、コミュニケーションする基礎体力になるんじゃないでしょうか。このお話自体はお客さんにする話じゃないかもしれないですけど、僕も、そういうことをちょっとやっていきたいなって思ったんですよね。

■客の視点、店員の視点

盛山　自分がお客さんになるという体験が、結構キーなんじゃないかと思ってですね。僕自身も、最近買い物をして、ちょっと「おや？」と思ったことがあって。

官谷　最近の話？　それ。

盛山　昨日、一昨日の話なんですけど。まあ、300円くらいの買い物だったんですけど、現金を持ってなくて。Suica とか iDとか使えるかなと思って。

官谷　現金持ってなくて買い物するっていうのも、なかなか今風。

盛山　今風、そうですね。まあ、普通使えるじゃないですか。そしたら、そのお店は「クレジットカードしか使えません」って話で。で、「じゃあ、カードでお願いします」って言って。そしたら店員さんから、普通に「一括払いですか？」って聞かれて。

官谷　ハハハハハ、一括以外、何括できるんだろう。

盛山　「300円を、どう分割するんだろうな」って思いながら、モヤモヤっと。

官谷　マニュアル人間だよね、その店員さんもさ。一応ルールになってるんだろうね。

盛山　「俺は、300円でも分けるんだ」みたいな人もいるかもしれないし。ハハハ。

官谷　まあ、一応聞かなきゃいけないんだろうけど、聞き方もあるよね。「一括でよろしいですね」って言えば、「はい」だけで済むだろうしさ。

盛山　あー、なるほどなるほど。ハハハ。

官谷　でも、難しいよね、たしかに。

盛山　難しいです。

官谷　ていうか、３００円、持っとけよって話だよ、この話のオチを言えば。

盛山　ハハハハハハハハ。

官谷　「おまえが３００円も持ってないから、こういうことになるんだ」「私だって３００円に対して『ご一括でよろしいですか？』なんて言いたかねえんだ、バカ野郎」って、店員さんは思ってたかもしれない。

盛山　ハハハハハ、そうですよね。

官谷　そう、今の話は盛山さんのお客さま目線からだったけど、店員さん目線になってみれば、「ああ、俺はその店員さんに、ちょっと悪いことしちゃったな」って思ったでしょ？

盛山　そうですね……。完全に客から目線でした。

官谷　まあ、店員さんをよく観察するようになったとか、ちょっと疑問に感じたりとか、そんな積み重ねなんじゃないの？「あ、こういういい接客もあるんだ」とか、「あ、気が利いてるな、今の一言は」みたいなさ。

盛山　なるほど。

■ちょっとした気遣いができているか

官谷　ほら、よく僕の天敵と言われるタクシーの運転手さんだってさ、いつも揉めてるわけじゃないのよ？　ちゃんとしてる人もすごく多くて。

盛山　うんうん。

官谷　感心する運転手さんって、乗るとお絞りを出してくれるとか、お菓子どうぞとか、別にそういうことじゃなくてね。普通の気遣いができる人なんだよ。なんだろう、「そもそも大きいキャリーケースを引っ張ってるんだから、トランク開けるに決まってるじゃん？」みたいなことだよね。

盛山　すごいわかります。

官谷　別にさ、僕だって自分で簡単にできるようなものだったらやるよ？　でもほら、運転手が操作してトランクを開けたってさ、バイーンって開いてない状態だったら、トランクの扉を手で一回跳ね上げなきゃいけないじゃん？　荷物で両手がふさがってる状態の僕が、どうやってトランクをバイーンって上げんの？　みたいな話になってくるでしょ？

盛山　そういうことか。

官谷　もう、そういう運ちゃんの気の利かなさには続きがあってさ……結局これ、タクシーの文句になるな（笑）。まあ、そういうおっさんに限って汚れてるのよ、トランクの中が。

盛山　なんか、もう入ってるとか？

官谷　そのおっさん仕様になってて。『極道めし』とかの愛蔵版みたいな、コンビニで売ってる漫画※11あるじゃん？

盛山　あのー、読んで捨てられちゃうような漫画の。

官谷　そうそうそうそう。「これ、定食屋からパクってきたんじゃねえの？」「1巻の次、4巻になってるぞ」みたいな感じのさ。そんなのが転がってて。傘とか自分のジャンパーとか、全然、整理整頓されてない。「俺のカバン、どこに置けばいいかわかんねえし」みたいなさ。

盛山　それも想像力ですよね、本当に。トランクを使う人がいるんだからっていう。

官谷　そうそう。別に私物が入ってたっていいよ。ちゃんと整理整頓されていればさ。まあでも、トランクの開閉という出だしで失敗してる運転手さんになると、乗った後も大体そんな感じだよね。「やっぱ気が利かないわな」みたいな。

盛山　とかくそういう話のネタに上がりやすいですよね。タクシーの運転手さん。

官谷　でもね、すごく気の利いた運転手さんもいる。例えば東京駅までタクシーに乗るとするでしょ？　で、駅の手前の信号でひっかかった。そんな時、気の利いた運転手さんは、その時点で料金メーターを止めてくれるんだよね。

盛山　はいはい。

官谷　目的地まではすぐそこだし、もうメーターが上がらないのはわかってる。だからギリギリでメーターを止めるんじゃなくて、ちょい手前でピッと止めてんじゃない？　どうせもう金額は一緒だから。

盛山　あー、なるほど。深く考えたことなかったですね。

※11
コンビニで売ってる漫画
通称コンビニコミック。コンビニ向けの商材として、製本や紙の質を落として手に取りやすい価格を実現。古本の流通増加による出版社の利益確保の意図も兼ねている。近年では出版社の垣根を超えてテーマごとにまとめた作品を掲載するなどの展開も見られる。

官谷 でも、僕にしてみればさ、「ギリギリで料金が上がりそうだから、上がったら申し訳ないなと思って止めてくれたのかな？」と思うわけ。それって、ちょっとうれしいじゃん。

盛山 いや、僕、その発想自体が、全くなかったです。

官谷 だから俺、それやられるとチップ確定だよね。

盛山 あー、はいはい。なるほどね。

官谷 うん。だから、例えば、８２０円とかだったら、もう絶対お釣りもらわないもん。「もらったら失礼」みたいな気持ちになる。

盛山 おー。

官谷 メーターが上がらないのがわかっていて止めたのか、「気持ち良く降りてもらうのに、ここで止めちゃえ。１００円くらい売り上げが上がったって、たかが知れてるから」ということでサービスしてくれたのかはわからないけど。唯一、わかることは、「気配り」だよね。何かに配慮をしてるじゃん。

盛山 たしかに、そうですね。

官谷 だって、「勝手に手前でメーター止めないでよ」って、怒る客いないから。

盛山 アハハ、そうですね。

官谷 「俺は、ギリギリまで行って、それでもメーターが上がらないところを確認したかったのに」みたいな客はいないでしょ？ だから、どっちにしても後ろに乗ってる客に対してはサービスになるわけよ。

盛山　うん、うん。

官谷　「チップがもらえるからやろう」とか、そういうことじゃないんだろうと思う。僕はそういう運転手さんの、ちょっとしたしぐさ、動作に、すごく感動するというか。とんでもないタクシーの運転手が多いから、なおさらなのかもしれないけど。

盛山　ハハハ、こっちのアンテナが、勝手に敏感に立ってるからですよね。

官谷　基本的に、タクシーに乗ったら100円をチップで置くっていうルールは決めてるの。よっぽどひどくない限りは。で、すごく良かったらお釣り自体をもらわない。

盛山　へー、そうなんですね。

官谷　そんなことを書いてる人もいたよね。池波正太郎※12。もう随分前に亡くなったけど、『鬼平犯科帳』とか書いてた人。

盛山　名前は知ってます。

官谷　『男の作法』（新潮社）だっけかな、本のタイトル。その一節に書いてあったのよ、その100円のくだりが。で、同じようなことをやってるというのを別の機会にとある雑誌で読んだんだよな、誰だっけ？　あの、くまモンの人。

盛山　くまモン作った方ですか？　何だっけ、有名な方ですよね？……小山薫堂※13だ。

官谷　そう、小山薫堂。あの人のコラムに同じことが書いてあったのよ。で、そこから僕も真似しようと思って。

盛山　うんうん。

※12
池波正太郎
戦後を代表する時代小説作家。代表作は『鬼平犯科帳』『剣客商売』『仕掛人・藤枝梅安』『真田太平記』など。1990年逝去。

※13
小山薫堂
放送作家、脚本家。『ポンキッキーズ』『料理の鉄人』『世界遺産』『カノッサの屈辱』など数多くのテレビ番組の企画・構成に携わるほか、テレビドラマや映画の脚本、小説の執筆や作詞、プロモーション企画など幅広い活躍をしている。

官谷　「タクシーの運転手さんが、少しでも気持ち良く仕事ができて、次の人にいいサービスをしてくれるように、僕は100円を置いて降りてくる」みたいに書いてあって。池波正太郎の『男の作法』を読んだときには、「チップを100円くらいは、置いて降りるものだ」みたいな書き方しかしてなくて。でも小山薫堂の話で、「あ、そうだよな」と。

盛山　そうやって連鎖させていくんだっていう。いいことというなあ。

官谷　そうそう、『ペイ・フォワード』※14みたいなものじゃない？

盛山　あー。たしかに。

官谷　うん。ちょっとしたことが、次の誰かに対するサービスに、みたいなね。そういう意味でも、お金をちょっと使うというか。お金じゃなくても「ありがとうございます！」ってちゃんと言う、とかね。「あなたの今日の一連のサービスは、すごく気持ち良かったです！」っていうリアクションを残してあげるのが大事じゃない？

盛山　相手にリアクションをすることが、こちらにとっても気付きと学びになるんですね。

■**ユナイテッド・アローズの接客**

官谷　お正月明けにジャケットを買ったんですよ。出張の合間の平日の移動日にね。

盛山　出張多いですもんね、全国に行ってるから。

官谷　名古屋にいてね。で、1本映画を見てから移動しようと思ってたの。チェックアウトから映画の時間まで、あと1時間半ぐらいあって。で、ちょっと洋服でも見ようかなってユ

※14
ペイ・フォワード
キャサリン・ライアン・ハイドの小説、および同タイトルの映画。「善意を他人へ回す」をテーマにしたハートフル・ヒューマンドラマの名作。ミミ・レダー監督、2000年公開。

ナイテッドアローズ※15に行って。まあ、何気なく寄った感じ。

盛山　うんうん。

官谷　ああいうセレクトショップって、店員さんの距離が気持ちいいじゃない？「何かお探しですか？」って来ないのがいいよね。

盛山　そういう傾向ありますね。

官谷　キャリーケースを引っ張ってる僕の格好を見て、「ホテルをチェックアウトしてきたサラリーマンが、時間つぶしで見てるのかな？」ぐらいで、そっとしといてくれるのね。

盛山　想像力、働かせてますよね。すごく。

官谷　うん。でも多分、ほっといてるわけじゃなくて、しっかり見てるんだよね。そこが、ああいったセレクトショップの接客のいいところなんだけど。で、たまたま、少し気に入ったジャケットがあってさ。ちょっとフォーマル感のある生地で、しかも僕の好きな色で。「あ、これなんか、ちょっといいな」なんて思いながら少し見てたの。でも、試着するほど欲しいわけでもなかったから、「うーん」なんて思いながら。

盛山　ちょっと気になるぐらいで。

官谷　で、店員さんがそれに気が付いてスッと来てくれて。「ご試着されますか？」って。「いや、もう一軒、ビームスも見に行きたいんで」なんてやり取りをしてね。試着すると長くなるし、買わないわけにいかなくなるから、長居は無用。

盛山　あるある。

※15
ユナイテッドアローズ
衣類を中心に販売するセレクトショップ。ビームス、シップスとともにセレクトショップの御三家と呼ばれる。「大人のセレクトショップ」をコンセプトに、仕入れ商品とオリジナルブランドをミックスした商品展開が特徴。

官谷　映画の時間もあるし、実際にもう一軒、名古屋のビームスにも行ってみたかったのよ。で、「また後で寄れたら来ます」ぐらいのこと言って、普通に立ち去ったの。

盛山　「他を見て、また来ます」って常套句ですよね。

官谷　うん。よくあること。二度と帰ってこないなんてことは、ざらにあるよね。

盛山　そうですよね。

官谷　自分の中で「いいジャケットだな」と思ってたのは事実で、「お客さまのサイズでしたら、多分、○○ですかね」ぐらいの会話はしたんだけど。

盛山　軽いやり取りはあって。

官谷　で、その後本当にビームスに行ったんだけど、特に惹かれるものはなかったから、「やっぱり、さっきのジャケットは買っとこうかな」と思ったの。で、もう一回ユナイテッドアローズに戻って、お目当てのジャケットのとこまで行ったら……僕が欲しかったサイズが無いのよ。「ウソ？　もう売れてる？」みたいな。

盛山　短い時間ですよね？

官谷　びっくりしちゃうじゃん？「ちょっと目を離した隙に、ない！」みたいな感じで。そう思った瞬間、さっきとは違う店員さんがスーッと来て、「あ、ちょっとお待ちくださいね」って、すぐにレジ奥のスタッフルームに入ってってたわけよ。何かなと思ったら、最初に接客してくれた店員さんが、爽やかな笑顔でジャケットを二つ、48と50サイズを持って出てきて。

盛山　おお。

官谷　「お客さまが戻ってきたときに、万が一売れてしまっていたらいけないと思って、取り置いておきました」って。

盛山　うわ！

官谷　俺、買うって言ってないんだよ？「絶対戻ってきます」なんて言ってないんだから。でも、その店員さんは「お客さまのサイズ、両方取っておきました」と。平日の昼間だよ？絶対に売り切れるわけないじゃん。

盛山　たしかに。

官谷　うん。でもそのサービスで、もう試着する前から買うって決めたよね。

盛山　ハハハハ。そりゃやられますよね。

官谷　気配りだよ。しかも、その最初の店員さんとのやりとりを、もう一人の店員さんが観察してたっていうのもあったしね。この一連の動作でさ、もう買いじゃん？完全に。

盛山　アハハ。なんか、居心地のいい居酒屋にも、よくありますよね。チームとしてスムーズに回ってるなみたいな。

官谷　うん。全てにおいて本当に見事だと思った。最初の接客の距離感も絶妙だったし、よく教育できてるなっていうか。もともと、そういう人を採用してるのかはわからないけどさ。他のユナイテッドアローズに行ったときに、ついその話しをしちゃうよね。「いやー、この間ね、名古屋のお店でこんな感じの店員さんが……」みたいな。

盛山　「いや、感心しました」って。

官谷　東京の店舗の人が、「それはありがとうございます、本人に伝えます。喜ぶと思います！」なんて言ってたけど。まあ、伝えたかどうかはわからないけどね。

盛山　いや、本当に伝えてるんじゃないですか？

官谷　多分そういう会社だよね。で、それが……あのジャケット。今、あそこに掛かってるやつ。

盛山　あー、これ聞いてる方には伝えることができないというパターンですね！　でも、今の話で、僕自身もちょっとユナイテッドアローズ、好きになりました。

官谷　好きになったでしょ？

盛山　ブランディングされちゃいました。カッコイイなと思って。

官谷　あれは本当に勉強になる。「アナログ攻撃」だよね。ちゃんとしたリアルなサービスには、物を買って応えたい気持ちが湧いてくるんだなって思う。

■住宅営業の未来とは

盛山　この先、家もＷＥＢで買うような時代になるんですかね？

官谷　なるんじゃない？　その前に「ほけんの窓口」※16みたいになると思う。

盛山　どういうことですか？

官谷　要は、１人の営業が、いろいろな保険を知ってて。「お客さまには、○○生命のこの保険がいいんじゃないでしょうか？」みたいにさ。今、スーモカウンターがやってるような

※16
ほけんの窓口
1995年設立。「ほけんの窓口グループ株式会社」の略称。複数の保険会社の商品の中から中立の立場で提案する「来店型保険ショップ」という新形態が時代のニーズに合致し、急成長を果たした。

ことを、カウンターじゃなくて、もうそこに営業がいて。

盛山 えっ！なんとまあ。

官谷 資金計画をやってFP的なこともやって、で、「○○ホームの○○っていう商品か、△△ハウスの△△がおすすめだと思います。カタログがあるので、私のほうでご説明しますね」って、もう全部そこでやっちゃう。

盛山 はいはい、営業が会社にいるわけじゃないと。

官谷 「○○ホームの家を私が売りました。報酬いただきます」みたいな。

盛山 インセンティブをもらう。あー、それはあり得るかもしれないですね。

官谷 「住宅大手6社は全部網羅してます」とか、それと合わせて「僕はライフプランナーもやってて、火災保険とか生命保険の見直しもやります」みたいになると思うよ。

盛山 うわ、なんか見えてきた。そのほうが健全っぽいですもんね。客観的に見て。

官谷 その6社は営業1人でいいわけでしょ？成功報酬だから人件費かからないし。

盛山 人間の営業が生き残って活躍するには、より深くて幅広い知識が必要になるということですかね？

官谷 中途半端な接客だったら、なんかもう「全部WEBで完結しちゃったほうが要望に沿えるし、楽でいいよね」みたいになるんだよ。

盛山 怖いな。

官谷 何十年か先は、『トータル・リコール』※17みたいになってるんじゃない？ほら、ホロ

※17

トータル・リコール

フィリップ・K・ディックの小説『追憶売ります』を原作としたSF映画。主人公のクエイドが、火星へのバーチャル旅行をきっかけに様々な陰謀に巻き込まれていくというストーリー。2012年にリメイクされているが、官谷がイメージしているのは1990年公開のオリジナル。

グラムで女の人が出てくるシーンがあるじゃん？　自分で要望を言ったらさ、間取りができて立面図ができて、それを、今度はＶＲを付けてさ。
盛山　そうですね、できますもんね。
官谷　「盛山さん、玄関入って右にどうぞ」ってＶＲできれいな女性が接客してくれる。その女性も盛山さんの検索履歴から好みの外見にカスタマイズされてたりしてさ。
盛山　うーん……。さっきのアナログ攻撃の話じゃないですけど、人間にしかできない部分で差をつけるしかなくなる感じがします。
官谷　そう。そういうことですよ。今、住宅会社ってさ、どこもオシャレだよね？
盛山　オシャレです。
官谷　商品のデザインも、すごく洗練されてるし、カタログやツールにしても、ある程度クオリティー高くやれるようになってるじゃない？　だからこそ「商品もいい」「設《しつら》えもいい」に加えて、「知識も詳しい」「接客もサービスもいい」ってならないとさ。
盛山　距離感とか特に難しいですよね。近すぎず遠すぎず、心地よい距離感。ただ、それが若くて入社間もないスタッフだとしたら、その彼や彼女が悪いわけじゃなくて。今は経験値を得る機会が圧倒的に減っているんだってことは伝えたいですよね。その、上司なのか社長なのかはわからないですけど。
官谷　そうね。僕から言わせると、結局営業力を高めていくしかないんだけどね。本当は「営業力」って言葉にしちゃうのが、すごく嫌なんだけど、いい言葉がないからさ。

盛山　住宅っていうのは、最後まで「人間対人間」っていう商談が残る業界だと思いますので、人間にしかできない部分で差をつけるようなスキルというのは、逆説的にますます求められてくると思います。「営業力」以外の名前、僕も思いつきませんが。

官谷　なおさら際立つんだろうね。ほら、今は字を書く機会だって少ないでしょ？

盛山　字書くの、本当に少ないです。

官谷　字が上手っていうのもさ、それだけだって評価が上がるよね。

盛山　うんうん。そう思います。

官谷　「社会人一年生で知らないことばかりなんだけど、なんか字はすごく上手」、みたいな。ギャップ萌えじゃないけど、それだけでちょっと見る目は変わるからね。「ちゃんとした教育を受けて育ってきたんだろうな」とかさ。

盛山　「努力できる人なんだろうな」とか思いますよね。

官谷　そうだね。

盛山　……さて、15回にわたって伺ってきたんですが、とりあえず今回で最終回を迎えます。どうでしょう官谷さん、ご感想は？

官谷　いやー、ひとまず一度終わりをつくったほうがさ、なんかこう、鮮やかな感じが残りそうじゃん？ ほら、BOØWY※18の突然の解散みたいに。「えー!? このタイミングでやめるの？」、みたいな。

盛山　ハハハ、鮮やかな解散！

※18
BOØWY（ボウイ）
80年代に活躍したロックバンド。氷室京介、布袋寅泰らを中心に結成され、通算6枚のオリジナルアルバムをリリース。1987年12月24日に突然解散を宣言。翌年4月に東京ドームで行ったライブにてバンド活動に終わりを告げた。

官谷　もちろん、あそこまでではないけど、一回パスッと終わったほうが。
盛山　そうですね。まあ、一旦、充電期間に入らせていただいて。
官谷　そうね。「こんなことをしゃべってもらいたい」みたいなリクエストが、たまってきたころにでもね。
盛山　そうですね、官谷さんでも僕でもいいので、メールでもいただければ励みになります。ぜひ、よろしくお願いします。
官谷　いつか、オフ会をやりたいですよね。盛山さん行きつけの養老乃瀧で。
盛山　昭和通り店。
官谷　そう、チェックメイト・ボイスのヘビーリスナーが集まってね。
盛山　ハハハハハ。やりたいですね。皆さん営業の方だったら、ものすごくにぎやかな感じになっていいいんじゃないですか？
官谷　養老乃瀧を貸し切ってね。今までディスってばかりで1円も落としてないからさ。
盛山　いやいや全然、ディスってませんから。
官谷　多分俺、メニュー全部好きだから。わからないけど。
盛山　ハハハ、本当に、酒飲みの好きなメニューしか置いてないですからね、養老乃瀧。まあ、また次回ではなく、他の機会でお目にかかることもあると思いますので。
官谷　そうですね。
盛山　はい。ではいったん充電期間に入らせていただきたいと思います。さようなら！

おわりに

こうして自分で自分の発言を原稿として読み直してみると、馬鹿なことばかりしゃべっていたなぁと呆れると同時に、当時はまだそんな心の余裕もあったのだなと懐かしく思います。

コロナ以前は出張外泊日数が年間160日以上もあり、全ての仕事がリアル環境の中で行われていましたが、そこからの1年半、仕事の全てがオンライン環境に様変わりし、出張外泊日数はトータル僅か4日間に激減。もはや航空機のチケット予約のやり方も忘れてしまったし、新幹線の予約アプリも乗り換え案内アプリも全く開くことが無くなりました。

この1年半で自分自身の意識も行動も価値観すらも大きく変わってしまったわけで、本書の書籍化を思いたった理由は、コロナ禍の中、もとの生態系を取り戻したいという私の潜在意識の表れが原点にあるのかもしれません。

本書の執筆にあたっては、四人の人物に方にお世話になりました。

まず、素敵な表紙を描いてくれた阿萬智博氏。音声配信を聴いたイメージでクリエイターの自由な発想に全てお任せしましたが、思いも寄らない芸術的なイラストに仕上げていただきました。

次に、本書の出版が創業後の初出版となってしまい、本の内容に対して複雑な胸中に違いないであろう中、校正、校閲に尽力してくれた古川書房の古川創一氏。

そして本書の基となる音声配信「チェックメイト・ボイス」の聴き手として、手弁当で何度も水戸まで収録に来てもらい、今回の書籍化に際して原稿化を行ってくれた盛山浩平氏。音声収録では主にうなずき担当で収録にはあまり役立っていないように思われるかも知れませんが、経歴や趣向や価値観など、どれをとっても私と対局にいる彼が聞き手役であることで、よくわからない不思議なシナジーが生まれていたと思います。独立直後で不安定な中、よくまとめてくれました。

最後に、音声配信のディレクションから収録・配信まで、これもまた手弁当でお付き合いいただいた小久保敬一氏。今回の書籍化プロジェクトに際し、私のこだわりや、我がままに根気よく付き合ってくれ、さらには締切が近づくと忽然と失踪する盛山氏を捕まえては原稿に向かわせるという、看守的な助力のお陰で脱稿に漕ぎつけることができました。あらためてお礼を申し上げます。

もはや何度目かわからない緊急事態宣言の下、収束の先の終息を願って。

二〇二一年　九月　官谷　浩志

おわりに

営業って大変だなあと漠然とずっと思っていました。それは僕が業界専門誌である「新建ハウジング」でこの業界に入ってくる前からそうで、就活の時にも営業の文字を見ると避けて通りました。住宅業界のことが少しわかってくると、よりその気持ちが強くなりました。住宅の世界の営業は一人が抱える数字が相対的に大きく、会社の売上の大部分を担っていて、なによりお客さんと家族の人生を担う責任がある。その双肩にかかるプレッシャーは相当なものであろうと感じたからです。ノルマが大変だという話もよく聞いていました。

同時に頭の片隅で考えていたのは、営業ってどうやって勉強しているのだろう、ということです。当時は半ば確信的に「売れる人は売れる。売れない人は売れない」「営業向きな人とそうでない人がいる」と考えていたので、スキルアップをどう図るのか、その発想自体がありませんでした。特別に属人的なもので、生まれ持った何か天性の才能があると思っていたのです。

官谷さんのことを教えてもらったのは新建ハウジングの三浦社長からだと思いますが、最初は強面でびっくりしましたが、それに反して当初から親身に接していただいたと思います。その理由はわかりませんが、おそらく「こいつは営業のこと何にもわかってないな（おれがなんとかせねば）」という、官谷さんの営業パーソンを代表するような責任感からだったのではないでしょうか。それが、このような書籍を出版するところまでのお付き合いになるとは当時は思いませんでした。いつの間にか僕自身もフリーランスとなり、ご縁をいただいたことを不思議に感じます。

出会いの後、新建ハウジングで連載を担当させていただくなど、官谷さんに教えていただく中で、営業が営業のことを学ぶメソッドを構築していること、またその綿密さに驚きました。営業のスキルって、どうしても以前の自分のように属人的なものだと捉えがちではないでしょうか。だから先輩の背中を見て学ぶしかないし、教育と言ってもOJTで決まった期間くっついていくというものを実践している会社が多いでしょう。その中にロープレがあったりと、なんとなく「再現性を模倣する」といったやり方に終始している気がします。そんな先入観は一切ナシで、官谷さんは営業マン時代から俯瞰で見て成約のために必要なスキル、またそのスイッチとなるような把握すべき顧客情報を体系化して、時間をかけて整理していた。それは営業力と一括りにされがちな個人の能力や、起こりうる商談のシーンの詳細な言語化であって、それによって振り返りが可能になり、成長を目指すことができる。広大な営業の世界地図を広げて「あの場所まで行ってみたい」と語り合うようなロマンを感じる、とまで言ったら言い過ぎですが、それくらい何もないところから独自のスキームを作っていったところに凄みを感じます。

とはいえ本書は、そのような体系的な知識とは無縁というか、それが背景にあるのが怪しくなるぐらい結構ふざけた内容も入っていて（むしろメイン）、いわゆるハウツーやノウハウ本を期待して本書を開いていただいた方には怒られてしまうかもしれません。ですが、それがある意味狙いでもあります。世にある営業の本って、テクニック的なものが多くて、サッカーで言うと「こういう場面ではシザーズ」「その場面だったらエラシコで相手を抜く」みたいな感じがします。それがこの本にないわけではありませんが、どちらかというと本書でお伝えしたいのは営業の、試合に入る前の戦略の立て方であり、全体的な流れを切り替える戦術であり、なにより試合に入る前の営業としての心意気なのです。

加えて、官谷さんが伝えようとしてるのは「営業を楽しめ」ということなのだと思います。自分の中にある人間力を駆使しながら、接客スキルを駆使しながら情報を引き出し、ときにはチームで、ときには相手のご両親ともタッグを組みながらお客さんの気持ちを動かしていく。もちろんそれは「自分の会社で家を建ててもらったら最高！」と自信をもって言い切れる最高の住まいの理論を自分の中にきちんと落とし込んでからだと思いますが、それさえできていればお客さんは迷える家無し子です。かわいそうですから、早く家を建ててもらいましょう。

僕がささやかながら考えているのは、この本が営業が自分たちの仕事について話すきっかけになることです。営業が仕事の内容を同僚とするのって結構難しいと思っています。「こんなお客さんがいて」「こんな失注をしてしまって」「こうやったけどうまくいかなかった」という話を、全部ひっくるめてポジティブに話ができれば、「営業ってつらい」という雰囲気に何か変化が起きるんじゃないか。この本が、同じ会社の営業同士、さらに部署の異なる社員も交えて話をするときの「共通言語」になってくれたらと勝手ながら想像しています。「最近、強烈な親雪崩にあっちゃってさあ」「長挨拶が効いたよ」「断りじろを潰しておいたから、迷わず決めてもらえた！」そんな会話が繰り広げられることがあれば、営業の世界がもう少し違った見え方がすると思うんです。

さらに可能性があるなら、会社の垣根を越えて営業同士、あるいは住宅業界の社員同士の日々の話を切り取る共通言語になっていったら、それ以上に嬉しいことはありません。

盛山　浩平

脚注INDEX

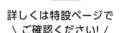

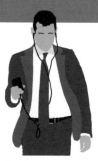

■著者　**官谷 浩志**（かんたに ひろし）

1968年11月4日生まれ、千葉県習志野市出身。27歳から初めた住宅営業で2年目に年間56棟を受注し、営業ならびにプレイングマネージャー経験を積む。2009年、某住宅会社の取締役副社長の任期満了を機に独立し、株式会社インプライを設立。営業経験・指導経験をもとにした研修『チェックメイト・セールス研修』『レビュードリル』『レビュー道場』や、顧客管理システム『羅針盤DB』を開発・運用し、全国の工務店営業パーソンの指導にあたる。2021年オンライン学習コミュニティ『受注の会』を開設。著者が考案した社員教育活動『一飯教育（いっぱんきょういく）』にてグッドデザイン賞を受賞。著書に『かわいい部下にはハシを持たせよ』（明日香出版社）がある。

盛山 浩平（もりやま こうへい）

住宅業界専門の出版社に勤務の後、独立。主に住宅会社向けの業界メディアや、エンドユーザーの住まい探しメディアにて取材・執筆を行っている。工務店の特長をソフトとハードの両面から4つに絞って取材する手法が持ち味。ご連絡は気軽に andmoriyama@gmail.com までどうぞ。

■企画・編集　**小久保 敬一**（シンクシンク）

業務用AV・ITシステムの営業、映像制作会社のディレクター、ECサイトのマネージャーというキャリアを経て合同会社シンクシンクを設立。ディレクター件エンジニアとして映像・WEBを中心にビジネスに特化したメディア制作に幅広く携わっている。

官谷浩志のチェックメイト・ボイス

著作者名　官谷浩志　盛山浩平

発行日　2021年12月1日 初版発行

発行　古川書房
〒158-0097 東京都世田谷区用賀4-13-7-301　https://furukawa-shobo.com

発売　星雲社（共同出版社・流通責任出版社）
〒112-0005 東京都文京区水道1-3-30　TEL:03-3868-3275

ISBN978-4-434-29679-6　C0034

印刷・製本　平河工業社